ADAC

Emilia-Romagna

von Stefanie Claus

10 ADAC Top Tipps

Das müssen Sie gesehen haben! Die zehn Top Tipps bringen Sie zu den absoluten Highlights.

25 ADAC Empfehlungen

Unterwegs gut beraten: Diese 25 ausgesuchten Empfehlungen machen Ihren Urlaub perfekt.

Preise für ein DZ mit Frühstück:

€ | bis 100 €
€€ | bis 160 €
€€€ | ab 160 €

Preise für ein Hauptgericht:

€ | bis 15 €
€€ | bis 27 €
€€€ | ab 27 €

3-mal draußen

1 Spaziergang unter Arkaden

Bolognas Säulengänge entstanden ab dem 12. Jh., als das Wachstum der Universität zu erhöhter Nachfrage nach Wohnraum führte. Moderne Architektur setzte die Tradition fort, sodass heute 62 km Arkaden Bologna durchziehen. Der Platz unter den Bogengängen ist ein Ort für Handel, Treffen und ein Symbol für Bolognas Gastfreundschaft. Ein Rundgang führt nicht nur zu den ältesten, zur höchsten, zur schmalsten, zur breitesten und zur längsten Arkade. Er führt mitten hinein in Geschichten aus Bologna und seiner Bewohner.

■ www.bolognawelcome.com/de/blog/die-arkaden-von-bologna, siehe S. 66

2 Burgenhopping in den Hügeln

Diese Burgentour führt zu drei Festungen südlich von Parma: Torrechiara (s. Foto), Felino und Sala Baganza. Torrechiara ist die eindrucksvollste Höhenfestung in der gesamten Provinz. Mit mächtigen Ecktürmen und dreifachem Mauergürtel macht sie auf ihrem Hügel eine wahre Bilderbuchfigur. Die Höhenburg von Felino beherbergt heute ein Salamimuseum. Im Schloss von Sala Baganza (heute ein Weinmuseum) verbrachte Marie Louise von Parma oft die Sommermonate. Die Tour »Castelli Parmensi« ist 50 km lang.

■ GPX-Daten: www.tourer.it, siehe S. 105

3 Zeitreise entlang der Adriaküste

Auf dem Küstenradweg startet man im ältesten Seebad der Adria, Rimini, und folgt dem Küstenverlauf bis nach Classe bei Ravenna. Die Route führt durch historische Orte wie Cesenatico, berühmt für seinen Hafenkanal, durch Cervia mit seinen Salinen (s. Foto), vorbei an Pinienwäldern und Villen der Jahrhundertwende. Vor den Toren von Ravenna erreicht sie den antiken Militärhafen Classe, von dem aus einst die Adria verteidigt wurde. Die 60 km lange Tour folgt einem breiten Fahrradweg ohne Höhenunterschiede.

■ GPX-Daten: www.tourer.it, siehe S. 147, 159, 160, 161

Seite 54

Intro

Magazin

Seite 36

Seite 28

Seite 45

Im Blickpunkt

Unterwegs

ADAC Quickfinder

Seite 105

Seite 137

Seite 165

Zu diesen Orten und Sehenswürdigkeiten finden Sie Detailkarten im Innenteil des Reiseführers.

Service

Umschlag:

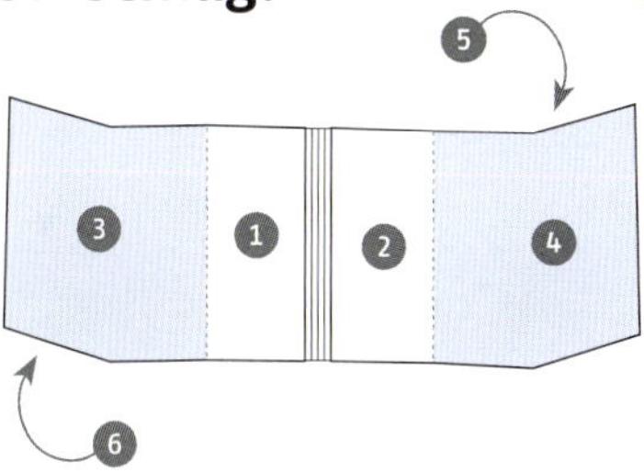

ADAC Top Tipps: Vordere Umschlagklappe, innen 1

ADAC Empfehlungen: Hintere Umschlagklappe, innen 2

Übersichtskarte Emilia: Vordere Umschlagklappe, innen 3
Übersichtskarte Romagna: Hintere Umschlagklappe, innen 4
Stadtplan Bologna: Hintere Umschlagklappe, außen 5
Ein Tag in Bologna: Vordere Umschlagklappe, außen 6

Kunstgenuss, Naturerlebnis und Gaumenfreuden

Städte voller Kultur und anmutige Landschaften zwischen Apennin und Adria. Gastlichkeit wird in der Emilia-Romagna zur Kunstform erhoben

Von Sirenen flankiert bewacht Meeresgott Neptun Bolognas famose Piazza Nettuno

Bonbonfarbene Badekabinen am Adriastrand, lebhaftes Gewusel und abendliches Sommerkino auf der Piazza Maggiore in Bologna. Die goldfunkelnden, 1500 Jahre alten Mosaiken in Ravenna, blühende Obsthaine und Rebhänge der Romagna. Erhabene Kathedralen, mächtige Burgen. Die Emilia-Romagna ist ein lebendes Kaleidoskop aus Kultur und Geschichte, aus Genuss und Vergnügen. Und die Emilia-Romagna ist eine der fruchtbarsten Regionen Italiens – und eine der genussvollsten! Die Menschen hier lieben gutes Essen, wie die verführerischen Auslagen der Delikatessengeschäfte zeigen. Die Freude an der Geselligkeit scheint in der Emilia-Romagna Teil der DNA zu sein, genauso wie die Fähigkeit, den Moment zu genießen, und das geht am besten bei einem guten Essen.

Bologna – Stadt der Türme und Arkaden

In ihrer langen Geschichte war Bologna nie Hauptstadt. Als etruskische Stadt lag sie am Rande des Reiches, als mittelalterliche Stadtkommune war sie zu klein und hatte zu streitsüchtige Regenten, im Kirchenstaat war Bologna nach Rom immerhin zweitwichtigste

Stadt. Seit dem Mittelalter entstanden Arkaden: zunächst zur Schaffung von Wohnraum, dann als Bauvorschrift für ein einheitliches Stadtbild. Die Stadt wuchs und mit ihr die Arkaden auf insgesamt 62 km Länge – ein identitätsgebendes Wahrzeichen, seit 2021 UNESCO-Weltkulturerbe. Genau wie die Geschlechtertürme, von denen im Mittelalter mehr als 100 aufragten, etwa 20 sind übrig geblieben.

Entlang der Via Emilia

Bedeutende Kunststädte reihen sich an der Via Emilia aneinander: Piacenza mit gotischem Ratspalast, Fidenza mit romanischem Dom und Parma, elegante Residenzstadt und stolze UNESCO-Kreativstadt für Gastronomie. Aus Parmas fruchtbarer Provinz kommen die kulinarischen Schwergewichte Parmigiano Reggiano und Parmaschinken. Produzenten bieten Führungen durch die Reifehallen und Verkostungen an.

Aus der Ebene nördlich von Parma stammt das Operngenie Giuseppe Verdi. In der Musikstadt Parma finden im Teatro Regio und dem modernen Audi-

Die Tiberio-Brücke in Rimini (unten) – Prächtige Mosaiken zieren die Basilika San Vitale in Ravenna (ganz unten)

torium Paganini hochkarätige Konzerte und Festivals statt. Dom und Taufkapelle zeugen in Parma vom herausragenden Kunstschaffen des Mittelalters.

> *»Sage doch keiner, er habe*
> *Italien gesehn,*
> *Rühme sich keiner, ihm sei*
> *das Höchste vertraut,*
> *Wähne doch niemand,*
> *das Geheimnis der Kunst*
> *geahndet zu haben,*
> *Der dich nicht, Parma,*
> *und deinen Dom besucht.«*
>
> *Ludwig Tieck (1773–1853)*

Modena und Reggio Emilia

Modenas romanischer Dom, gemeinsam mit dem Glockenturm Ghirlandina und der Piazza Grande UNESCO-Weltkulturerbe, entstand während der Zeit der Stadtkommune und steht für deren Unabhängigkeit und Stärke. Weltberühmt ist die Stadt für die schnellsten Autos der Welt. Der geniale Ingenieur und Mechaniker Enzo Ferrari baute hier seine ersten Rennwagen, und bis heute werden in Maranello südlich von Modena die Boliden gebaut. Feinschmecker wissen, dass in Modena und im nahen Spilamberto auf Dachböden der köstliche Aceto Balsamico Tradizionale di Modena reift, der jede Speise veredelt. Im ruhigen Reggio lässt es sich herrlich flanieren, gut einkaufen und essen.

Ravenna und Ferrara

Inmitten der flachgewaschenen Poebene liegen Ferrara und Ravenna, zwei der bedeutendsten Kunststädte

Für viele Besucher ist das Castello di Torrechiara eine der schönsten Burgen im Land

Italiens, beide UNESCO-Weltkulturerbestätten. Ein Netz aus Deichen und Kanälen hat die einst unkontrollierbaren Arme des Po gezähmt. Über die Jahrhunderte haben Trockenlegungen Sümpfe und Feuchtgebiete in fruchtbares Ackerland verwandelt, hier wachsen heute Obst, Reis und Weizen. Auf den Deichstraßen kann man Radtouren unternehmen und im Podelta Wasservögel beobachten.
Ferrara ist von einer intakten Wallanlage aus dem 16. Jh. umgeben, ein 9 km langer Grüngürtel um die Stadt, ideal zum Fahrradfahren. Als sich in der Spätantike das Römische Reich auflöste und neue Völker aus dem Norden einwanderten, entstand in Ravenna eine neue christliche Hauptstadt, die Sakralgebäude mit prächtiger Mosaikkunst geschmückt, in denen sich spätantike, byzantinische und gotische Elemente vermischten. Der Anblick dieser Mosaiken im Mausoleum der Galla Placidia hat schon Dichter und Künstler inspiriert. Die acht spätantiken Kirchen, Taufkapellen und Mausoleen Ravennas zählen zum UNESCO-Weltkulturerbe.

Zauberhaftes Hinterland

Viel wird Besuchern geboten in den Strandbädern an der Adria. Doch wer außerhalb des Reichs der »bagnini« auf Erkundung geht, findet in Rimini eine große Altstadt voller römischer Spuren. Und im Hinterland die malerischen Flusstäler Valmarecchia, Valconca und liebliche Hügellandschaft, mit stattlichen Burgdörfern gespickt, umgeben von Rebhängen und Obstbäumen. Noch im kleinsten Ort verstecken sich uralte Kirchen, Spuren der Etrusker, Römer sowie die viel gerühmte romagnolische Gastlichkeit.

Hauptstadt *Bologna (rund 388 000 Einwohner)*

Sprache *Italienisch. In den Badeorten der Adria wird auch Deutsch verstanden*

Währung *Euro*

Fläche *22 451 km², etwas größer als das deutsche Bundesland Hessen*

Einwohner *4,5 Mio.*

Verwaltung *Die Emilia-Romagna ist in neun Provinzen gegliedert*

Tourismus *14 Mio. Gäste jährlich. Mehr als ein Viertel davon kommt aus Deutschland, der Schweiz und Frankreich*

Religion *überwiegend römisch-katholisch*

Exportschlager *Prosciutto di Parma, Parmigiano Reggiano, Rennwagen*

Sprichwörter *»Pane e tortelli, quando sono cotti sono tutti belli.« – Brot und Tortelli, sobald sie gekocht/gebacken sind, sind sie alle schön.*

»Facciamo come quelli di Piacenza, quando non ne hanno fanno senza.« – Machen wir es wie die Piacentiner, wenn sie nichts haben, versuchen sie es ohne.

Berühmte Persönlichkeiten *Federico Fellini, Enzo Ferrari, Luciano Pavarotti, Giuseppe Verdi*

Magazin

Nah am Wasser gebaut: Es ist kein Zufall, dass man beim Blick auf das Lagunenstädtchen Comacchio unwillkürlich an Venedig denkt. Ähnlich wie die Serenissima ist der Ort auf 13 Laguneninseln errichtet und war bis Anfang des 19. Jh. nur auf dem Wasserweg erreichbar.

Modenas Straßenbild zeigt sich bunt und heiter, insbesondere in den Sommermonaten. Von der Via Cesare Battisti bietet sich ein Logenblick auf den Glockenturm Ghirlandina, das Wahrzeichen von Modena. Seinen Namen verdankt er zwei marmornen Girlanden an der Spitze des Kirchturms.

STOP

Burgen und Wein: Wer die Emilia-Romagna bereist, kann Kunstgenuss, Natur und leibliche Genüsse aufs Schönste miteinander verbinden. Die Region ist für ihre Burgenwelt ebenso bekannt wie für ihre zauberhafte Landschaft, edle Tropfen und deftige Spezialitäten. Über der Stadt Brisighella thront die imposante Rocca Manfrediana (re.), zur Linken wacht der Uhrturm über die von Rebhängen malerisch eingerahmte Landschaft.

Beste Reisezeit Emilia-Romagna

	März	April	Mai
Temperatur min./max.	3° / 14°	6° / 17°	10° / 22°
Sonnenscheinstunden/Tag	5	6	8
Regentage im Monat	7	8	7
Wassertemperatur	14°	16°	20°

Die Bedeutung der Symbole:

- 9° / 18° Temperatur min./max.
- Sonnenscheinstunden/Tag
- Regentage im Monat
- Wassertemperatur

FRÜHLING

Üppiges Grün, Obstblüte und Schlemmerfeste. Milde und sonnige Tage laden zu Wanderungen und Radtouren ein und machen Stadtbummel zum Vergnügen.

Wenn in den Frühjahrsmonaten März und April die Temperaturen auf angenehme 18 Grad klettern, schmücken sich die Kirschbäume um Vignola und die Pfirsichbäume um Brisighella mit pastellenen Tupfen. Die Obstblüte taucht die Hügel in der Romagna in ein Blütenmeer, von weiß über zartrosa bis orange. Vignola feiert von Mitte März bis Anfang Mai das Kirschblütenfest. In Brisighella steht während der »Feste Medioevali« Anfang Juni das Olivenöl im Mittelpunkt, das dort ganz besonders fein ist. Überhaupt präsentiert sich die Emilia-Romagna im Frühling geschichtsbewusst: Ende Mai erinnert das Ritterfest in Quattro Castella an die Markgräfin Mathilde von Tuszien, in Ferrara schlüpfen Einwohner zu den Wettkämpfen und zum »Corteo Storico« während des »Palio di San Giorgio« im Mai in Renaissancekostüme. Die Frühlingsmonate zählen zur Vorsaison, doch um Ostern und die Feiertage 25. April und 1. Mai kann es auf den Autobahnen zu Staus durch zahlreiche Ausflügler kommen. Wassertemperaturen erreichen in der Adria im Mai 18 Grad, sodass Abgehärtete durchaus ein Bad wagen können, mit 20 Grad Wassertemperatur ist ab Juni offiziell Badewetter an der Adria.

Blühende Pfirsichbäume erfreuen das Auge bei Levizzano Rangone

Die Adria mit ihrem flachen Wasser und den angenehmen Wassertemperaturen lockt besonders Familien mit Kleinkindern an

SOMMER

Der Badespaß hat an der Adria Hochsaison. Die warmen Sommernächte sind ideal für Festivals. Für Abkühlung sorgt ein Sprung ins Meer oder ein Ausflug in den Apennin.

Im Juli erreicht die tägliche Sonnenscheindauer mit 10 Std. ihr Maximum, in der Poebene kann es jetzt drückend heiß werden, wenn sich die Hitze staut. An den Adriastränden werden die Sonnenschirme aufgespannt: Die Badesaison beginnt. In den Sommermonaten Juli und August klettern die Temperaturen auf Höchstwerte. Dank fast 62 km Arkaden, die Schatten spenden, ist die hochsommerliche Hitze in Bologna erträglicher. Besucher und Einheimische verlegen den Stadtbummel in die Abendstunden und genießen zum Tagesausklang das Treiben auf der Piazza. Von Mitte Juni bis Mitte August zaubern die Kinonächte (»Cinema ritrovato« und »Sotto le stelle des Cinema«) eine magische Atmosphäre auf die Piazza Maggiore, schrill untermalt von den Rufen der Mauersegler. Wenn die Wassertemperatur der Adria im Juni angenehme 22 Grad erreicht, machen italienische Familien mit Kindern Badeurlaub zu günstigen Vorsaisonpreisen. Während des Eventwochenendes »Notte Rosa«, dem offiziellen Auftakt der Badesaison Anfang Juli, dominiert in den Badeorten der Romagna für einen Tag und eine Nacht Rosa in Cafés, Restaurants, Bars … und mit Feuerwerken den Nachthimmel. Ins Hinterland der südlichen Romagna locken Festivals wie im Juni das Musikfestival in Verucchio und im Juli das Theaterfest in Santarcangelo di Romagna. Von Mitte Juli bis Mitte August mit dem Höhepunkt »Ferragosto« am 15. August klettern Preise und Besucherzahlen auf den Höchststand.

Juni	Juli	Aug.
14° / 26°	17° / 29°	17° / 29°
9	10	8
6	4	5
23°	24°	25°

HERBST

Wenn milde und regnerische Herbsttage sich abwechseln, läuft die Region kulinarisch zur Höchstform auf: Kastanien, Trüffeln und Pilze bereichern die Speisekarten.

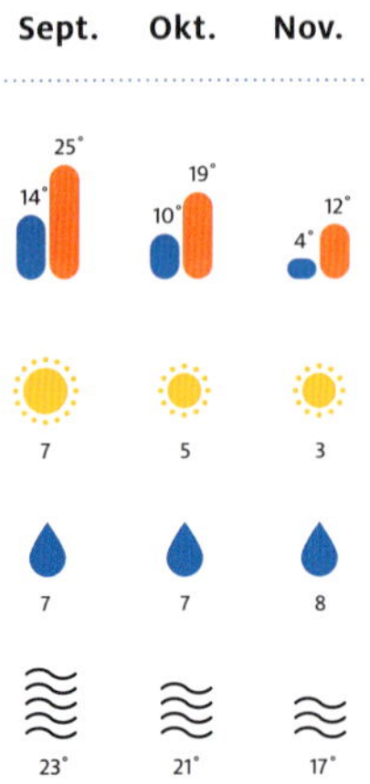

Die Septembertage sind oft noch warm, die Wälder des Apennins sind in warme Gelb- und Rottöne getaucht. Im Oktober und November wird es regnerischer, der Himmel ist oft wolkenverhangen. Doch kulinarisch punktet die Region im Herbst mit vielen Schlemmerfesten. Im September werden überall die ersten Kastanien geröstet. An einem Sonntag im September öffnen die Essigmanufakturen um Modena ihre Pforten: »Acetaie aperte« bietet Führungen, Verkostungen und Kurse. In Comacchio wird ab Oktober Aal gegessen. Ende Oktober widmet Ravenna dem Sangiovese und den anderen Weinen der Romagna das Weinfest Giovinbacco. Im Oktober und November ist endlich Trüffelzeit. Die edle Knolle ist in fast allen Provinzen zu finden, Trüffelfeste finden in Bobbio, Calestano, Viano, Montefiorino, Savigno, Brisighella und Sant'Agata di Feltria statt. Im November kommt der würzige Formaggio di Fossa auf den Tisch, der in Mondaino, Talamello und Sondaino Rubicone in Tuffsteinhöhlen gereift ist. In Brisighella feiert man im November das heimische Olivenöl. In den Wäldern der Nationalparks des Toskanisch-Emilianischen Apennins und den Foreste Casentinesi färbt sich das Laub herbstbunt. An den nun einsamen Adriaständen finden sich Herbstspaziergänger ein. Während die Hotels in den Kunststädten bis auf kurze Ferien durchgängig geöffnet sind, schließen in Badeeorten wie Riccione und Cattolica viele Hotels in den Herbst- und Wintermonaten.

Kastanienwälder sorgen im Herbst für eine reiche Ernte. Maronen werden geröstet, zu Püree und Mehl verarbeitet oder als Füllung verwendet

An Schnee herrscht im Dorf Pietracolora im Bologneser Appenin wahrlich kein Mangel

WINTER

An der Adria überwiegt winterliche Melancholie, in der Ebene herrscht der Nebel. Im Dezember beginnt die Hochsaison auf den Pisten um die Zweitausender im Apennin.

Am Po und in der feuchten Ebene steigt der Nebel auf. Die alles verschlingenden, weißen Schwaden gehören in der Poebene zum Winter wie Krippen zu Weihnachten. Der Winternebel hat einen festen Platz in der Literatur, bei Fellini wird er gar zum Filmstar. Garantiert nebelfrei sind die Grotten wie Grotta del Re Tiberio bei Riolo Terme – unter der Erde liegt die Temperatur das ganze Jahr über konstant bei etwa 12 Grad. An der Adria breitet sich eine melancholische Stimmung aus, zumindest bis im Dezember an den Stränden von Rimini, Cesenatico und Cervia die Krippen aus Sand errichtet werden. Auch die Kunststädte schmücken sich mit Krippen, und manche Museen öffnen sogar an den Feiertagen. Doch einige Hotels schließen während der Feiertage. Im Apennin lädt die verschneite Landschaft zu Schneeschuhwanderungen oder Langlauf ein. Ab Dezember sind die Pisten am Monte Cimone (2165 m), dem größten Skigebiet des Tosko-Emilianischen Apennins, und Corno alle Scale im Bologneser Apennin geöffnet. Insgesamt locken während der Skisaison im Apennin 15 Orte mit mehr als 300 Pistenkilometern. Adriabäder wie Rimini oder Skiorte im Apennin wie Sestola, Fanano und Lizzano in Belvedere ziehen zahlreiche Events zum Jahreswechsel auf, sodass die sonst niedrigen Hotelpreise wieder leicht anziehen.

Dez.	Jan.	Feb.
1° 8°	0° 7°	0° 10°
3	2	4
7	5	6
13°	14°	14°

Wer deftigen Genüssen zugeneigt ist, kann sich an diesem Anblick gewiss nicht sattsehen: Parmaschinken, Mortadella, »culatello«, Käse, Pilze, Pastete, Aceto Balsamico, Olivenöl, Teigwaren … und alles im Überfluss

Über Schweine, Schafe und das Glück

Eine Hauptstadt, die sich stolz »die Fette« nennt, deftige Küche mit handgerollter Eierpasta und Traubenmost, der mindestens zwölf Jahre reifen muss: An der Via Emilia ist Speis und Trank nichts für mal nebenbei. Besser noch, gutes Essen wird selbst zum Reiseziel.

Die Emilia-Romagna gilt als der »Bauch Italiens«, dazu nennt sich Bologna »la grassa«, die Fette« – alles durchaus positiv gemeint. Die Botschaft ist eindeutig. Eine gute, gehaltvolle Küche ist der Stolz der Menschen hier, vielleicht weil harte Arbeit auf dem Land sie geprägt hat? Zum guten Leben, auf das auch in Krisenzeiten nicht verzichtet wird, gehört Essen aus frischen und hochwertigen Zutaten. Das fängt bei der Pasta an, die idealerweise hausgemachte Eierpasta ist. Der Anspruch, den die Menschen an ihre Lebensmittel stellen und die daraus resultierende Qualität und Verfeinerung hat einigen der lokalen Delikatessen Weltruhm beschert, wie dem kostbaren Aceto Balsamico Tradizionale aus Modena, mildem Parmaschinken aus Langhirano oder dem würzigen Hartkäse »parmigiano reggiano«.

SCHWEIN, BUTTER UND LAMBRUSCO IN DER EMILIA

Die beiden Regionen Emilia und Romagna gingen bis 1861 getrennte Wege, das zeigt sich auch kulinarisch. Die Bojer, die 800 v. Chr. in der Poebene siedelten, brachten die Schweinezucht mit, die seitdem Landwirtschaft und Küche der Emilia prägt. Neben Parmaschinken könnten der würzige Edelschinken »culatello« aus Zibello, die luftgetrocknete Nackenwurst »coppa«, Bolognas beliebte Mortadella und die Salami aus Felino als Aufschnittplatte »affettato misto« zum Aperitif gereicht werden. Dazu isst man »gnocco fritto«, in Fett ausgebackene Teigbällchen oder in Modena »tigelle«, runde Teigfladen. Bolognas Spezialität sind »tagliatelle al ragù«, Bandnudeln mit Fleischsoße (nur außerhalb Italiens als »alla bolognese« bekannt). Einst nur an Festtagen aufgetischt haben gefüllte Teigtaschen heute einen festen Platz auf den Speisekarten. In Bologna liebt man Tortellini mit Fleischfüllung in heißer Brühe, Parmas »tortelli« sind mit Gemüse und Käse gefüllt, in Ferraras »cappellacci« versteckt sich Kürbis. Name und Füllung wandeln sich von Provinz zu Provinz. Zum Essen genießt man oft perlenden Wein, wie den jungen Lambrusco, der gehaltvolles Essen ideal ergänzt.

Die knusprigen Teigtaschen »gnocco fritto« werden zusammen mit Parmaschinken gern zum Aperitif verspeist

SCHAF, OLIVENÖL UND SANGIOVESE IN DER ROMAGNA

Weil die Romagna lange unter byzantinischem Einfluss stand, kommen dort gern Schaf- oder Ziegenkäse in die Teigtaschen. Statt wie in der Emilia, wo man auf Schwein und Rind schwört, werden in der Romagna auch viel Lamm und Hammel gegessen. Der flache Teigfladen »piadina«, der mit Schinken und Frischkäse wie »stracchino« oder »squacquerone« gefüllt verzehrt wird, ist von der Küste bis ins Hügelland ein beliebtes

Übrigens
Die Casa Artusi in Forlimpopoli hütet das Erbe Pellegrino Artusis, mit Bibliothek, Kochschule, Restaurant, Osteria und Weinhandlung. www.casartusi.it

Street Food. Statt Butter wie in der Emilia dominiert in der Romagna Olivenöl, im Hügelland hinter Rimini befindet sich die höchste Konzentration an Ölmühlen der ganzen Region. Dazu trinkt man Sangiovese, der als Vater italienischer Rotweine gilt. An der Küste isst man natürlich viel Fisch und Meeresfrüchte, auf dem Grill zubereitet oder frittiert als »fritto misto«. Die Adria liefert »pesce azzurro«, kleine Fische wie Sardinen, Sardellen, Makrelen und Heringe. Das Podelta ist für seinen Aal berühmt, der gegrillt, frittiert und mariniert wird, entlang des Po wird »storione in salsa verde«, Stör in Kräutersoße, serviert.

Während der »Festa Artusiana« wird der Ort Forlimpopoli zur Hauptstadt der Esskunst und des Genusses

GEBURTSHELFER DER ITALIENISCHEN KÜCHE

Frische und Qualität der Zutaten, Hingabe, Geduld und Präzision bei der Zubereitung forderte Pellegrino Artusi in seinem 1891 erstmals erschienenen Kochbuch, das 790 Rezepte aus ganz Italien vorstellte. Das Buch war ein durchschlagender Erfolg und einte die Nation – kulinarisch wie sprachlich. Das kulinarische Erbe Artusis wird während der »Festa Artusiana« in Forlimpopoli gefeiert. Essen ist in der Emilia-Romagna nichts, was im Vorbeigehen erledigt wird oder aus nur einem Gang bestünde. Ausnahmen sind die lokalen Street-Food-tauglichen Gerichte wie »erbazzone«, die Gemüsetorte aus Reggio Emilia oder die romagnolische »piadina«. Da ist es durchaus sinnvoll, das Essen selbst als Sehenswürdigkeit zu verstehen. Warum also nicht auch einen Pastarollkurs belegen oder die Kunst der Eisherstellung erlernen?

Es braucht schon ein wenig Übung, wenn der Tortellino formvollendet sein soll

In aller Munde

Tortellini – Teigtaschen des Glücks

In den Familien sind sie der Festtagsschmaus, der eigentlich nur zu Ostern und Weihnachten auf den Tisch kam. In Bologna wurden Tortellini erstmals im Jahre 1289 erwähnt. Ein Dokument berichtet von der Verhaftung eines Studenten, der trotz Ausgangssperre nachts ohne Fackel angetroffen wurde, er wollte für sich und seine Freunde Tortellini kaufen. Vom ersten schriftlichen Zeugnis vergingen 800 Jahre bis zu diesem feierlichen Moment. Am 7. Dezember 1974 lässt die »Dotta Confraternita del Tortellino« (Gelehrte Bruderschaft des Tortellino) das authentische Rezept für Bologneser Tortellini notariell beglaubigen und vom Bürgermeister unterschreiben. Eierpasta wird mit einer Mischung aus Schweinelende, Schinken, Mortadella, Parmesan, Ei und einem Hauch Muskat gefüllt und in einer Brühe aus Huhn, Rind und Gemüse serviert. Form und Zubereitung wurden 2008 ergänzt. Glücklicherweise ist die Zubereitung kein Geheimnis, sondern wird sehr gern weitergegeben. Jeder kann sie erlernen, die mystische Bewegung, mit der die beiden Enden der Tortellini verklebt werden. Worin besteht das Glücksgeheimnis der Tortellini? Ganz sicher in ihrer Herstellung: dem gemeinsamen, sonntäglichen Formen der Tortellini mit der »nonna« und der ganzen Familie.

Die modernen Beschützer der Tortellini oder kluges Marketing für Bolognas Teigtaschen: www.confraternitadeltortellino.it. Über Pastakurse informiert www.bolognawelcome.com.

Die Via Farini im Zentrum Bolognas lockt mit exklusiven Geschäften unter Arkaden

Von Mode und Märkten

Nicht nur kulinarisch, auch modisch ist der Besucher an der Quelle, denn um die Via Emilia entstanden weltbekannte Modehäuser. Das bringt die interessante Option der Fabrikverkäufe ins Spiel. Und auf Wochenmärkten verführt die Fülle des regionalen Angebots.

Für Eleganz und Stil haben italienische Designer ein sicheres Händchen. Hinzu kommen hohe Qualität und Liebe zum Detail. Aus Reggio Emilia stammt Max Mara, Anna Molinari gründete in Carpi Blumarine, aus Bologna kommen die edlen Dessous von La Perla, Kleider von Elisabetta Franchi und Taschen von Furla. In San Mauro Pascoli produzieren Schuhmanufakturen wie Sergio Rossi und Casadei elegante Wunderwerke. In Cattolica entstanden Alberta Ferretti und Iceberg. Lassen Sie sich bei einem Stadtbummel in den Modeboutiquen verführen, in Bolognas Altstadtgassen wie Via Farini und Via San Felice, in Parmas Strada Garibaldi, Cavour, Mazzini und della Repubblica, in Modena in der Via Emilia oder in Reggio in Via Emilia und Via Corridori. Mit Preisnachlässen erfreuen die Outlet-Dörfer von Fidenza und Castel Guelfo. Das Modehaus Max Mara vertreibt seine Vorjahreskollektionen ohne Label in Geschäften namens »In Trend Diffusione Tessile« so in Reggio oder Boretto. Bei den Herstellern in Carpis »Distretto Moda« und in San Mauro Pascoli sind Fabrikverkäufe angesiedelt. Kulinarisches bieten die Schlemmerläden in Bolognas Viertel Quadrilatero, die Gasse Broletto in Reggio und die Markthallen in Bologna, Ravenna, Modena und Cattolica. Den größten Erlebnisfaktor haben Besuche bei Produzenten von Balsamessig, in Käsereien und bei Winzern. Große Wochenmärkte finden in Bologna, Parma und Cesena statt, Antiquitätenmärkte in Bologna (2. Wochenende, Piazza Santo Stefano), Fontanellato (jeder 3. Sonntag, um die Burg), Cortemaggiore (1. Sonntag), Cesena (3. Wochenende) und Modena (4. Wochenende). Weitere Outlet-Adressen gibt es unter www.spaccioutlet.it.

Das perfekte Souvenir

Tele Romagnole

Weinranken, Granatäpfel, Kornähren, Hähne und wütende Stiere – die Motive der »tele romagnole« (handbedrucktes Tischleinen) kommen aus der bäuerlichen Welt der Romagna. Sie werden bis heute per Hand auf edles Leinen, Baumwolle oder Hanf gedruckt. Die Farbe wird mit Modeln, Holzformen mit eingekerbten Mustern, auf den Stoff aufgebracht und dann mit Holzhämmern angedrückt. Ursprünglich wurde die Farbe aus Rost gewonnen, daher heißen die Stoffe auch »tele ruggine«. Heute gibt es die Drucke in vielen Farben. Technik und Tradition der »tele romagnole« sind uralt, vermutlich verwendeten die alten Ägypter bereits ein ähnliches Druckverfahren. Bis vor hundert Jahren besaßen fast alle Familien in der Romagna die von Hand bedruckten Tischdecken, Servietten, Schürzen und Kissenbezüge. Heute haben sich die bäuerlichen Alltagsstoffe in edles, farbenfrohes und vor allem haltbares Dekor verwandelt. Zu den traditionellen Motiven gesellen sich moderne Muster und Farben, eine schöne Alternative zu charakterloser Billigware. Und wer erinnert sich nicht gern an inspirierende Urlaubstage, das vollmundige Glas Sangiovese und fröhliche Runden in der Osteria?

Die Adressen der zehn traditionellen Druckereien, die sich im Verein »Stampatori Tele Romagnole« zusammengeschlossen haben, gibt es unter www.teleromagnole.com.

Praktisch, vielfältig einsetzbar und obendrein hübsch anzusehen: »tele romagnole«

Giro giro tondo – Kinder willkommen!

Der fröhliche Kinderreim »Giro giro tondo«, den in Italien jeder kennt, steht für unbeschwertes, ausgelassenes Vergnügen. So wie ein Urlaub in der Emilia-Romagna mit seiner Fülle an Erlebnissen und Aktivitäten.

Da gibt es kilometerlange Strände mit flachem Wasser, Spaßbäder und Vergnügungsparks, unzählige Burgen und geheimnisvolle Tuffsteinhöhlen – die Region scheint wie für Familien gemacht zu sein. Kleine und große Naturforscher können Fossilien suchen, Vögel beobachten und in geheimnisvollen Grotten Fledermäuse bestaunen. Badespaß, Naturwunder, die großartige Küche sowie kinderfreundliche Hotels machen die Region zum besonders familiengerechten Ferienziel.

URLAUBSKASSE – DEN GELDBEUTEL SCHONEN

In staatlichen Museen wie Bolognas Archäologischem Museum haben Kinder und Jugendliche bis 18 Jahre freien Eintritt. Ebenfalls kostenlos ist der Besuch für Kinder bis 11 Jahre in regionalen Museen wie dem Museo del Delta Antico in Comacchio, bis 18 Jahre gilt der halbe Preis. Auch in Privatmuseen wie Magi900 oder Villa Verdi gelten für Kinder reduzierte Eintrittspreise, bis 10 Jahre ist der Besuch oft gratis. Erlebnisparks und Spaßbäder versprechen Vergnügen für die

Der Strand ist eine riesige Spielwiese. Kinder können sich hier nach Herzenslust austoben, Sandburgen bauen oder Drachen steigen lassen

ganze Familie, schlagen aber durchaus mit erhöhtem Budget zu Buche. Vorab online gebuchte Tickets sparen Kosten und Zeit vor Ort. Prüfen Sie auf den Websites vorab, welche Attraktionen für die eigenen Kinder zugelassen sind (nach Körpergröße), um Enttäuschungen zu vermeiden. Eine Alternative sind Halbtagestickets nur für den Nachmittag, mit oft kürzeren Warteschlangen an den Attraktionen. Viele der Parks bieten einen zweiten Tag kostenlos an, die individuellen Bedingungen dazu finden sich ebenfalls auf den Websites.

GÜNSTIG UND FAMILIENFREUNDLICH ÜBERNACHTEN

Bekanntlich sind die Preise in der Nebensaison niedriger, bis zur Hälfte lässt sich da sparen. Mit nicht schulpflichtigen Kindern reist man daher zum Badeurlaub günstiger schon im Juni an die Adria, die Temperaturen erlauben es. Viele Hotels an der romagnolischen Küste sind auf Familien spezialisiert und haben Angebote zu Betreuung und Unterhaltung von »bambini« (Kinder) und »ragazzi« (Teenager). Hinzu kommen oft die direkte Strandlage der Hotels und Paketpreise für zwei Kinder inklusive (meist mit Halb- oder Vollpension). Portale wie www.kinderhotel.info helfen bei der Suche. Reitangebote und Naturlabore für kleine Naturforscher bietet das Club Village Hotel Spiaggia Romea. Preisgünstige Alternativen für Familien sind Ferienwohnungen, Bed & Breakfast-Angebote und Agriturismi, wie die Eselfarm Montebaducco (S. 117).

Ferien auf dem Bauernhof: Wo könnte man besser in Kontakt mit Tieren kommen als im Stall, wo Ziegen oder Lämmchen schon auf Streicheleinheiten warten

VON SPASSBAD BIS SCHLAMMVULKAN

An der romagnolischen Küste reihen sich Vergnügungsparks aneinander. Zu den bekannten wie Mirabilandia (S. 146), Fiabilandia (S. 164) und Aquario di Cattolica (S. 166) kommen die Spaßbäder Aquafan in Riccione, Atlantica in Cesenatico und Acquajoss in Conselice sowie die Erlebnisparks Italia in Miniatura in Viserba (S. 165) und Oltremare in Riccione. Einen Besuch lohnt das von Freiwilligen betriebene Hospital für Meeresschildkröten in Riccione (Kasten S. 47).

Im Hügelland des Appenin erheben sich unzählige Burgen, von denen einige mit Gespenstern, Feen und ihren Geschichten aufwarten, die Rocca Sforzesca in Dozza (S. 80) soll gar ein Drache bewohnen!

Laune der Natur: Schlammvulkan im Naturreservat Salse di Nirano

Unter den Wanderwegen der Natur- und Nationalparks finden sich auch kurze, für Kinder geeignete Wanderungen. Die Naturlehrpfade »Sentieri Natura« im Parco delle Foreste Casentinesi erläutern Tierspuren und Naturdenkmäler. Ein nicht alltägliches Abenteuer verspricht der Besuch einer der faszinierenden Höhlen wie den Grotte del Re Tiberio bei Riolo Terme oder Grotte di Onferno in Gemmano (S. 166). Von den rätselhaften Tuffsteingrotten unter Santarcangelo di Romagna (S. 168) ist die Grotta monumentale zu besichtigen. Sind die Sprösslinge von alldem unbeeindruckt, ziehen Sie den Joker: Die Schlammvulkane Salse di Nirano südlich von Modena sind ein wirklich seltenes Naturphänomen.

STRANDFREUDEN FÜR GROSS UND KLEIN

Feine Sandstrände und flach abfallendes Wasser – allein die natürlichen Bedingungen machen die Adriaküste zum familienfreundlichen Revier. Dafür spricht auch die Wasserqualität, bezeugt über Jahre in Folge durch die an die Bäder verliehene »Bandiera Blu«. Am Strand sorgen die Bademeister und Rettungsschwimmer zusätzlich für Sicherheit. Achterbahn, Aquarium oder Rennpiste? Saline, Mosaike oder Birdwatching? Vielleicht vereinfachen diese zusätzlichen Attraktionen die Auswahl. Cattolicas Lage in einer Bucht beruhigt die Wellen und schützt vor Wind. Jedes Strandbad (»bagno«) hat spezifische Angebote für Kinderbetreuung oder Sport (im Preis für Liege und Sonnenschirm inklusive!), die auf deren Websites gelistet sind, auffindbar über die Portale der Orte.

KULTUR FÜR KIDS – LANGEWEILE FEHLANZEIGE!

Museen verheißen Zeitreisen. Zu den Etruskern, Galliern und Römern geht es im Archäologischen Museum Bologna, im Geologischen Museum warten Fossilien und ein Dinosaurierskelett. Der Archäologische Park in Travo an der Trebbia gibt Einblick in das Leben in der Steinzeit. Das Museo della Civiltà Contadina in San Marino di Bentivoglio bei Bologna entführt in die bäuerliche Welt von einst. Vom Leben am Meer erzählen das Muschelmuseum in Bellaria Igea Marina, das Salzmuseum in Cervia (S. 161) und das Museo della Marineria (S. 160) in Cesenatico. Im Museo del Cielo e della Terra in San Giovanni in Persiceto wird ein Meteorit aufbewahrt. Und im Gelato Museum in Anzola Emilia dreht sich alles um ein cooles Lebensmittel – das Eis!

Leuchtende Augen

Wärme, Feuchtigkeit und ein reich gedeckter Tisch. Der Nationalpark Podelta bietet einer Kolonie von Rosaflamingos optimale Lebensbedingungen

Zuerst Anlauf nehmen: Bevor sie sich in die Luft erheben, machen sie einige Schritte auf dem Wasser, die schwarzrosa Flügel schwingend. Im Flug bilden Hals und Beine eine lange, elegante Silhouette. Die **Rosaflamingos** sind die Stars im Nationalpark Podelta – selbst zufällige Vogelbeobachter verspüren das Glücksgefühl einer Sichtung. Die weiten Feuchtgebiete bieten Artenvielfalt und Ruhe, ideale Lebensbedingungen für bis zu 350 Vogelarten. Die reisefreudigen Rosaflamingos leben dauerhaft im Podelta, einer der wichtigsten Kolonien in Italien. In den alten Salinen von Comacchio nisten sie seit einigen Jahren. Dort und in den Salinen von Cervia, wo sie überwintern, und im nördlichen Teil der Valli di Comacchio lassen sie sich besonders gut beobachten. Geführte Touren gibt es per Boot, Rad oder Kanu.

www.podeltatourism.it

Adonis, Jupiter, Venus – römische Götter sind Namensgeber der Gipfel des Apennins an der Via degli Dei

Wandern ist wieder des Müllers Lust

Wer den Weg zum Ziel macht, weitet den Blick und macht unerwartete Begegnungen möglich – mit Orten, Menschen und sich selbst. Alte Pilgerrouten, Römerstraßen und Gratwanderungen machen Lust auf Entdeckungen abseits der großen Straßen.

Ist es die Sinnsuche in einer sich immer schneller verändernden Welt? Oder die Tatsache, dass wir die meiste Zeit sitzend in Büros verbringen, statt draußen an der frischen Luft? Dass uns Stille, Vogelgesang und der weite Horizont fehlen? Wandern und Pilgern sind wieder populär. Es muss ja nicht gleich die ganze Strecke von Stade nach Rom sein – Rosinen herauspicken ist erlaubt. Zu Fuß oder per Rad, nicht alle Wege führen hier nach Rom. Wanderführer, Websites und Apps helfen bei der Planung.

VIA FRANCIGENA

Mönche und Bischöfe pilgerten auf zahlreichen Wegen von Mittel- und Nordeuropa nach Rom, aus ihren niedergeschriebenen Viten lassen sich die Routen rekonstruieren. Dem Erzbischof Sigerich von Canterbury, der im Jahr 990 nach Rom reiste und ein Reisetagebuch führte, verdanken wir die erste Beschreibung der Via Francigena, der alten Frankenstraße nach Rom. Nach ihrer Eroberung des Langobardenreiches 774 bauten die Franken die Straße zwischen Pavia und Rom als kaiserliche Straße aus, auf der die deutschen Könige zur Kaiserkrönung nach Rom reisten. In Klöstern und an Bischofssitzen konnten sich die Pilger versorgen. Dank des Booms des spanischen Jakobswegs wurde auch die Via Francigena (S. 107) wiederentdeckt, 1994 wurde die Route zur Europäischen Kulturstraße ernannt. Etwa 140 km der 1800 km langen Route führen durch die Emilia: von Piacenza, Fidenza und Fornovo bis zum Passo della Cisa (www.viefrancigene.org). Der europäische Radfernweg EV5 verläuft parallel zur Via Francigena.

VIA MATILDICA DEL VOLTO SANTO

Die im Mittelalter mächtigen Markgrafen von Tuszien besaßen große Ländereien, die sich über die heutigen Regionen Lombardei, Emilia-Romagna und Toskana erstreckten. Ein Netz von Burgen bildete das Rückgrat ihrer Herrschaft, die unter Matilde von Tuszien (S. 48) ihren Höhepunkt erreichte. Die Via Matildica von Mantua nach Lucca führt zu den Herrschaftsorten der Markgrafen. Von der 256 km langen Strecke liegen 140 km in der Emilia: von Guastalla am Po über Reggio Emilia und die Burgen im Reggianer Apennin bis nach San Pellegrino in Alpe, in elf Etappen. www.viamatildica.it

VIA ROMEA GERMANICA

Abt Albert von Stade reiste 1236 nach Rom, seine Reiseaufzeichnungen enthielten alle Stationen nach Rom

Canossa, im 11. Jh. Sitz eines mächtigen Markgrafengeschlechts, heute eine, wenngleich durch den »Gang nach Canossa« berühmt gewordene Ruine

Reste der römischen Via Flaminia Militare: heute Teil des Wanderwegs Via degli Dei

Information und Planung

Die Touristenbüros haben oft eigenes Material zu den Routen. Die Pilgerwege werden von Vereinen mit Freiwilligen betreut, die oft an der Wiederbelebung der Wege beteiligt waren. Alle Touren verfügen über eigene Websites mit teils ausführlichen Wegbeschreibungen, Wegedaten in verschiedenen Formaten, Links zu Apps und Kontaktangaben für aktuellste Informationen zu etwaigen Einschränkungen und Neuigkeiten. Mit einem Pilgerpass profitieren Sie von Vergünstigungen. Planen Sie Übernachtungen und Einkehr vorab und reservieren Sie, um vor Überraschungen sicher zu sein.

Übersicht über alle Weitwanderwege der Emilia-Romagna: camminiemiliaromagna.it

und waren so genau, dass sie fortan als Wegweiser dienten. Durch die Romagna verlaufen 260 km der Strecke, die in elf Etappen unterteilt ist. Los geht es in der Poebene über die Renaissance-Stadt der Este Ferrara über Argenta mit seinem Museum zur Trockenlegung (www.vallidiargenta.org) und dem geschützten Feuchtgebiet der Oasi di Campotto. An Mückenschutz denken! Je mehr Haut mit heller Kleidung bedeckt ist, desto weniger Angriffsfläche haben die Insekten. Sie passieren Delizie Estensi, Sommersitze der Este wie Benvignante und Belriguardo, erreichen die Lagunenlandschaft der Valli di Comacchio (S. 137) und in Casalborsetti die Adria. Vorbei am naturbelassenen Pinienwald von San

Vitale erreicht man Ravenna. Über Forlì geht es ins Hügelland bis in den Luftkurort Bagno di Romagna und die Foreste Casentinesi (S. 157). Die lokale Küche erfreut Sie mit Trüffeln, Pilzen, Wild und Wein. Ausführliche Wegbeschreibungen und Hinweise auf www.viaromeagermanica.com, auch auf Deutsch.

VIA DEGLI DEI – WEG DER GÖTTER

Sie wollten schon immer einmal auf einer Römerstraße wandern? Den kürzesten Weg von Bologna nach Florenz über den Apennin nahm die römische Straße Flaminia Militare. Die in den 1990er-Jahren von Wanderenthusiasten gegründete Strecke Via degli Dei folgt der Römerstraße weitestgehend, nimmt aber die umliegenden Gipfel Monte Adone (Adonis), Monte Venere (Venus) und Monte Giunone (Juno) mit, die ihr Namensgeber sind, um den Autoverkehr zu meiden. Fragmente der Römerstraße sind in M. Bastione, Poggio Castelluccio und M. Poggione erhalten. In sechs Etappen führt der Weg über 123 km, davon 67 km in der Emilia-Romagna, von Bologna nach Florenz, zu Fuß oder mit dem Mountainbike. Die Website www.viadeglidei.it informiert ausführlich, das Touristenbüro von Sasso Marconi südlich von Bologna beantwortet Fragen (www.infosasso.it).

Die Götter weisen den Weg: Via degli Dei

ALTA VIA DEI PARCHI

Wälder, Berge und unberührte Natur, in 27 Etappen folgt die Alta Via dei Parchi dem Gebirgskamm des nördlichen Apennin, für ca. 500 km. Sie verbindet die Nationalparks des Toskanisch-Emilianischen Apennin und der Foreste Casentinesi und die fünf Regionalparks Alto Appennino Modenese, Valli del Cedra e del Parma, Corno alle Scale, Laghi di Suviana e Brasimone und Vena del Gesso Romagnola miteinander. Von Berceto in der Nähe des Cisa-Passes führt sie bis zum Monte Carpegna mit Blick auf die Adria. Der Apennin ist raues Terrain, erst im 18. Jh. überquerten ihn die ersten fuhrwerktauglichen Straßen. Viele Weiler im Apennin sind verlassen, die Menschen sind ins Tal und in die Städte gezogen (altaviadeiparchi.it).

Renaissance – der Mensch als Gestalter

Die Natur beobachten, Perspektive verstehen und Inspiration in der Antike finden. Geleitet von Ideen, die bis heute modern erscheinen, entwarf der Mensch Paläste, Kirchen, Städte und Landschaften neu.

Der Mensch ist freier Gestalter seines Lebens – diese Überzeugung katapultierte die Kunst im 15. Jh. in ein neues Zeitalter, das wir Renaissance (15.–16. Jh.) nennen. Weil man mit vom Jenseits unabhängigen Augen auf die Welt blickte, rückte statt des Schöpfers die Schöpfung in den Mittelpunkt. Der Mensch galt auf einmal als eigenständiges und verantwortlich handelndes Individuum, das sich durch äußere Einflüsse bildet. Die Kunst wurde essenzielles Werkzeug seiner Bildung. Mit der Aufwertung des Sinnlich-Wahrnehmbaren wandten sich Gelehrte der Natur und den hier zu überwindenden Schwierigkeiten zu. Der Universalgelehrte Leon Battista Alberti (1404–1472) sah den Menschen als schöpferisches Wesen, ja Erfinder und erfand selbst allerhand technische Apparate. Die Loslösung von der Absolutheit christlicher Werte ermöglichte einen unvoreingenommenen Blick auf die Antike. Sie wurde zur Inspiration für Gelehrte und Dichter, ihre Zeugnisse zu Studienobjekten.

Leon Battista Alberti, ein Multitalent der italienischen Renaissance

VON HEERFÜHRERN ZU KUNSTMÄZENEN

In reichen Fürstentümern wie an den Höfen der Este in Ferrara und der Malatesta in Rimini – seit dem 13. Jh. fest im Sattel – entwickelte sich ein reges künstlerisches Leben auf hohem Niveau. Motiviert wurde das Mäzenatentum der Herrscher vom Bestreben nach Legitimation und Repräsentation. Architektur und Bildkunst wurden zu Mitteln der Propaganda und Dokumentation fürstlicher Macht. Die Mittel stammten aus dem lukrativen Kriegsgeschäft, dem Heerführer

Der Malatesta-Tempel, geplant von Leon Battista Alberti, der sich nicht nur als als Humanist und Mathematiker, sondern auch als genialer Architekt erwiesen hat

(»condottiere«) wie Sigismondo Pandolfo Malatesta (1417–1468) nachgingen. Leon Battista Alberti war an den Fürstenhöfen ein angesehener und häufig präsenter Berater.

WEGWEISENDER ENTWURF

Nicht nur im Leben, auch im Tode wollte sich Sigismondo Malatesta mit herausragenden Gelehrten umgeben und entwickelte mit Architekturvisionär Leon Battista Alberti die Idee eines Tempels für sich und seine dritte Frau Isotta degli Atti. Man plante den Umbau einer alten gotischen Kirche. Alberti ummantelte das Langhaus mit Marmor und sieben Bogennischen auf jeder Seite, in denen Sarkophage des Platonkenners Plethon, von Dichtern und Ärzten, deren Leichname Sigismondo erworben hatte, Platz fanden. Die Fassade Albertis übernahm Elemente römischer Triumphbogenarchitektur und kombinierte sie eigenwillig neu. Der Schmuck der Grabkapelle Isottas bringt das humanistische Neuheidentum des Stifters zum Ausdruck: »Zeit zum Reden – Zeit zum Schweigen« (»tempus loquendi – tempus tacendi«). Ein Glaube an die christliche Auferstehung fehlt, getreu dem Motto der Renaissancefürsten: Nur der unvergängliche Ruhm erlaubt Unsterblichkeit, indem er das Vergessenwerden verhindert.

Blick auf das Marmorportal des Renaissance-Palazzo Schifanoia. Zur Zeit seiner Erbauung war es farbig und mit Wappen sowie dem Emblem der Este, einem Einhorn, verziert.

DIE ESTE ERFINDEN FERRARA NEU

Die in Ferrara herrschenden Este traten früh als Förderer von Kunst und Kultur auf. Unter den Söhnen des Condottiere Niccolò III d'Este (1393–1460) Leonello, Borso und Ercole d'Este, die nacheinander regierten, erreichte die höfisch geprägte Kultur glanzvolle Höhepunkte. Das 1438 in Ferrara tagende Konzil hatte Gelehrte wie das Universalgenie Leon Battista Alberti in die Stadt geführt, mit dem der humanistisch gebildete Leonello korrespondierte. Am Hof von Borso d'Este (1413–1471) wirkte die Ferrareser Malschule um Cosmè Tura, deren berühmtestes Werk den Palazzo Schifanoia schmückt. Ein Blick auf die Fresken im riesigen Empfangssaal Salone dei Mesi, und man wähnt sich am Hof von Borso d'Este. Die allegorischen Wandbilder zeigen unter den Zeichen der Monatsdekane und Planetengötter den Jahresablauf: Die weisen Herrscher vergnügen sich geschützt von antiken Gottheiten, während die Bauern zufrieden arbeiten. Am nachhaltigsten prägte Ercole I. d'Este (1431–1505) Ferrara, als er zum Schutz vor Invasoren (Venedig!) beschloss, die Stadt im Norden mit neuen Mauern zu befestigen. Nördlich des Corso Giovecca erschloss er so weite, neue Wohngebiete. Biagio Rossetti entwarf das nach seinem Urheber »Addizione Erculae« genannte, größte Stadtplanungsprojekt des 15. Jh., das humanistische Ideen mit den Bedürfnissen der Stadt und lokalen Traditionen verband.

IM ZEICHEN DES EINHORNS

Was macht das Einhorn am Portal des Palazzo Schifanoia (1469), und warum steckt es sein Horn in die Erde? Die Erde ist das Sumpfgebiet um Ferrara, das seit dem Mittelalter urbar gemacht wurde, das Einhorn Emblem der Este. Die in dritter Ehe (ab 1501) mit Alfonso d'Este verheiratete Lucrezia Borgia (1480–1519) war als kluge Herzogin in Ferrara hochgeschätzt und entwickelte, den Fußstapfen ihrer Mutter folgend, weitreichende unternehmerische Tätigkeiten. Als kriegerische Auseinandersetzungen mit dem Papst und Venedig die Staatskasse dezimierten, begann Lucrezia – unabhängig von ihrem Ehemann – mit geschickten Investitionen Sumpfland (etwa 20 000 ha) zu erwerben, es zu entwässern und gewinnbringend landwirtschaftlich zu nutzen – in diesem Umfang beispiellos für ihre Zeit.

Vortrefflich erhalten: Grotesken, Putten und mythologische Szenen im Speisesalon einer eigenwilligen Äbtissin

Correggios virtuose Illusionsmalerei

In der Camera di San Paolo (S. 99), dem privaten Speisezimmer der Äbtissin eines Frauenklosters, bemalte Antonio Allegri genannt Il Correggio (1489–1534) von 1519 bis 1521 die oberen Wände und die gewölbte Decke. Widderköpfe erinnern an die Bukranien römischer Tempelfriese, ein Frömmigkeitssymbol. Die Decke deutet Correggio in eine Laube um, die Rippen werden zu Bambusstäben, dazwischen spannt sich eine Pergola mit grünem Laub und Fruchtgehängen, Symbol des Paradieses. In den ovalen Durchblicken tummeln sich Putten mit verschiedenen Attributen, die an Raffael erinnern – eine virtuose Illusionsmalerei, die ihresgleichen sucht. 200 Jahre war dieses Meisterwerk von Correggio vergessen, heute gehört es zu den Höhepunkten der Renaissancemalerei, weil es deren typische Elemente zeigt: eine fantasievolle Aneignung der Antike und des antiken Schönheitsideals, eine perfekte Umsetzung von Illusion und Perspektive sowie ein kluges Konzept, das die intellektuellen Interessen seiner Auftraggeberin offenbart.

Kinorebellen und Schauplätze

Weltberühmte Autorenfilmer kommen aus der Emilia-Romagna, das Publikum ist seit jeher kinobegeistert. Filmfans können Originalschauplätze beliebter Filmklassiker aufsuchen. Und Bologna ist zweifellos Italiens heimliche Kinohauptstadt.

CINEASTISCHE REVOLUTION

Die Väter des Neorealismus Luchino Visconti, Vittorio de Sica und Roberto Rossellini verstanden den Film als Medium für den gesellschaftlichen Fortschritt. Sie wollten tatsächliche Ereignisse unverfälscht darstellen und rückten das Leid und den Alltag der im Krieg verarmten Menschen in den Mittelpunkt, die als Laiendarsteller selbst mitwirkten. Luchino Viscontis meisterhaftes Regiedebüt »Ossessione« (»Besessenheit«, 1943), eine Dreiecksgeschichte aus Leidenschaft, Schuld und Sühne, wurde in Comacchio und Ferrara gefilmt. Im kurzen Dokumentarfilm »Gente del Po« (1943, »Leute vom Po«) zeigt Michelangelo Antonioni den Alltag der Menschen auf und am Fluss. In »Paisà« (»Landsmann«, 1946) schildert Roberto Rossellini in sechs Episoden die Befreiung Italiens und das Aufeinandertreffen unterschiedlicher Kulturen.

RÜCKKEHR DES ERZÄHLKINOS

Mario Soldatis berührendes Melodrama »La donna del fiume« (»Die Frau vom Fluss«, 1954) spielt in den Valli

Im Kinofilm »Die Frau vom Fluss« legt die damals 20-jährige Sophia Loren eine flotte Sohle aufs Parkett

di Comacchio. In der tragischen Liebesgeschichte überzeugt die junge Sophia Loren in der Titelrolle als Arbeiterin beim Marinieren von Aalen und Mambotanzen. Anfang der 1950er-Jahre verfilmt Julien Duvivier in Brescello unter Beteiligung zahlreicher Mitwirkender aus der lokalen Bevölkerung Giovannino Guareschis Schelmenromane um Don Camillo und Peppone (S. 115).

AUTORENFILMER UND FILMPOETEN

Mit »Ladri di Biciclette (»Fahrraddiebe«, 1948) war Vittorio de Sica eines der Meisterwerke des Neorealismus gelungen. In »Il giardino dei Finzi Contini« (»Der Garten der Finzi Contini, 1970) erinnerte de Sica an das tragische Schicksal jüdischer Familien Ferraras. Während Federico Fellinis frühe Filme wie »Vitelloni« (»Die Müßiggänger«, 1952) und »La Strada« (»Die Straße«, 1954) stilistisch dem Neorealismus zugeordnet werden, schuf er zukünftig seinen eigenen, visionären Stil (S. 161). Bernardo Bertolucci, für seine filmischen Erforschungen von Italiens faschistischer Vergangenheit bekannt, zeichnete im fünfstündigen Epos »1900« (1976) ein historisches Porträt der ersten Hälfte des 20. Jh. in der Emilia. Tonino Guerra war nicht nur einfallsreicher Drehbuchautor für Autorenfilmer wie Fellini und Antonioni, sondern Lyriker, Maler und Bildhauer, der in Pennabilli (S. 169) im Marecchia-Tal poetische Seelenorte schuf.

Regisseur Bernardo Bertolucci, ein Meister seines Fachs, bei Dreharbeiten zum Film »1900« im Sommer 1975 in Rom

CINETECA DI BOLOGNA – HÜTERIN DER FILMKUNST

Vom ersten Cineclub des Kunsthistorikers Roberto Longhi im Bologna der 1940er-Jahre, den Pier Paolo Pasolini als Student besuchte, bis zur Gründung der städtischen Cineteca mit Programmkino unter Bürgermeister Renato Zangheri in den 1970er-Jahren, die Saat ging auf. Das Labor für Filmrestaurierung hat sich 1999 mit der Restaurierung von Charlie Chaplins »The Kid« einen Namen gemacht. Im Programmkino laufen täglich fünf Filme. Das Projekt Cineturismo (www.cineturismo.cinetecadibologna.it) listet Drehorte von Filmklassikern bis hin zu aktuellen Streifen.

Ritter und Edelfräulein bereichern Ferraras Straßenbild beim Palio di San Giorgio

Zeitreise in die Renaissance

An den Maiwochenenden scheint eine Zeitmaschine das 15. Jahrhundert aufzurufen. Während des Palio di San Giorgio feiert Ferrara seine glanzvolle Hofkultur zur Zeit der Herrschaft der Este, als die Stadt unter Europas Kunststädten ganz vorn mitspielte.

Ritter hoch zu Ross, Edelfrauen, Fanfarenbläser, Trommler und Fahnenschwenker schreiten über den kopfsteingepflasterten Corso Ercole I d'Este, der von der Porta degli Angeli in der nördlichen Stadtmauer vorbei an Renaissancepalästen bis zur Wasserburg der Este führt. Ist es der eindringliche Klang der Fanfaren, die Fülle an farbenfrohen Renaissancegewändern, meist doch nur unbeweglich auf Gemälden zu bewundern oder der feierliche Gesichtsausdruck der über tausend Teilnehmer am historischen Umzug Corteo Storico, der die Faszination ausmacht? Aus allem entsteht eine magische Atmosphäre, an diesem dritten Maisamstag des Palio. Am letzten Maiwochenende setzen die Ferraresi noch eins drauf: Während vier Rennen wetteifern Knaben, Mädchen, Reiter auf Eseln und Pferden aus den acht Stadtvierteln um den Sieg. Angefeuert vom Publikum jagen die Jockeys auf ihren Halbblütern drei Runden über das Hippodrom auf der Piazza Ariostea. Es bleibt spannend bis zum Schluss, und nach weniger als drei Minuten ist das Rennen entschieden.

PALIO DI SAN GIORGIO – HISTORISCHE WURZELN

Der erste Palio und der älteste in Italien überhaupt, fand 1259 aus Anlass des Sieges von Azzo VII d'Este, Markgraf und erster Herrscher der Este in Ferrara, über Ezzelino Romano statt. 20 Jahre später ist der zweimal jährlich – zu San Giorgio am 23. April und Mariä Himmelfahrt am 15. August –

ausgetragene Palio festes Ereignis im Kalender Ferraras. Francesco della Cossas »Monatsbild« für den April im Salone dei Mesi von 1470 zeigt anschaulich die Wettkämpfe des Palio. Als das Lehen der Este in Ferrara 1597 zurück an den Heiligen Stuhl fällt, weil es keinen legitimen Erben gibt, endet die Tradition des Palio vorerst. Mit dem modernen Palio wird sie 1933 wiederaufgenommen, er wird bis auf eine kriegsbedingte Unterbrechung seit 1967 jährlich im Mai ausgetragen. Der neu hinzugekommene Corteo Storico stellt den feierlichen Einzug von Borso d'Este in Ferrara nach seiner Erhebung zum Großherzog 1471 nach. Die prächtigen Kostüme folgen historischen Vorbildern der Fresken im Salone dei Mesi und Gemälden der Ferrareser Malschule.

PALIO-FESTE IN DER REGION

Jeder Palio hat seinen eigenen Charakter und Geschichte. Parmas Palio erinnert an die Hochzeit von Giberto da Correggio im Jahre 1314. Der Palio in Bobbio ist nichts für schwache Mägen: Die Stadtviertel treten neben Bogenschießen, Ziegelsteinlauf, Tauziehen auch im Fressgelage »la grande abbuffata« gegeneinander an. Der Palio del Niballo in Faenza gleicht mittelalterlichen Ritterturnieren mit Lanzen. In Terra del Sole ist Armbrustschießen die Disziplin der Wahl.

Die schönsten Palio-Feste in der Emilia-Romagna

Palio di San Giorgio, an den Maiwochenenden
www.paliodiferrara.it
Palio di Parma, ein Septemberwochenende
www.paliodiparma.com
Palio delle Contrade Bobbio, ein Juniwochenende
www.quellichepontano.it
Palio del Niballo Faenza, Juli
www.paliodifaenza.it
Palio di Santa Reparata in Terra del Sole, Ende August/Anfang September
www.terradelsole.org

Die Tradition des Fahnenschwingens

Getrennte Wege über Jahrhunderte

Seit dem Fall Westroms 476 n. Chr. bis zur Einigung Italiens durchliefen Emilia und Romagna verschiedene Entwicklungen. Aus den unabhängigen Stadtrepubliken der Emilia entwickelten sich Fürstentümer. Die Romagna war bis 1861 Teil des Kirchenstaats.

3.–1. JH. V. CHR.: RÖMISCHES REICH

Im 3. Jh. v. Chr. expandierten die Römer nach Oberitalien und gründeten die Städte Rimini, Piacenza und Bologna. Seit 220 v. Chr. verband die Via Flaminia Rom mit Rimini, 187 v. Chr. lässt Konsul Marcus Aemilius Lepidus die Via Emilia bauen, die von Rimini nach Piacenza führte. Forlì, Modena und Parma werden im 2. Jh. gegründet. Charakteristisch für römische Stadtgründungen ist ihre Anlage nach einem Raster sich rechtwinklig schneidender Straßen (Decumanus und Cardo). Kaiser Augustus (27 v. Chr.–14 n. Chr.) befriedet das Reich und führt es zu kultureller Blüte, die Provinz »Gallia Cisalpina« heißt nun »Aemilia«. Die Städte erhalten prächtige Bauten aus Marmor oder istrischem Stein wie den 27 v. Chr. in Rimini errichteten Augustusbogen am Ende der Via Flaminia. 2 v. Chr. ließ Augustus die Straße und viele ihrer Brücken erneuern. Zur Verteidigung der Adria und ihrer Handelswege in den Nahen Osten entsteht in Classe bei Ravenna der Kriegshafen Classis.

Zeichen des Vertrauens
Der Augustusbogen war auch ein Stadttor, und doch war der Torbogen so groß, dass er sich nicht verschließen ließ. Ein überzeugendes Symbol für den unter Augustus erreichten Frieden.

10.–12. JH.: NEUES SELBSTBEWUSSTSEIN – DIE STADTREPUBLIKEN

Während deutsche Kaiser wie der 962 gekrönte Otto I. aus der Ferne über Oberitalien herrschten, stieg das Papsttum zur Territorialmacht auf. Aufgrund der resultierenden Kämpfe zwischen Kaiser und Papst entstanden ab dem 11. Jh. neue Machtzentren: die Stadtrepubliken. Durch Handel und Gewerbe erstark-

Im Stil der Romanik erbaut: die Kathedrale von Modena

ten Kaufleute, Gewerbetreibende und Handwerker, das Bürgertum als neue, unabhängige Bevölkerungsschicht war geboren. Papst und Kaiser versuchten es auf ihre Seite zu ziehen, indem sie Zugeständnisse in Form von Rechten auf Zölle, Gerichte, Markt, Hafen oder Münze machten. In Auseinandersetzung mit ihrem feudalen Grundherrn entwickelten sich die Städte zu unabhängigen Stadtrepubliken mit gewählten Podestà an der Spitze. Ihre Stärke zeigten sie mit dem Bau prächtiger Kommunalpaläste wie Il Gotico in Piacenza oder Kathedralen wie in Modena. Dem Stauferkaiser Friedrich I. Barbarossa (1152–1190) gelang es trotz mehrerer Feldzüge nicht, die Stadtrepubliken zu kontrollieren. Doch es bildete sich die folgenschwere Spaltung der Städte in papsttreue Guelfen und kaisertreue Ghibellinen. Um dem Kaiser Widerstand entgegenzusetzen, vereinten sich die Städte, darunter Piacenza, Bologna und Ferrara, 1167 in der ersten Lombardischen Liga und zwangen diesen, ihnen die ausgeübten Rechte zu garantieren.

Geburt der unabhängigen Stadtrepublik

Am 15. Mai 1116 garantiert Heinrich V. der Stadt Bologna wichtige Rechte, die Bologna als freie Kommune bestätigen. Nach dem Tod von Matilde von Canossa am 24. Juli 1115 wollte sich der König die Treue der Bologneser sichern.

1843: BEGINN DES BADETOURISMUS AN DER ADRIA

Seit der Eröffnung des ersten Adriabads 1843 in Rimini ist der Badeaufenthalt am Meer unauflöslich mit Erholung und Spaß verbunden. Sommer für Sommer strömten gut situierte Badetouristen an die Küste. Die 1861 eröffnete Küsteneisenbahn verband Bologna mit Ancona und brachte europäische Badegäste nach Rimini. Innerhalb von 50 Jahren waren Dünen und Sumpf eleganten Villen und Promenaden gewichen. In den 1880er-Jahren entstanden die ersten Villen für Sommerfrischler in Cattolica und Riccione, wo sich Benito Mussolini am liebsten erholte. Die faschistische Sozialpolitik förderte Unterkünfte für einfache Bürger und bescherte dem Badetourismus einen Boom. In den »colonie marine« erholten sich kranke Kinder und wurden dabei systemkonform erzogen. Dank Wirtschaftswunder und Brennerautobahn entdeckten die Deutschen die Adria in den 1950er-Jahren für sich. Anfang der 1960er-Jahre war die Zahl der Badegäste auf sechs Millionen emporgeschnellt und die romagnolische Küste lückenlos mit Hotels zugebaut. Während die Adria mit einer Algenplage kämpfte, fanden die Deutschen in den 1980er-Jahren neue preisgünstige Urlaubsziele. Heute weht über den meisten Adriastränden längst wieder die blaue Flagge für ausgezeichnete Wasserqualität.

Cattolica, bereits zu Beginn des 20. Jahrhunderts ein beliebter Ort für Badenixen und Sommerfrischler

19.–20. JH.: EINE KULTUR DES MITEINANDER – KOOPERATIVEN IN DER EMILIA

Das kleinräumig parzellierte Land der Emilia wurde bis ins 20. Jh. im Halbpachtsystem bestellt. Grundbesitzer stellten Boden, Häuser und Saatgut und erhielten den halben Ernteertrag von den Bauern. Benachbarte Höfe waren zu Fuß zu erreichen, die Bauern halfen einander, teilten Werkzeug und wehrten sich gemeinsam gegen Landbesitzer. Hohe Steuern, Mechanisierung der Landwirtschaft und Urbarmachung großflächiger Ackerflächen ließ die Bauern verarmen, die sich nun als Tagelöhner verdingen mussten. Die Agrarkrise der 1880er-Jahre führte zum Verfall der Weizenpreise und löste eine Auswanderungswelle aus. In der Krise schlossen sich die Landarbeiter zusammen, es entstand ein Netzwerk aus Gesellschaften zur gegenseitigen Hilfeleistung und Kooperativen. Der einflussreiche Landarbeiterführer und Sozialist Camillo Prampolini befürwortete die Selbstverwaltung: In Reggio Emilia vergesellschaftete die Stadtverwaltung die Gas-, Strom- und Wasserversorgung. Heute erwirtschaften in Reggio Emilia in Handel, Landwirtschaft, Dienstleistungen oder Sozialeinrichtungen aktive Genossenschaften knapp ein Drittel des regionalen Bruttosozialprodukts.

Ehrgeiziges Ziel: Plastic-free

Die Region sagt Einwegplastik den Kampf an und setzt auf Vorbildwirkung. Eine der im Oktober 2019 vorgestellten 15 Maßnahmen schaut in die eigenen Büros, Schulen und Krankenhäuser.

Wenn die Auffangstation eine Schildkröte zurück ins Meer entlässt, dann ist das auch für Zuschauer ein Moment der Freude

Am Puls der Zeit

Die neuen Wachen der Adria

Bei jeder Ausfahrt bringen Riminis Fischer bis zu 40 kg Müll mit. Ein im Oktober 2019 verabschiedetes Gesetz stellt sie für die Müllentsorgung im Hafen von Strafen frei und macht sie so zu »sentinelle del mare« (Wachen des Meeres). Vorher warfen viele den Müll zurück ins Meer. Häufig landen Meeresschildkröten als Beifang in Schleppnetzen oder werden verletzt und geschwächt an Land gespült. Die Fischer bringen die Tiere zur Auffangstation der Fondazione Cetacea in Riccione, wo engagierte Freiwillige jährlich bis zu 70 Tiere wieder aufpäppeln und gesund ins Meer entlassen. Seit 1994 wurden über 600 Exemplare gepflegt. Die Entlassung genesener Tiere ins Meer erfolgt auch vom Strand aus, ein bewegendes Erlebnis für Groß und Klein.

Fondazione Cetacea, Viale Torino 7A, Riccione, www.fondazionecetacea.org

Canossa – Der König kniet und siegt

»Nach Canossa gehen« heißt den Gang zu Buße und Unterwerfung antreten – zu Unrecht? Auch wenn Chronisten das Ereignis negativ ausschmückten, Heinrich IV. wurde in Canossa wieder in die christliche Gemeinschaft aufgenommen und sicherte sich so die Königswürde.

Im Januar 1077 stand der Salierkönig Heinrich IV. barfuß im Büßergewand vor den Toren der Burg von Canossa im Schnee. Zornig die Fäuste geballt wartete er drei Tage und Nächte vor der Burg der Markgräfin Matilde von Tuszien darauf, von Papst Gregor VII. vom Kirchenbann gelöst zu werden. Königskritische Chronisten beschrieben Heinrichs Gang nach Canossa als demütigende Unterwerfung. Historienmaler verewigten das Bild des büßenden Königs im Schnee. Noch 800 Jahre später erklärte Otto von Bismarck 1872 trotzig, die päpstliche Einmischung in seine Politik zurückweisend: »Nach Canossa gehen wir nicht«! Was stimmt an der Legende um Canossa?

Heinrich IV., wartend und zürnend vor den Toren der Burg vonCanossa (Gravur, Kirchenbuch um 1880)

DER WEG NACH CANOSSA

Zeitgenossen beschrieben Heinrich IV. (1050–1106) als unzuverlässig und jähzornig – für einen mittelalterlichen König von Gottes Gnaden ein schwerwiegender Vorwurf. Seine Fürsten beklagten sich, zu wenig vom König zurate gezogen zu werden – und rebellierten. Für sein Misstrauen gegenüber den Fürsten hatte Heinrich gute Gründe. Als minderjähriger König erlebte er die ständige Einmischung in die Amtsgeschäfte, die seine Mutter Agnes für ihn führte. Als Zwölfjähriger verlor er bei einer Entführung fast sein Leben. Volljährig geworden, suchte er die Stellung des Königs gegen Fürsten und Klerus zu stärken.

Heinrichs Gegenspieler Papst Gregor VII. war ein überzeugter Reformer und eifriger Glaubenskämpfer, der von den Priestern ein Vorleben des christlichen Geistes forderte, durch die Ächtung von Ämterkauf und den Verzicht auf Ehe und Besitz. Die Bischofswahl obliege allein der päpstlichen Kurie, die sogar Könige und Kaiser absetzen könne. Zu Weihnachten 1075 erreichte den König ein Klagebrief Gregors VII., der ihm das Recht absprach, Bischöfe einzusetzen und ihn zu Gehorsam aufforderte, sonst drohe ihm der Kirchenbann. Mit Unterstützung seiner Fürsten und Bischöfe forderte Heinrich IV. im Januar 1076 den Papst auf, seinen Stuhl zu räumen. Drei Wochen später die Eskalation: Gregor VII. verkündete den Kirchenbann über Heinrich IV., der seine Vasallen von ihren Treueeiden entband – ein beispielloser Schritt in der Geschichte der Christenheit. Heinrich sah sich im Recht und plante einen Machtkampf, doch er verlor seine Unterstützer und musste einlenken. Um seinen Gegnern zuvorzukommen, beschloss er, Gregor VII. in Italien zu treffen.

»Corteo Matildico«
Der »Corteo Matildico« (jährlich im Mai) erinnert an Mathilde von Tuszien. www.corteomatildico.it

Zu Gast in der Burgenwelt

Burgruine Canossa, mit herrlicher Aussicht und kleinem Museum mit Grabungsfunden aus Canossa (Via Castello, Canossa, 3 €, erm. 1,50 €). In ihrer **Burg Bianello** (Strada Provinciale 23, Quattro Castella, 5 €, erm. 2 €) brachte Mathilde 1077 Heinrich IV. unter, 1111 dessen Sohn Heinrich V.

EIN KLUGER SCHACHZUG

Auf der Burg der Matilde in Canossa wird Heinrich von Papst Gregor VII. nach Bußbezeugungen vom Bann losgesprochen und feiert das Abendmahl, schwört Gerechtigkeit walten zu lassen und Einigkeit herzustellen. Die Beugung vor dem Papst gab Heinrich IV. seine Handlungsfreiheit zurück und war deshalb eine kluge Entscheidung. Der König hatte vorerst gesiegt, doch die Konflikte mit den Fürsten und dem Papst gingen weiter. Heinrichs Gang nach Canossa war ein früher Höhepunkt im Investiturstreit um die Einsetzung der Bischöfe, die auch weltliche Herrschaft über ihre Gebiete ausübten. Er wurde erst im Wormser Konkordat 1122 unter Heinrich V. mit einem Kompromiss beigelegt.

Schmuckstück in Rot: ein Ferrari F12 Berlinetta bei der Mille Miglia 2017

Liebeserklärung in zwölf Zylindern

Wer einmal einen Ferrari-Supersportwagen gelenkt hat, erinnert sich an den Motorenklang und das unvergleichliche Fahrgefühl. Enzo Ferrari wollte vor allem Rennen gewinnen und baute nebenbei die begehrenswertesten Sportwagen der Welt.

Über das Drehzahlband schwillt der Sound des Zwölfzylinders von sonorem Murmeln über krächzendes Fauchen zu hektischem Kreischen. Vollmundig katapultiert er den Flitzer in 2,9 Sekunden auf 100 km/h. Im aktuellen Monza, einer Hommage an die 166 MM »Barchetta«, 1948 Gewinnerin der Mille Miglia, besteht Helmpflicht, denn über eine Windschutzscheibe verfügt der Supersportler mit Retrocharme nicht. Dafür trennt den Fahrer nichts vom Röhren des stärksten Zwölfzylindermotors, der je die Ferrari-Werkshalle verlassen hat – und dem Fahrtwind. Wer einmal in einem Ferrari gesessen hat, erinnert sich an dessen Klang. »Wenn ich ihren Zwölfzylindermotor höre, erklingt eine Harmonie, die kein Musiker je nachzuspielen vermag«, schmeichelte Stardirigent Herbert von Karajan, der selbst Sportwagen liebte, einst Enzo Ferrari. Seit ihn ein Zwölfzylindermotor von Packard überzeugte, blieb dieser Motorentyp stets der Originalmotor der »Scuderia« (dt. Rennstall).

DER TRAUM VOM SIEG

Der Traum Rennen zu gewinnen spornte den Gründer des berühmtesten Rennstalls der Welt an. Im Alter von zehn Jahren hatte der 1898 in Modena geborene Enzo sein erstes Autorennen erlebt und war seitdem unheilbar vom Rennfieber erfasst. Mit 21 Jahren fuhr er seine erste Rallye, seit 1929 schickte er mit seinem Rennstall »Scuderia Ferrari« nach seinem Konzept umgebaute Autos von Alfa Romeo ins Rennen. Während das Automobil noch im Rotznasenalter steckte, hatten seine Konstrukteure die ehrgeizigsten Träume. Mit seiner Rennerfahrung und Leidenschaft gewann Enzo Ferrari die klassenbesten Konstrukteure, Mechaniker und Rennfahrer für sein Team. Sein erster Rennwagen unter eigenem Namen, der 125 S (S für Sport) von 1947 mit Zwölfzylindermotor und 1,5 l Hubraum, gewann aus dem Stand den Großen Preis von Rom. Das Formel-1-Debüt in Monaco 1950 beendete der Ferrari noch auf Rang zwei, doch schon im Folgejahr gelang der Coup. Enzo Ferrari setzte auf den von Aurelio Lampredi konstruierten größeren Saugmotor mit zwölf Zylindern, der weniger Benzin schluckte als der Kompressormotor der Konkurrenz und leitete die erste Siegesserie für Ferrari ein.

Auch wenn Ferrari seit 1996 in der Formel 1 auf kleinere, antriebsstärkere Motoren setzt, ist der Sound der Zwölfzylinder auf der Straße noch nicht verhallt. Trotz Hybriden, Trend zu kleineren Motoren und Abgasnormen, der Zwölfzylindermotor werde nicht eingemottet, versichert man aus Maranello. Neben ihrer Performance wecken die edlen Boliden den ungestümen Fahrspaß aus den Jugendjahren des Automobils, den Sound dazu liefern bis heute zwölf Zylinder.

Im Supersportler über die Piste

Von 0 auf 100 km/h in 3 Sekunden. Auch für 800 PS genügt ein gültiger Führerschein! Nach Sicherheitsbriefing und Proberunde neben einem erfahrenen Piloten kann man Power und Grip eines Supersportwagens auf der Piste testen. Preise pro Runde variieren nach Pistenlänge und Autotyp: Ferrari 430 ab 65 € (Varano), ab 139 € (Imola, Misano), Ferrari F 812 Superfast ab 218 €.

www.rseitalia.it

Benzin im Blut: Enzo Ferrari

Burgen, Klöster, Paläste – zwischen Apennin und Adria

Flusstäler entlang und über schmale Sträßchen kurvend durch liebliches Hügelland, bedeckt von Rebhängen, Obsthainen und Wiesen. In von Fürsten und Renaissancekünstlern gestaltete Residenzstädte, zu Abteien, die antikes Wissen hüteten, und in eine spätantike Hauptstadt. Diese Route reiht die eindrucksvollsten historischen Machtzentren der Emilia und der Romagna aneinander, verbunden zumeist durch Landstraßen, die Zeit für einen Blick auf die Landschaft lassen.

Die Tour auf einen Blick:

Start: Piacenza **Ziel:** Rimini
Gesamtlänge: 670 Kilometer
Reine Fahrzeit: 16 Stunden (Mehrtagestour, mindestens 5 Tage)
Orte entlang der Route: Piacenza – Bobbio – Castell'Arquato – Parma – Castello di Torrechiara – Quattro Castella – Modena – Carpi – Correggio – Nonantola – Ferrara – Abbazia di Pomposa – Mesola – Comacchio – Ravenna – Cesena – San Leo – Santarcangelo di Romagna – Rimini

E1 VON PIACENZA BIS PARMA
(160 km/4 Std.)

Durch eines der schönsten Apennintäler entlang der Trebbia, die Flüsse Nure und Arda überquerend bis nach Parma

Bucklig, aber stabil: Bobbios berühmte steinerne Bogenbrücke Ponte Gobbo über die Trebbia

Von der Handelsstadt Piacenza, dem Tor zur Emilia, geht es auf der SS45 nach Süden. Im malerischen Flusstal der Trebbia, einer der saubersten Flüsse Italiens, liegt Bobbio (S. 94) mit der im Mittelalter bedeutenden Abtei San Columbano und buckliger Steinbogenbrücke Ponte Gobbo, die auf römischen Fundamenten ruht. Hier bummelt man durch malerische Gassen und isst sehr gut am Rande der Altstadt im Hotelrestaurant Piacentino (www.hotelpiacentino.it), im Sommer im schattigen Garten. Vorsicht: Die Strecke durch das Trebbia-Tal (SS45)

ADAC Traumstraße: Etappen 1 bis 5 (Detailplan siehe Rückseite Faltkarte)

von Piacenza nach Bobbio ist bei Motorradfahrern beliebt, die besonders bei schönem Wetter ausschwärmen. Nach kurzer Fahrt zurück auf der SS45 biegen wir in Perino rechts ab und folgen der SP39 weiter über den Passo del Cerro (750 m) ins Nure-Tal, hier kurvt man auf kleinen, wenig befahrenen Sträßchen (SP67, 10, 47, 4) über die Hügel. In der einstigen Römerstadt Velleia Romana (S. 93) werfen wir einen Blick auf das Grabungsgelände mit Gebäudefundamenten und Forum. Um Lugagnano, bereits im Tal der Arda, scheinen lehmige Erosionsfalten hervor, in denen zahlreiche Fossilien gefunden wurden. Auf zwei Felsstufen liegt hoch über dem Tal der Arda das Wehrstädtchen Castell'Arquato (S. 92), das mit Burgruine, stattlichen Palazzi, mittelalterlicher Kirche und netten Restaurants einlädt. In die grüne und elegante Residenzstadt Parma (S. 96) führt die SS9 in etwa einer Stunde.

Abkürzung
Wer von Bobbio nach Castell'Arquato länger auf der SS45 zurückfährt und dann SP55, SP36, SP6 folgt, spart eine Stunde und verzichtet auf Velleia Romana.

Übernachten
€€ | Daniel (Parma) stilvoll renoviertes, zentrumsnahes Stadthotel mit sehr gutem Restaurant Cocchi (www.hoteldaniel.biz)

E2 VON PARMA BIS MODENA

(110 km/3 Std.)

Durch abwechslungsreiches Hügelland zu den geschichtsträchtigen Burgen der Markgrafen von Canossa

Nach einem Bummel durch Parma und Besuch im Palazzo Farnese fahren wir auf der SP665 in südlicher Richtung. Hier liegt am Fluss Parma die fotogene, ausgezeichnet erhaltene Burg Torrechiara (S. 105), in der man durch Säle mit fantasievollen Fresken spaziert und die Camera d'Oro bestaunt, eine gemalte Liebeserklärung des Grafen an seine Frau. Mit Ausblick auf die umliegenden Hügel gönnen Sie sich in der Taverna del Castello (www.tavernadelcastello.it) am Eingang zur Burganlage einen Teller Pasta. Nun überqueren wir den Fluss Parma und folgen der SP32 in östlicher Richtung. Kunstfreunde halten an der Villa Magnani Rocca (www.magnanirocca.it) mit ausgezeichneter

Zeugnis einer innigen Liebe im 15. Jh.: Castello di Torrechiara, malerisch in den Weinbergen von Langhirano gelegen

Sammlung darunter Werke von Dürer, Goya, Renoir und einem Restaurant. Nach Überquerung der Enza geht es auf SP12, SP22 und SP23 weiter in das Kernland der mächtigen Markgrafen von Tuszien: Canossa. Mit seinen vier Burghügeln, auf einem davon ist die Burg Bianello (S. 116) erhalten, bildete Quattro Castella den schützenden Vorposten zur Stammburg in Canossa. Die Ruine der Burg von Canossa mit kleinem Museum liegt noch einmal 12 km auf SP78 und SP73 in südlicher Richtung. Hier wurde vor fast 1000 Jahren die Machtverteilung zwischen Kirche und Kaiser verhandelt. Auf der SS724 erreichen wir zügig Modena, die Residenzstadt der Este, nachdem diese Ferrara im Jahre 1598 in Ermangelung eines legitimen Erben verlassen mussten. Auf der Piazza Grande erwarten Sie der großartige mittelalterliche Dom und der Glockenturm Ghirlandina.

Übernachten
€€ | Central Park (Modena), viel Komfort gegenüber dem Palazzo Musei und wenige Schritte vom Dom entfernt (www.centralparkmodena.com)

E3 VON MODENA BIS FERRARA

(120 km/3 Std.)

Zu Gast an kleinen und großen Renaissancehöfen und durch die fruchtbare Poebene bis nach Ferrara

Im Flachland nördlich von Modena beeindruckt das Textilstädtchen Carpi, das die Familie der Pio zu einer kleinen Renaissance-Hauptstadt ausbaute, vor allem mit seiner grandiosen Piazza Martiri. Trinken Sie einen Kaffee in einem der Arkadencafés oder genießen Sie in der Nähe im Restaurant Il 25 (www.il25.it) die köstliche emilianische Küche. Die Da Correggio hielten im 15. Jh. in Correggio Hof, wo sie sich mit Gelehrten und Dichtern umgaben, geblieben ist ein charmantes Städtchen 10 km westlich von Carpi. In der Ebene nordöstlich von Modena – wir folgen der SP413 – stoßen wir in Nonantola auf die im 8. Jh. gegründete Abtei San Silvestro, eines der wichtigsten Klöster Oberitaliens im Mittelalter, mit eindrucksvoller Krypta und Skulpturenschmuck. In Sant'Agata Bolognese nur 9 km östlich per SP255 werden seit 1963 die schneidigen Superflitzer der Marke Lamborghini gebaut, im hauseigenen Technikmuseum MUDETEC schaut der Autobauer in die Zukunft. Über SP1, SP255 und SP66 durchqueren wir die flachgewaschene Poebene, die in gewaltigen Anstrengungen über die Jahrhunderte trockengelegt wurde und fahren in nördlicher Richtung weiter bis Ferrara. Wer in Ferrara Bewegung braucht, findet auf dem Mauerring eine grüne Oase zum Radeln oder Spazierengehen. In der Trattoria da Noemi (www.trattoriadanoemi.it, S. 137), in einem mittelalterlichen Kaufmannshaus mit »baldresca« (ein das Obergeschoss stützender Holzbalken) lernen Sie die Ferrareser Küche schätzen.

Übernachten

€€–€€€ | *Horti della Fasanara (Ferrara), schöne Villa in großem Park (www.hortidellafasanara.com)*

Arkadengang des Palazzo dei Pio im Städtchen Carpi. Heute ist in dem Palast das Rathaus untergebracht

Comacchios Museo del Delta Antico widmet sich dem Leben im Podelta

E4 VON FERRARA BIS RAVENNA

(160 km/3 Std.)

Im Reich des Po, dessen Arme hier einst mäanderten, entlang an Deichen, Kanälen und Lagunenseen

Die Via Pomposa (SP15) führt von Ferrara zur Abtei von Pomposa (S. 139), wo Mönche seit dem 6. Jh. die umliegenden Sümpfe urbar machten. Die Abteibasilika ist komplett mit einer farbenprächtigen Bilderbibel ausgemalt. Wer mag, folgt der Via Romea (SS309) weiter nach Norden für einen Abstecher nach Mesola, wo sich am Po di Goro das Jagdschloss der Este erhebt, die einst im nahen Forst von Mesola, heute unter Naturschutz, Hirsche jagten. Das Schleusenwerk Torre Abate (17. Jh.) zeugt von der Wasserregulierung zur Zeit der Este. Viel gelobte Fischküche bietet das Restaurant La Zanzara (S. 139) in einem ehemaligen Fischerhaus in der Nähe von Lido di Volano Richtung Mesola. Wir folgen der Via Romea (SS309) in das auf 13 Inseln gelegene Lagunenstädtchen Comacchio mit seiner kuriosen Wehrbrücke Trepponti. Das Museo del Delta Antico (S. 138) veranschaulicht die Veränderungen im Podelta über die Jahrhunderte. Die Mehrheit der Lagunenseen um Comacchio wurde im 20. Jh. trockengelegt. Die Felder hier liegen auf oder sogar unter dem Meeresspiegel und waren Überflutungsgebiete, in denen sich Fluss- und Meerwasser mischten. Die Via Romea (SS309) bringt uns nach Ravenna. Wer

Übernachten

€€ | Cappello (Ravenna) Komfortable Zimmer in venezianischem Palazzo gegenüber dem Mercato Coperto (www.albergo cappello.it)

Muße hat, legt einen Halt in Lido di Spina ein und gönnt sich einen Strandspaziergang.

E5 VON RAVENNA BIS RIMINI

(120 km/3 Std.)

Mit Burgen im Blick durch das fruchtbare romagnolische Hügelland und entlang der Marecchia zur Adria

Nur wenige Kilometer südöstlich von Ravenna erwartet Sie in Classe die herrlich weiträumige Basilika Sant'Apollinare (S. 144) aus dem 6. Jh. Auch wenn die einstigen Marmorverkleidungen fehlen, Apsisschmuck aus farbenfrohen Mosaiken und die fein verzierten, 4 m hohen Marmorsäulen beeindrucken auf jeden Fall. Zügig über die Schnellstraße SS3bis oder gemütlich (und mautfrei) auf SP118 (heißt später SR71) erreichen wir Cesena, wo Sie die die wunderbar atmosphärische, vollständig erhaltene Biblioteca Malatestiana bestaunen können. Nach etwa 23 km Schnellstraße SS3 bis (E45) Ausfahrt Monte Castello/Montepetra folgen wir SR71, SP258 und SP22 nach San Leo (S. 169) im Marecchia-Tal, wo wir durch das mittelalterliche Dorf bis zur Burg hinaufspazieren und bei klarem Wetter den Ausblick bis zur Adria genießen. Die SP22 führt kurvenreich hinunter zum Fluss Marecchia, an dem entlang wir auf SP258 und SP14 nach Santarcangelo di Romagna (S. 167) gelangen. Der Ort liegt auf geheimnisvollen Tuffsteingrotten und ist Heimat des romagnolischen Dichters Tonino Guerra, der als Drehbuchautor für Federico Fellini berühmt wurde und hier zahlreiche Spuren hinterließ, so im stimmungsvollen Weinrestaurant La Sangiovesa (www.sangiovesa.it). Über die zu Stoßzeiten stark befahrene SS9 erreichen wir Rimini und die Adria.

Von der Festung San Leo reicht der Blick an klaren Tagen bis zum Meer

Restaurant

In San Leo unterhalb der Burg weiht man Sie im Restaurant La Rocca in die Geheimnisse der romagnolischen Küche ein (www.laroccasanleo.it).

Zurück zum Ausgangspunkt: Die schnellste Strecke zurück nach Piacenza führt über die mautpflichtigen Autobahnen A14 und A1 (je nach Verkehrsaufkommen zwischen 3 und 4 Std). Es gibt täglich zahlreiche direkte Zugverbindungen von Rimini nach Piacenza, der schnellste Zug (»Frecciabianca«) benötigt 2,5 Std., Regionalzüge bis zu 3,5 Std.

Unterwegs

Malerisch wacht das auf einem Hügel thronende mittelalterliche Burgdorf Vigoleno über das Tal des Stirone. Von der gut erhaltenen Anlage mit ihrer zinnenbewehrten Mauer bietet sich ein herrlicher Blick auf die umliegenden Weinberge.

Das will ich erleben

Prachtvolle Kirchen und Klöster voll bewegender Kunstwerke, visionäre Stadtentwürfe und stattliche mittelalterliche Burgen mit Türmen und Zinnen. Zum Strandtrubel der Küste kommen die Vergnügungsparks an der Adria. Malerische Flusstäler, geheimnisvolle Grotten und Lagunenlandschaften präsentieren sich dem Gast in all ihrer Schönheit und Natürlichkeit. Der Facettenreichtum der Emilia-Romagna sucht seinesgleichen. Die exzellente Küche, die in den Restaurants und Osterien serviert wird, krönt authentische Gastfreundschaft. Egal ob allein, zu zweit oder mit Kindern unterwegs, hier finden alle ihr persönliches Urlaubsglück und kommen gern wieder.

18

Einzigartige Meisterwerke

Einige der außergewöhnlichsten UNESCO-Weltkulturerbestätten Italiens liegen in der Emilia-Romagna. Mit diesen Kunstwerken sakraler Architektur, Skulptur und Stadtplanung wurde auf vollkommene Weise etwas Neues und Zukunftsweisendes geschaffen, dessen Schönheit uns bis heute fasziniert.

32

Vollendete Kirchenkunst

In den Kirchen der Emilia-Romagna wirkten die besten Künstler ihrer Zeit, wagten Neues und übertrafen sich selbst. Die Ergebnisse sind bewegend wie Niccolò dell' Arcas Terrakottagruppe, ausdrucksstark wie Antelamis Skulpturen oder visionär wie der Tempio Malatestiano.

Erlebnisparks für Familien

Die Adriabäder entlang der 130 km langen Küste wissen Gäste zu unterhalten, mit Fitnessanlagen, hippen Strandsportarten und Wasserparks auf dem Meer. Dazu garantieren Vergnügungsparks Spaß für die ganze Familie.

Traumhafte Wanderwege

Entlang an Flusstälern, vorbei an Wasserfall, Kirche, Burg oder mit Aussicht auf Apennin-Gipfel wie Monte Cimone gelingt im Rhythmus der eigenen Schritte die Annäherung an Land, Leute und sich selbst.

Kulinarische Genüsse

Käse, Schinken, Pasta und Balsamessig schmecken in der Emilia-Romagna besser als anderswo. Kein Wunder, denn sie wurden in Orten wie Bologna, Spilamberto, Soragna und Langhirano erfunden oder zur Vollendung gebracht.

Geschmack »Made in Emilia-Romagna«

Am schönsten ist es, lokale Spezialitäten bei den Produzenten zu kaufen oder mit viel Flair wie in Bolognas Schlemmerviertel. In San Mauro Pascoli entstehen hochwertige Schuhe, in Riccione locken Modeboutiquen.

Aperitivo, Abend, Nacht

Das Nachtleben an der Adria, »movida romagnola«, ist berühmt. Beachbars und Clubs öffnen zur Badesaison, die Diskotheken in den Hügeln von Riccione sind legendär. Ganzjährig locken Aperitifbars in Bologna und Rimini.

Entspannung pur

Bereits die Römer nutzten die Thermalquellen. Die Wiederentdeckung der Heilwirkung von an Natrium, Brom und Jod reichen Quellen wie in Salsomaggiore Terme ließ regen Kurbetrieb entstehen. Thermalbäder wie Castrocaro Terme und Porretta Terme punkten dazu mit herrlicher Landschaft und Aussicht.

Burgen und Schlösser

Viele der mittelalterlichen Wehrburgen wurden in der Renaissance zu herrschaftlichen Residenzen ausgebaut. Manche davon waren wie in Dozza bis ins 20. Jh. bewohnt.

Legendäre Rennwagen und Pisten

Ferrari, Maserati, Lamborghini: Fans PS-starker Motoren kommen bei diesen Namen ins Träumen. Auf einer Reise durch die Emilia-Romagna können Sammlungen, Museen, Fertigung und Pisten besucht werden.

Ringen zwischen Fluss und Mensch

Der Po formte die Landschaft um Ferrara über viele Jahrhunderte: Er veränderte seinen Lauf und verschob die Küste immer weiter ins Meer hinaus. Seit dem Mittelalter trotzten die Menschen der Lagune unermüdlich Ackerland ab, bis sie sich jüngst des Wertes der Feuchtgebiete für Artenvielfalt und Küstenschutz besannen.

Rund um Bologna – Kunstsinn und Genussfreude

Mittelalterliche Stadtkultur in der Hauptstadt, Kunststädtchen der Provinz und entlang des Reno zum Apennin

Mit imposanten Plätzen, labyrinthartigen Gassen, omnipräsenten Arkaden und verführerischen Auslagen der Delikatessengeschäfte nimmt Bologna Besucher für sich ein. Ob Türme, Palazzi, Museen oder die Universität und ihre Sammlungen: Bolognas einzigartige Monumente garantieren unvergessliche Erlebnisse. Gekrönt werden diese von einer äußerst schmackhaften Küche, ergänzt von ausgezeichneten Weinen wie Pignoletto und Sangiovese Romagnolo. Pieve di Cento und das malerische Kastelldorf Dozza überraschen mit lebendigen Kunstinitiativen. Imola besitzt neben der berühmten Rennstrecke eine schöne Altstadt mit Pinakothek und eine der schönsten mittelalterlichen Burgen der Romagna. Zu romantischen Ausflügen lädt Borgo La Scola ein, ein malerisches Wehrdorf, in dem die Zeit stillzustehen scheint. Bei Marzabotto legten Archäologen Fundamente einer großen etruskischen Stadt frei. Das im Bologneser Apennin gelegene Lizzano in Belvedere ist Tor zum Wintersportgebiet Corno alle Scale.

In diesem Kapitel:

ADAC Top Tipps:

1 Piazza Maggiore, Bologna
| Platz |
Lebendiger Mittelpunkt der Stadt mit einigen ihrer wichtigsten Gebäuden wie der riesigen Backsteinkirche San Petronio. »La piazza« ist ein Fenster zur Stadtgeschichte, beliebter Treffpunkt für Einheimische wie Gäste und verwandelt sich im Sommer in ein Open-Air-Kino. 70

2 Santo Stefano, Bologna
| Sakralbauten |
Herrschaftliche Palazzi säumen die mit Flusssteinen gepflasterte Piazza, einen der schönsten Plätze Bolog-

nas. Er führt auf ein faszinierendes Labyrinth aus sieben Kirchen, das Einblick in 2000 Jahre Religionsgeschichte gibt. 72

ADAC Empfehlungen:

1 Quadrilatero und Mercato di Mezzo
| Viertel |

Gassengewirr mit typischen Lebensmittelgeschäften, Bars, Cafés und Restaurants. 71

2 Due Torri, Bologna
| Geschlechtertürme |

Mit Aussichtsplattform – die Torre degli Asinelli ist der höchste schiefe mittelalterliche Wehrturm der Welt. 72

3 Pinacoteca Nazionale, Bologna
| Museum |

Meisterwerke der emilianischen Malschule von Mittelalter bis Barock in einem ehemaligen Kloster. 73

4 Osteria del Cappello, Bologna
| Restaurant |

Alteingesessene Osteria mit kreativen Ideen. Bologneser Küche mit frischer Pasta, die man in der benachbarten Manufaktur selbst rollen kann. 75

5 Tamburini, Bologna
| Feinkostgeschäft |

Beliebtes traditionelles Feinkostgeschäft im Quadrilatero, mit Weinbar und Tischen für einen Imbiss. 76

6 Enoteca Regionale, Dozza
| Weinhandlung |

Idealer Ort, um die Weine der Emilia-Romagna kennenzulernen. Winzer stellen ihre Weine vor, Degustationen und Kurse machen aus Weintrinkern Kenner. 82

7 Hotel Cavour, Bologna
| Hotel |

In der Altstadt gelegenes Hotel, das mit seinen modernen Zimmern die Erwartungen mehr als erfüllt. 86

1 Bologna

Mittelalterflair und Arkaden in lebendiger Studentenstadt

Zwei, die zusammengehören: die Piazza Nettuno und der gleichnamige Brunnen

Information

- Bologna Welcome, Piazza Maggiore 1/e, 40124 Bologna, Tel. 051/658 31 11, www.bolognawelcome.com, Büros am Flughafen Tel. 051/647 22 01 und am Eingang von Fico Italy World
- Parken: siehe S. 75

Drei Namen haben die Bologneser ihrer Stadt gegeben: »la Dotta«, die Gelehrte, weil hier seit über 900 Jahren studiert wird, »la grassa«, die Fette, wegen ihrer gehaltvollen Küche und »la Rossa«, die Rote, weil Backsteine die Stadt in warme Rottöne tauchen. Rot steht zusätzlich für die meist linksgerichtete Politik in Bologna und ihrer Provinz, denn im 19. Jh. entstand hier eine starke sozialistische Landarbeiterbewegung. »La Rossa« besitzt eine der größten, ausgezeichnet erhaltenen Altstädte Europas. Die Universität Bologna entstand aus der ersten, 1088 gegründeten Rechtsschule und ist damit Europas älteste Universität. Etwas über 97 m ragt der Geschlechterturm Torre degli Asinelli empor, der höchste schiefe, mittelalterliche Turm der Welt. Stolz und Symbol Bolognas sind die Arkadengänge, auf die man überall in der Altstadt stößt: Sie wölben sich hoch über elegante Boutiquen, führen in mittelalterliche Gassen oder zur

Plan
S. 68/69

Wallfahrtskirche San Luca hinauf. Die weltoffene Stadt mit der altehrwürdigen Universität ist jung geblieben: Etwa 100 000 Studenten sorgen für Campusfeeling in den Straßen um die Institutsgebäude.

Sehenswert

1 Piazza Nettuno

| Platz |

Der Meeresgott thront auf der Fontana del Nettuno, die den Platz dominiert. Die kraftstrotzende Bronzestatue stammt von Giovanni da Bologna, genannt Giambologna, und symbolisiert die päpstliche Macht in der Stadt. Daneben erhebt sich der Palazzo di Re Enzo, benannt nach dem berühmtesten Gefangenen der Schlacht an der Fossalta (1249), König Enzio von Sardinien, ein Sohn Friedrichs II. Trotz väterlicher Bemühungen und einiger Fluchtversuche starb Enzio hier 1272 nach 22 Jahren milder, aber dennoch strenger Haft. Im Palazzo gegenüber befindet sich im schönen Jugendstilsaal die Bibliothek Salaborsa, beliebter Treffpunkt mit Ausstellungsort und Café. Auf dem Fußboden sind die Fundamente einer römischen Basilika sichtbar.

■ Biblioteca Salaborsa, Piazza Nettuno 3, www.bibliotecasalaborsa.it, Mo 14.30–20, Di–Fr 10–20, Sa 10–19 Uhr (Archäologische Ausgrabung Mo 14.30–19, Di–Sa 10–19 Uhr)

ADAC Mobil

Zu touristischen **Rundfahrten** (Dauer 1 Std., 16 €, erm. 8 €) durch die Innenstadt startet der **City Red Bus** (www.cityredbus.com) mehrmals täglich. Der öffentliche Nahverkehr TPER unterhält 70 Buslinien. Eine Fahrt im Stadtgebiet kostet 1,50 € (bis 75 Min.), 6 € (24 Std.). Linien und Fahrpläne unter www.tper.it. **Zona T und T Days:** Am Wochenende und an Feiertagen werden u.a. die Straßen Via Ugo Bassi, Independenza, Rizzoli und Bertoloni zu Fußgängerzonen und sind selbst für Linienbusse gesperrt, die dann auf veränderten Linien verkehren (Symbol »T Days« auf den Fahrplänen).

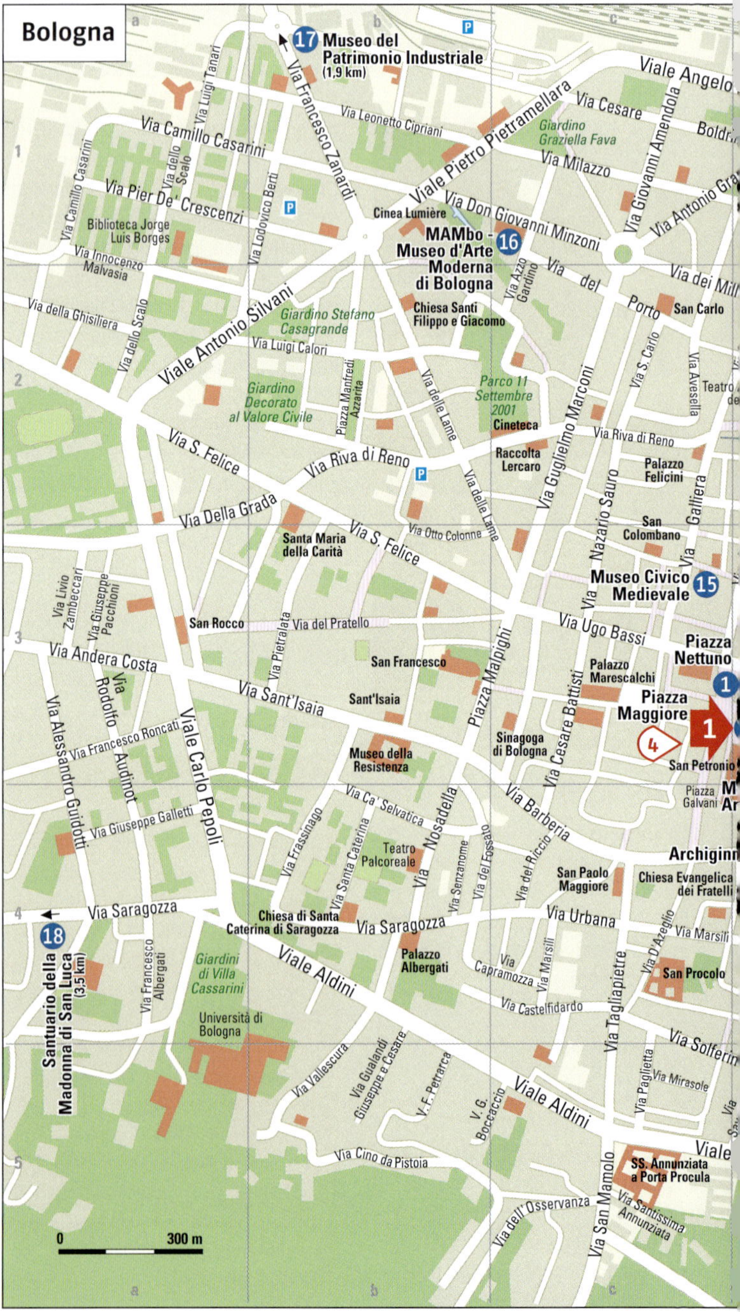
Bologna
17 Museo del Patrimonio Industriale (1,9 km)
Viale Angelo
Via Cesare
Boldr...
Via Leonetto Cipriani
Viale Pietro Pietramellara
Giardino Graziella Fava
Via Milazzo
Via Giovanni Amendola
Via Antonio Gra...
Via Luigi Tanari
Via Camillo Casarini
Via dello Scalo
Via Francesco Zanardi
Via Pier De' Crescenzi
Via Lodovico Berti
Cinea Lumière
Via Don Giovanni Minzoni
MAMbo - Museo d'Arte Moderna di Bologna 16
Biblioteca Jorge Luis Borges
Via Innocenzo Malvasia
Via Azzo Gardino
Via del Porto
Via dei Mill...
San Carlo
Via della Ghisiliera
Viale Antonio Silvani
Giardino Stefano Casagrande
Chiesa Santi Filippo e Giacomo
Via Luigi Calori
Via S. Carlo
Via Avesella
Teatro
Giardino Decorato al Valore Civile
Piazza Manfredi Azzarita
Via delle Lame
Parco 11 Settembre 2001
Cineteca
Via Guglielmo Marconi
Via Riva di Reno
Palazzo Felicini
Via S. Felice
Via Riva di Reno
Raccolta Lercaro
Via Nazario Sauro
Via Galliera
Via Della Grada
Via Otto Colonne
San Colombano
Santa Maria della Carità
Museo Civico Medievale 15
Via Livio Zambeccari
Via Giuseppe Pacchioni
San Rocco
Via Pietralata
Via del Pratello
Via Ugo Bassi
Piazza Nettuno
Via Andera Costa
Via Rodolfo Audinot
San Francesco
Piazza Malpighi
Via Cesare Battisti
Palazzo Marescalchi
Piazza Maggiore
Via Sant'Isaia
Sant'Isaia
Via Alessandro Guidotti
Via Francesco Roncati
Viale Carlo Pepoli
Museo della Resistenza
Sinagoga di Bologna
San Petronio
Piazza Galvani
Via Ca' Selvatica
Via Barberia
Via Giuseppe Galletti
Via Frassinago
Via Santa Caterina
Teatro Palcoreale
Via Nosadella
Via Senzanome
Via del Fossato
Via del Riccio
San Paolo Maggiore
Archiginn...
Chiesa Evangelica dei Fratelli
Via Saragozza
18 Santuario della Madonna di San Luca (3,5 km)
Chiesa di Santa Caterina di Saragozza
Via Saragozza
Via Urbana
Via D'Azeglio
Via Marsili
Giardini di Villa Cassarini
Viale Aldini
Palazzo Albergati
Via Capramozza
Via Marsili
Via Tagliapietre
San Procolo
Via Francesco Albergati
Via Castelfidardo
Università di Bologna
Via Solferin...
Via Vallescura
Via Gualandi Giuseppe e Cesare
V. F. Petrarca
V. G. Boccaccio
Viale Aldini
Via Paglietta
Via Mirasole
Viale
Via Cino da Pistoia
Via San Mamolo
SS. Annunziata a Porta Procula
Via dell'Osservanza
Via Santissima Annunziata
0
300 m

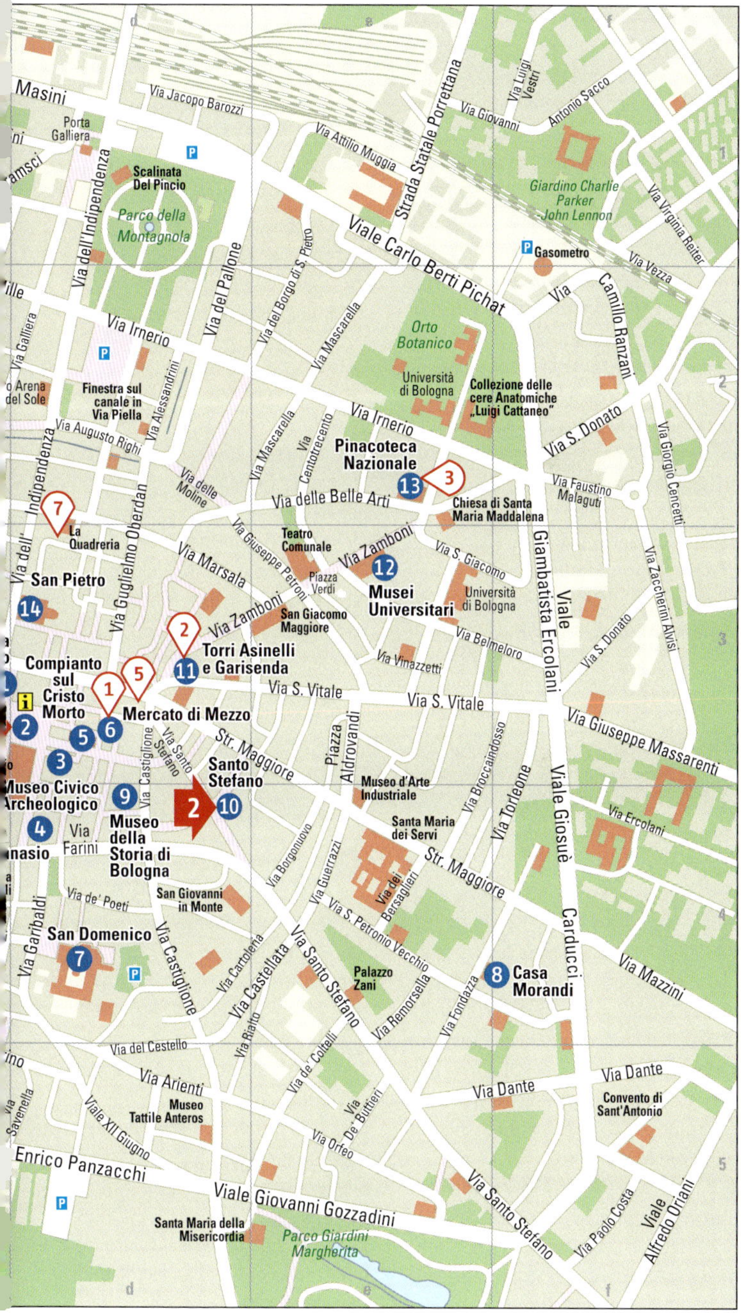
Masini
Via Jacopo Barozzi
Porta Galliera
Scalinata Del Pincio
Parco della Montagnola
Via dell'Indipendenza
Via del Pallone
Via Attilio Muggia
Strada Statale Porrettana
Via Giovanni
Via Luigi Vestri
Antonio Sacco
Giardino Charlie Parker John Lennon
Via Virginia Reiter
Viale Carlo Berti Pichat
Gasometro
Via Vezza
Via del Borgo di S. Pietro
Via Mascarella
Orto Botanico
Università di Bologna
Collezione delle cere Anatomiche „Luigi Cattaneo"
Via Camillo Ranzani
Via Irnerio
Via Galliera
Arena del Sole
Finestra sul canale in Via Piella
Via Alessandrini
Via Augusto Righi
Via Centotrecento
Pinacoteca Nazionale
Via S. Donato
Via Giorgio Cencetti
Via Faustino Malaguti
Via delle Moline
Via delle Belle Arti
Chiesa di Santa Maria Maddalena
La Quadreria
Via Guglielmo Oberdan
Teatro Comunale
Via Zamboni
Via S. Giacomo
Via Giambatista Ercolani
Via Zaccherini Alvisi
Via Marsala
Via Giuseppe Petroni
Piazza Verdi
Musei Universitari
San Pietro
San Giacomo Maggiore
Via Belmeloro
Torri Asinelli e Garisenda
Via Vinazzetti
Compianto sul Cristo Morto
Via S. Vitale
Mercato di Mezzo
Via Giuseppe Massarenti
Via Castiglione
Via Santo Stefano
Str. Maggiore
Piazza Aldrovandi
Via Broccaindosso
Santo Stefano
Museo Civico Archeologico
Museo d'Arte Industriale
Via Torleone
Viale Giosuè Carducci
Museo della Storia di Bologna
Via Farini
Santa Maria dei Servi
Via Ercolani
Via Borgonuovo
Via Guerrazzi
Via dei Bersaglieri
Via de' Poeti
San Giovanni in Monte
Via S. Petronio Vecchio
Via Mazzini
Via Garibaldi
San Domenico
Via Cartoleria
Via Castellata
Palazzo Zani
Via Remorsella
Via Fondazza
Casa Morandi
Via Rialto
Via de' Coltelli
Via del Cestello
Via Arienti
Via Dante
Convento di Sant'Antonio
Via Savenella
Viale XII Giugno
Museo Tattile Anteros
Via De' Buttieri
Via Orfeo
Enrico Panzacchi
Viale Giovanni Gozzadini
Via Santo Stefano
Via Paolo Costa
Viale Alfredo Oriani
Santa Maria della Misericordia
Parco Giardini Margherita

2 Piazza Maggiore

| Platz |

1 *Lebendiger Mittelpunkt mit monumentaler Basilika*

Die mächtige Basilika San Petronio hatten die Stadtherren im unabhängigen Bologna des 14. Jh. als kreuzförmigen Grundriss geplant, doch das Querschiff wurde nie gebaut, weil der Papst das Projekt stoppte, das größer als der Petersdom zu geraten drohte. Die Reliefs am Hauptportal der halbfertigen Fassade gelangen Bildhauer Jacopo della Quercia so meisterlich, dass sie Michelangelo als Inspiration dienten. Im linken Seitenschiff fällt zur Mittagszeit ein Lichtstrahl auf die mit 67,72 m weltlängste Mittagslinie. Die vierte Kapelle im linken Schiff (Capella dei Re Magi) schmücken Fresken von Giovanni da Modena: die Reise der Hl. Drei Könige, das Paradies und – hochdramatisch – die Hölle. Das Rathaus Palazzo d'Accursio, errichtet im 13. Jh. und im 15. Jh. um den Uhrenturm erweitert, gleicht einer Burganlage. Die Madonnenskulptur aus Terrakotta an der Hauptfassade schuf Niccolò dell' Arca, die Bronzeskulptur über dem Portal zeigt Papst Gregor XIII., Urheber des gregorianischen Kalenders. Über einen mächtigen Treppenaufgang, den die Führer der Stadtrepublik bei festlichen Aufzügen zu Pferd erklommen, erreicht man die imposanten Staatsgemächer wie die Sala d'Ercole mit ihren schönen Fresken. Im Obergeschoss befindet sich die städtische Gemäldesammlung mit Werken emilianischer und Bologneser Künstler.

■ Basilica di San Petronio, www.basilicadisanpetronio.org, tgl. 8.30–13.30 und 15–18.30 Uhr, 3 €, Collezioni Comunali d'Arte (im Palazzo d'Accursio), Piazza Maggiore 6, www.museibologna.it/arteantica, Di, Do 14–19, Mi, Fr 10–19, Sa, So 10–18.30 Uhr, 6 €, erm. 3 €

ADAC Spartipp

Die **Bologna Welcome Card** beinhaltet kostenlosen Eintritt zu den städtischen Museen, den Aufstieg zur Torre degli Asinelli, eine Stadtführung und mehr (Version EASY für 25 €). Sie ist ab Aktivierung 1 Jahr gültig.

3 Museo Civico Archeologico

| Museum |

Reiche Funde des archäologischen Museums veranschaulichen Bolognas Frühgeschichte. Zu den Exponaten der rätselhaften, vorchristlichen Villanovakultur, der etruskischen und römischen Zeit kommt eine beachtliche altägyptische Sammlung.

■ Via dell'Achiginnasio 2, www.museibologna.it/archeologico, Mi–Mo 9–18.30, Sa, So 10–19 Uhr, Online-Reservierung empfohlen, 6 €, erm. 3 €

4 Archiginnasio

| Bibliothek |

Heute Sitz der Stadtbibliothek wurde das Archiginnasio 1562/63 nach einem Entwurf des Bologneser Architekten Antonio Morandi errichtet, um die an zahlreichen Orten stattfindenden Lehrveranstaltungen an einem Ort zusammenzufassen. Das zweistöckige Gebäude öffnet sich hin zu einem Innenhof mit Bogengang und Loggien. Zu besichtigen sind zwei historische Vorlesungssäle und der vollständig restaurierte Anatomiesaal Teatro Anatomico. Etwa 6000 Wappen schmücken die Flure, Decken und Säle.

■ Piazza Galvani 1, www.archiginnasio.it, Mo–Sa 10–18 Uhr, 3 €

5 Compianto sul Cristo Morto

| Terrakottagruppe |

Jede der sieben lebensgroßen Terrakottafiguren trauert auf ihre eigene Weise, sie vereint der stumme, schmerzvolle Schrei in den Gesichtern. Niccolò dell'Arcas Gruppe »Compianto sul Cristo Morto« (»Beweinung Christi«) entstand um 1463 und inspirierte diverse Künstler in der Emilia zu ähnlichen Werken.

■ Via Clavature 8–10, Santa Maria della Vita, www.genusbononiae.it, Di–So tgl. 10–18.30 Uhr, 5 €, erm. 3 €

6 Quadrilatero und Mercato di Mezzo

| Viertel |

1 *Kulinarische Genüsse im Gassengewirr*

Seit Jahrhunderten Marktort, in den Straßen zwischen Piazza Maggiore und Piazza della Mercanzia gibt es bis heute exzellente Lebensmittelhändler und Feinkostläden. Die Straßen sind nach den Berufen benannt, die einst hier ausgeübt wurden. Über Eingänge in der Via Pescherie Vecchie und Via Clavature gelangt man in die Markthalle Mercato di Mezzo.

ADAC Mittendrin

In der **Osteria del Sole** wird seit 1465 Wein ausgeschenkt. An Holztischen redet man über Gott und die Stadt. Heute ist die Kneipe im Quadrilatero beliebter denn je. Wer Wein bestellt, darf mitgebrachtes Essen verzehren.

Vicolo Ranocchi 1, Plan S. 68/69 d3

Die bunten Marktstände im Viertel Quadrilatero sprechen alle Sinne an

7 San Domenico

| Kirche |

Der Ordensgründer der Dominikaner San Domenico Guzman starb 1221 in Bologna. An seinem prächtigen Marmorsarkophag, der Arca di San Domenico, arbeiteten Niccolò da Bari, der fortan »dell'Arca« hieß, Nicola Pisani und der junge Michelangelo Buonarotti. Die romanische dreischiffige Basilika wurde im 18. Jh. der Zeit entsprechend renoviert, aufgehellt und um Gemälde von »Il Guercino«, Lodovico Carracci und Giunta Pisano ergänzt. Bemerkenswert ist das Chorgestühl mit kunstvollen Intarsien.

■ Piazza San Domenico 13, Mo–Fr 8.30–12 und 15.30–18, Sa 8.30–12 und 15.30–17, So 15.30–17 Uhr

Plan S. 68/69

ADAC Wussten Sie schon?

... dass Bologna als erste Stadt der Welt im Jahr 1257 die Sklaverei per Gesetz abschaffte? Im Gesetz »Liber Paradisus« wurden die Namen aller im Jahr zuvor mit 54 000 Silbermünzen aus der Stadtkasse freigekauften 5855 Sklaven genannt.

8 Casa Morandi

| Museum |

Der geniale Bologneser Maler Giorgio Morandi (1890–1964) fand in Alltagsgegenständen Inspiration, die er für seine meditativen Stillleben immer wieder neu kombinierte. In seiner Wohnung, heute als Museum restauriert, ist sein Atelier original erhalten – ein Refugium, in dem sich Morandis Arbeitsweise eindrucksvoll nachempfinden lässt.

■ Via Fondazza 36, Besichtigung nach tel. Anmeldung unter 051/649 66 11 oder E-Mail: casamorandi@comune.bologna.it, Juni–Sept. Sa, So 14–17, Okt.–Mai Sa 14–16, So 10–13 Uhr

9 Palazzo Pepoli Vecchio – Museo della Storia di Bologna

| Museum |

Eine Zeitreise durch die Stadtgeschichte führt Besucher vom etruskischen Felsina über das römische Bononia bis zur Gegenwart anschaulich und multimedial unterlegt. Das Stadtmuseum im Palazzo Pepoli Vecchio ist Teil des Streumuseums Genus Bononiae – Musei nella Città und einer von sieben Ausstellungsorten.

■ Via Castiglione 8, www.genusbononiae.it, Di–So 10–19 Uhr, 12 €, erm. 10 €

10 Santo Stefano

| Sakralbauten |

2 *Verbund aus sieben Kirchen an wunderschönem Platz*

An der wunderschönen Piazza Santo Stefano erhebt sich ein geheimnisvolles Gewimmel aus mittelalterlichen Kirchen, Kapellen, Krypten und Klostergebäuden, das Besucher auf eine Reise durch 2000 Jahre Kirchengeschichte mitnimmt. Man betritt den Komplex über die romanische Chiesa del Crocefisso (11. Jh.), unter deren barockem Presbyterium versteckt sich eine schöne Säulenkrypta. Links davon liegt der spätantike Zentralbau San Sepolcro (5. Jh., umgestaltet im 13. Jh.) mit der einem Heiligengrab ähnelnden Hochkanzel. Man wähnt sich auf einer Pilgerreise ins Heilige Land, denn San Sepolcro ist eine Imitation der Grabeskirche von Jerusalem. Die Fundamente der benachbarten Basilika (8. Jh.), die den Bologneser Märtyrern Vitalis und Agricola geweiht ist, wurden schon kurz nach 400 gelegt. Ihr Tod markiert den Beginn der Bologneser Kirchengeschichte. Die Brunnenschale im angrenzenden Pilates-Hof hat der Langobarden-König Liutprand gestiftet: Dessen Herrschaft steht für Förderung statt Feindschaft und für den Neuanfang der Stadt.

■ Via Santo Stefano 24, Di–So 9.30–12.30 und 14.30–19 Uhr, freie Spende

11 Due Torri

| Geschlechtertürme |

2 *Dicht nebeneinander, zwei schiefe mittelalterliche Wehrtürme*

Ihren Erbauern dienten die beiden markanten Wehrtürme Torre degli Asinelli und Torre Garisenda im Mittelalter als Symbol von Macht und Einfluss sowie als Aussichtspunkt und Zufluchts-

Basilika Santo Stefano: Komplex aus mehreren Gotteshäusern im romanischen Stil

ort. Von den über 100 Geschlechtertürmen, die Bologna einst prägten, sind 24 übriggeblieben, darunter die Torre degli Asinelli: 97,2 m, 2,2 m (1,3 °) Neigung und Torre Garisenda 47,5 m, 3,2 m (3,8 °) Neigung. Wer die 498 Stufen auf die Aussichtsplattform der Torre Asinelli erklimmt, auf den wartet eine spektakuläre Aussicht, besonders schön in der Abendsonne.

■ Piazza Ravegnana, www.duetorribologna.com, Nov.–Feb. tgl. 10–16.30, März, Okt. 10–18, April, Mai 10–19, Juni–Sept. 10–20.15 Uhr, Reservierung obligatorisch, Eintritt in 15-Min. Zeitfenstern, 5 €, erm. 3 €

12 Musei Universitari

| Museum |

Die Säle im Palazzo Poggi, bis heute Hauptgebäude der Universität, zieren herrliche Deckenfresken (16. Jh.). Hier befinden sich drei der zwölf universitären Sammlungen. Die Drucktafeln zur Illustration wissenschaftlicher Bücher oder die Wachsmodelle für den Anatomieunterricht sind eine faszinierende Schatzkammer aus der Welt des Wissens. Das Museo Europeo degli Studenti beleuchtet Aspekte des Studentenlebens von einst. Das Museo della Specola zeigt astronomische Instrumente und Teleskope.

■ Via Zamboni 33, sma.unibo.it, Museo di Palazzo Poggi, Di–Fr 10–16, Sa, So 10–18 Uhr, 7 €, erm. 4 €, MEUS – Museo Europeo degli Studenti, Mi–Fr 10–13, Sa, So 10–18 Uhr, 5 €, erm. 3 (Palazzo Poggi und MEUS 9 €), Museo della Specola, nach Voranmeldung (ital., engl.), 5 €

13 Pinacoteca Nazionale

| Museum |

3 *Emilianische Schule, repräsentative Ausstellungssäle*

Die Pinakothek zeigt das vielfältige Kunstschaffen der emilianischen Schule, von den Tafelmalern des 13. Jh.

über den Manierismus eines Parmigianino, der Rückkehr zum Natürlichen der Brüder Carracci, den Klassizismus des »Guercino« bis hin zum Barock von Guido Reni. Im Barockpalast Palazzo Pepoli Campogrande (auch Palazzo Pepoli Nuovo), dem Nebensitz, wird die Gemäldesammlung der Familie Zambeccari gezeigt. Schon die repräsentativen Säle allein, wie die Sala d'Onore (Ehrensaal), sind einen Besuch wert.

■ Via delle Belle Arti 56, www.pinacoteca bologna.beniculturali.it, Di, Mi 9–14, Do–So 9–19 Uhr, Zweigstelle Palazzo Pepoli Campogrande, Via Castiglione 7, Mi, Sa 9–19 Uhr, 8 €, erm. 3 €

ADAC Wussten Sie schon?

... dass die Theorie von Galileo Galilei besagt, dass aufgrund der Erdbeschleunigung »g« die Geschwindigkeit von Gegenständen im freien Fall zunimmt? Messdaten von Giovanni Battista Riccioli aus Fallversuchen von der Torre degli Asinelli (1651) (S. 72) ergaben erstmals einen Wert für »g«, der dem echten sehr nahekommt.

14 San Pietro

| Kathedrale |

Die Backsteinfassade der barock-klassizistischen Kathedrale Bolognas mit Marmorelementen stammt vom Architekten Alfonso Torregiani (1747). Die Terrakotta-Figurengruppe der »Beweinung Christi« in der rechten Kapelle schuf Alfonso Lombardi (1522), die »Verkündigung« stammt vom Maler Lodovico Carracci.

■ Via Independenza 9, Mo–Mi, Sa 7–19, Do 7–23, So 8–19 Uhr, Turmbesichtigung 5 €

15 Museo Civico Medievale

| Museum |

Der Palazzo Ghisilardi Fava, ein typisch herrschaftliches Wohnhaus des 15. Jh. in Bologna, verbirgt einen der mittelalterlichen Türme im Hof. Das Museum zeigt Exponate aus Mittelalter und Renaissance wie eine schöne Madonnenfigur von Jacopo della Quercia und Grabmäler der Professoren mit illustrativen Szenen aus dem Lehralltag: lesende und dösende Studenten während der Vorlesung.

■ Via Manzoni 4, www.museibologna.it/arteantica, Di, Do 10–14, Mi, Fr 14–19, Sa, So 10–19 Uhr, 6 €, erm. 4 €

16 MAMbo

| Museum |

Architekt Aldo Rossi machte die ehemalige Brotfabrik zum Ausstellungsraum für zeitgenössische Werke aus den 1960er-/1970er-Jahren. Zu sehen sind Eindrücke aus Bolognas wilder Zeit, Performance-Art von Gina Pane, Marina Abramovich, Ulay und Hermann Nitsch sowie italienische Künstler der Arte Povera. Es beherbergt zudem die Sammlung des Malers Giorgio Morandi aus dem Palazzo d'Accursio.

■ Via Don Minzoni 14, www.mambo-bologna.org, Di, Mi 14–19, Do 14–20, Fr–So 10–19 Uhr, 6 €, erm. 4 €

17 Museo del Patrimonio Industriale

| Museum |

Über 500 Jahre Industriegeschichte werden in einer alten Ziegelbrennerei am nördlichen Stadtrand Bolognas dokumentiert.

■ Via della Beverara 123, www.museibologna.it, Mitte Sept.–Mitte Juli Di–Fr 9–13, Sa, So 10–18.30 Uhr, 5 €, erm. 3 €

18 Santuario della Madonna di San Luca

| Wallfahrtskirche |

Beim Aufstieg zur Wallfahrtskapelle auf den Hügel Colle della Guardia ist der Weg das Ziel. Los geht es am Arco del Meloncello (1732). Von hier führt der längste Arkadengang der Stadt über 666 Stufen und vorbei an 15 Kapellen den Hügel hinauf, an dem sich im 12. Jh. eine Einsiedelei zur Marienverehrung befand. Die Ikone der »Madonna di San Luca« mit ihrem im byzantinischen Stil dunkel gefärbten Gesicht ist über dem Hauptaltar zu sehen. Den Innenraum der Kirche schmücken Fresken von Guido Reni und »Il Guercino« (der Schielende).

■ Via di San Luca 36, tgl. 7–19 Uhr, mit Panoramaterrasse (tgl.) 5 €, erm. 3 €

Parken

Die Altstadt ist für den privaten Autoverkehr fast komplett gesperrt (»Zona a traffico Limitato«, ZTL). Die Zufahrt zu Hotels und Garagen ist mit einer temporären Zufahrtserlaubnis möglich. Die Hotels in der Innenstadt stellen Anfahrtsbeschreibungen zur Verfügung. Schnellen Zugang zur Altstadt haben Sie vom kostenpflichtigen Parkhaus VIII Agosto in der Piazza VIII Agosto (24 Std. geöffnet).

Restaurants

€ | Zerocinquantuno Zentral an der Piazza Maggiore gelegenes Speiselokal. Für ein schnelles Mittagessen passt zum frischen Brot ein Aufschnitt aus Schinken, Salami und diversen Käsesorten. ■ Via de Pignattari 1f, www.051.it, tgl. 12.30–15 und 19–23 Uhr, Plan S. 68/69 d3

ADAC Mobil

Wege nach **San Luca**: Zu Fuß vom Zentrum durch den Arkadengang der Via Saragozza und weiter entlang des Arkadengangs, der parallel zur Via San Luca verläuft. Alternativ den Linienbus Nr. 20 in Richtung Casalecchio di Reno (www.tper.it) bis »Arco dell'Meloncello« nehmen. Die Kleinbahn »San Luca Express« fährt ab Piazza Maggiore, Piazza Malpighi und Arco Meloncello (Infos: www.cityredbus.com). Oder mit dem Auto über die Via San Luca, am Wochenende zwischen 14 und 18 Uhr über Via di Casaglia. Oben nur beschränkt Parkplätze verfügbar.

€€ | Ahimé In der Nähe der belebten Markthalle Mercato delle Erbe serviert der junge Chef Lorenzo Vecchia emilianische Küche mit Gemüse und Kräutern aus eigenem Anbau und Fleisch von lokalen Familienbetrieben. ■ Via Gervasio 6e, Tel. 051/498 34 00, So und Mo-Mittag geschl, Plan S. 68/69 c3

4 **€€ | Osteria del Cappello** Hausgemachte Pasta wie die lokalen Klassiker »tagliatelle al ragù« und »tortellini in brodo« aus der eigenen Pastamanufaktur (auch Kurse), regionale Weine und selbst gemachtes Brot – so endet der Tag perfekt. ■ Via dei Fusari 9b, www.osteriadelcappello.com, So-Abend, Di–Sa 12–15 und 19.30–22 Uhr, Mo. geschl., Plan S. 68/69 c3

€€ | Vicolo Colombina Traditionelle Bologneser Küche mit vegetarischen Optionen nahe der Basilica di San Petronio. Tolle Auswahl lokaler Weine. ■ Vicolo Colombina 5b, Tel. 051/23 39 19, www.vicolocolombina.it, Di geschl., Plan S. 68/69 c4

Cafés

Caffè Pasticceria Zanarini Beliebte Konditorei im Gebäude des Archiginnasio, heute auch Café, Restaurant und Aperitifbar. ■ Piazza Galvani, tgl. 7–21 Uhr, Plan S. 68/69 c4

Einkaufen

Mercato di Mezzo Die gut besuchte Markthalle für Obst, Gemüse und andere Lebensmittel mit Eingängen in der Via Ugo Bassi und der Via Belvedere verwandelt sich nach Ladenschluss in einen angesagten Aperitif-Treff mit vielen kleinen Bistros und Bars. ■ Via Clavature 12, Mo–Sa 10–24 Uhr, Plan S. 68/69 d3

FICO World Grundlagen der italienischen Küche ganz nah: Zutaten, Herstellung, fertiges Produkt. Hier kann man gut einen ganzen Tag verbringen, zum Einkaufen und Erleben. Angeboten werden Workshops zu Eis oder Pasta. ■ Via Paolo Canali 8, www.fico.it, Do–So 11–22 Uhr, Plan S. 68/69 nordöstl. f1

Gelateria Stefino Leckeres Bioeis, fair, glutenfrei und vegan. Unbedingt probieren. ■ Via San Vitale 37a, www.stefino.it, Mo–Fr 13–23, Sa, So 12–23 Uhr, Plan S. 68/69 e3

Salumeria Simoni Emilianische Wurstspezialitäten und Parmigiano Reggiano in verschiedenen Reifestufen. ■ Via Drapperie 5/2a, Mo–Do 8–13.30 und 16.30–19, Fr, Sa 8–19.30 Uhr, Plan S. 68/69 c3

5 **Tamburini** Feinkostgeschäft mit regionalen Spezialitäten, es gibt Mittagessen und auch Degustationen sowie eine Weinbar. ■ Via Caprarie 1a, www.tamburini.com, Mo–Sa 9–20, So 10–18.30 Uhr, Plan S. 68/69 d3

Bühne

Teatro Comunale Erstklassige Operninszenierungen und Konzerte in Bolognas 1763 eröffnetem Opernhaus. ■ Largo Respighi 1, Tel. 051/52 90 19, www.tcbo.it, Plan S. 68/69 e3

Teatro Arena del Sole Zeitgenössisches Theater, Konzerte, Tanz in herrlichen Sälen. ■ Via Indipendenza 44, Tel. 051/291 09 10, bologna.emiliaromagnateatro.com,Plan S. 68/69 c2

Kinder

Bei der Fahrt mit der Kleinbahn **»San Luca Express«** haben kleinere Kinder Spaß (s. ADAC Mobil S. 75).

Im Stadtpark **Giardini Margherita** gibt es Spielplätze, ein Trampolin, ein Karussell, einen Ententeich und vor allem viel Platz zum Spielen. ■ Viale Giovanni Gozzadini, Plan S. 68/69 e5

Kneipen, Bars und Clubs

Cantina Bentivoglio Der Jazzclub im Palazzo Bentivoglio ist eine feste Größe im Bologneser Nachtleben. Häufig Livemusik. Aus der Küche kommen handgemachte Pasta, lokale Gerichte, Fisch und Vegetarisches. ■ Via Mascarella 4b, www.cantinabentivoglio.it, 20–1 Uhr, Mo geschl., Plan S. 68/69 e2

Entspannung

Südöstlich von Bologna an der Via Emilia liegt der Kurort **Castel San Pietro Terme**, dessen Thermalquellen seit dem Mittelalter bekannt sind. Das schwefel-, jod- und bromhaltige Wasser lindert Beschwerden der Atemwege und Stoffwechselstörungen. ■ www.termedicastelsanpietro.it

2 Pieve di Cento und Cento

Musik und moderne Kunst. Schon »Guercino« malte Centos berühmten Karneval

Information

- Ufficio URP, 40066 Pieve di Cento, Tel. 051/686 26 11, www.comune.pievedicento.bo.it
- IAT, Piazza Guercino, 44042 Cento, Tel. 051/684 33 34, www.comune.cento.fe.it, Mo–Fr 9–12.30 Uhr

Der sympathische Ort Pieve di Cento (7300 Einwohner) entstand im 8. Jh. um die Kirche Santa Maria Maggiore. Eines der ältesten Gebäude ist das Gasthaus Casa degli Anziani an der Piazza delle Catene. Das Sumpfland am Fluss Reno wurde im Mittelalter urbar gemacht und wird bis heute gemeinschaftlich im System der »partecipanza« bewirtschaftet. Pieves tief verwurzelte Leidenschaft für Musik wird im Musikmuseum und im Teatro comunale »Alice Zeppilli« im Rathaus spürbar (Piazza A. Costa 17, Reservierung Mo–Sa 10–13 Uhr). Die Stadt hatte stets Musiklehrer angestellt, die ihre Begeisterung schon an die Kleinsten weitergaben, und weihte 2017 die Musikschule Casa della Musica (Via Mastellari 4) ein, entworfen von Architekturstar Mario Cucinella aus Palermo.

Seit sich der Flusslauf des Reno im 15. Jh. verlagerte, ist das größere Cento (35 400 Einwohner) geografisch von seiner Taufkirche Pieve di Cento getrennt. Auch wenn beide Orte nur 2,5 km voneinander entfernt sind, gehört Cento auf der anderen Flussseite schon zur Provinz Ferrara. Ein berühmter Sohn Centos ist der für seine Altargemälde bekannte Barockmaler Giovanni Francesco Barbieri, genannt »Il Guercino« (der Schielende). Die Wasserburg aus dem 14. Jh. (Piazzale della Rocca) öffnet zu Ausstellungen.

Centos gute Stube: die Piazza del Guercino mit dem Gouverneurspalast

Mehr als 2000 zeitgenössische Werke sind im Magi900 Museo d'Arte vereint

Sehenswert

Collegiata Santa Maria Maggiore

| Kirche |

Als im Mai 2012 in Pieve die Erde bebte, schwankte der Glockenturm der Stiftskirche Santa Maria Maggiore und brachte die Kuppel zum Einsturz. In nur sechs Jahren wurde sie wiederaufgebaut, und die Bilder von »Il Guercino«, Passarotti und Lavinia Fontana hängen wieder an ihren Plätzen.

■ Piazza A. Costa 19, Pieve di Cento, tgl. 7.30–12.30 und 15–19 Uhr

Rocca – Museo delle Storie di Pieve

| Museum |

In der Burg aus dem 14. Jh. lässt das Stadtmuseum die nahezu 1000-jährige soziale und ökonomische Entwicklung des Ortes auferstehen.

■ Piazza della Rocca 1, Pieve di Cento, www.museodellestoriedipieve.it, So, Fei 10–13 und 15.30–18.30 Uhr, Kombiticket für alle Museen 5 €

Magi900 Museo d'Arte

| Museum |

Die eklektische Sammlung des Unternehmers und Kunstmäzens Giulio Bargellini umfasst so gut wie alle bedeutenden italienischen Künstler des 20. Jh., darunter Meister wie Lucio Fontana, Amedeo Modigliani und Giorgio de Chirico, hinzu kommen zeitgenössische Künstler aus Italien, Afrika und Südamerika. Das Privatmuseum logiert in einem umgebauten Kornspeicher und ist von einem reizvollen Skulpturengarten umgeben.

■ Via Rusticana A/1, Pieve di Cento, www.magi900.com, Jan.–Juli, Sept.–Dez. Fr–So 10–18 Uhr, 10 €, erm. 7 €

Piazza del Guercino

| Platz |

Den von Arkaden gesäumten Hauptplatz des Städtchens dominiert der zinnengekrönte Palazzo del Governatore (16. Jh.) mit Uhrenturm. Heute ist er Sitz der Galleria d'Arte Moderna Aroldo Bonzagni mit Werken dieses Malers, Zeichners und Illustrators (1887–1918) aus Cento.

■ Via Guercino 39, Cento, Tel. 051/684 33 90, Fr–So 8–13 und 15.30–19.30 Uhr

Pinacoteca Civica »Il Guercino«

| Museum |

Der Palazzo del Monte di Pietà beherbergt die weltgrößte Sammlung von Werken des Barockmalers »Guercino«, seiner Schüler und anderer Künstler des 16. Jh.

■ Via Matteotti 16, Cento, Tel. 051/ 684 33 90, guercino.comune.cento.fe.it, derzeit wegen Erdbebenschäden geschl.

Parken

In Pieve di Cento z.B. direkt am Museo Magi900 (Via Rusticana 1) oder nahe der Porta Bologna und Kasse in der Via Circonvallazione Ponente/Ecke Via A. Taddia.

Restaurants

€€ | Antica Osteria da Cencio An rustikalen Holztischen werden überraschende Interpretationen lokaler Klassiker serviert. Pasta und Desserts sind hausgemacht. Günstige Lage, guter Hauswein, angenehme Atmosphäre. ■ Via Marcello Provenzali 12, Cento, Mo und So-Abend geschl.

€€–€€€ | Buriani dal 1967 Aus saisonalen Zutaten zaubert die Küchenchefin Alessandra Buriani ihre moderne und bodenständige Küche. Gute Weinkarte. Im Sommer speist man auf der Terrasse. ■ Via Provinciale Bologna 2a, Pieve di Cento, www.ristoranteburiani.com, tgl. außer Di, Mi mittags und abends

Events

Schon »Guercino«, der wegen eines Augenleidens »Der Schielende« genannt wurde, malte den **Karneval von Cento**, der heute in ganz Italien berühmt ist. An vier Sonntagen im Februar/März feiert das Städtchen seinen Karneval mit riesigen Figuren aus Pappmaschee auf gigantischen Festwägen und flankiert von einem einem fulminatem Feuerwerk. ■ www.carnevalecento.com, Eintritt 16 €, Kinder bis 1,20 m frei

ADAC Mittendrin

Karneval wird auch in den Dörfern um Cento gefeiert. Er ist dort zwar weniger spektakulär, aber als lebendige Tradition umso authentischer. Auf den Festen wird zum Beispiel noch Dialekt gesprochen.

3 Imola

Die schönste Burg der Romagna und eine berühmte Rennstrecke

Information

■ IAT, Galleria del Centro Cittadino, Via Emilia 135, 40026 Imola, Tel. 05 42/ 60 22 07, www.visitareimola.it

Auf der antiken Via Emilia von Westen kommend ist Imola (69 000 Einwohner) die erste Stadt in der Romagna. Die rechtwinkligen Straßen um die Piazza Matteotti, einstige Hauptkreuzung zwischen Cardo und Decumanus, zeigen noch heute den Ursprung als römische Kolonie. Im Mittelalter ging die Herrschaft durch die Hände der Visconti, der Manfredi und Caterina Sforzas, die Imola das Gepräge der Renaissance gab. Während seiner kurzen Herrschaft (1499–1503) holte Cesare Borgia – um die Festungsanlagen zu verstärken – Leonardo da Vinci nach Imola. Dessen Relief Imolas gilt als erster Stadtplan der Geschichte.

Sehenswert

Palazzo Tozzoni

| Museum |

Hinter einer spätbarocken Fassade verbirgt sich das interessante Haus ei-

Rocca Sforzesca: mittelalterliches Bollwerk und Erbe damaliger Festungsarchitektur

ner adligen Familie, die hier 500 Jahre lang über Generationen hinweg lebte. Die Einrichtungsstile verschiedener Epochen, Kunstwerke, Möbel, Arbeitsgeräte aus den Gütern der Umgebung bringen dem Betrachter den Lebensstil der jeweiligen Zeit nah, ohne museale Distanz zu verströmen.

■ Via Garibaldi 18, imolamusei.it/palazzo-tozzoni, Fr 15–19, Sa, So 10–13 und 15–19 Uhr, 4 €, erm. 3 €

Rocca Sforzesca

| Burg |

Die imposante Zwingburg, deren Festungsturm »mastio« auf das 13. Jh. zurückgeht, wurde im 15. Jh. unter den Sforza zu einem Renaissanceschloss ausgebaut und zum Schutz vor Kanonen mit runden Türmen verstärkt. Die reiche Waffensammlung stammt aus einer Privatsammlung, die mittelalterliche Keramik wurde während Restaurierungsarbeiten in der Burg selbst gefunden.

■ Piazzale G. dalle Bande nere, imolamusei.it/rocca-sforzesca, Fr 15–19, Sa, So 10–13 und 15–19 Uhr, 4 €, erm. 3 € (Kombiticket städtische Museen: 2 Museen 6 €, 3 Museen 8 €)

Museo di San Domenico

| Museum |

Im ehemaligen Dominikanerkonvent aus dem 14. Jh. befinden sich das Naturkundemuseum Museo Giuseppe Scarabelli und die Kunstsammlung Collezioni d'arte della città mit bedeutenden Werken der emilianischen und romagnolischen Schule, dazu Keramiken und Münzen.

■ Via Sacchi 4, Tel. 05 42/60 26 09, imolamusei.it, Do, Fr 15–19, Sa, So 10–13 und 15–19 Uhr, 4 €, erm. 3 €

Autodromo di Enzo e Dino Ferrari

| Rennbahn |

Auf der 1953 eröffneten Rennbahn fanden zwischen 1980 und 2006 Rennen der Formel 1 statt. Seit 1997 erinnert ein Denkmal an den 1994 in Imola tödlich verunglückten brasilianischen Rennfahrer Ayrton Senna. Auch heute werden Motorradrennen ausgetragen (GP of Italy, 200 Miglia di Imola Revival). Während der Open Days öffnet die Piste für Fußgänger und Fahrräder (getrennte Tage).

■ Piazza Ayrton Senna da Silva 1, Tel. 05 42/655 11, www.autodromoimola.it, geöffnet während Events, Open Days und bei Führungen

Parken

Parkmöglichkeiten in Zentrumsnähe (fast alle gratis) sind Parcheggio Bocciofila (Viale Saffi) oder Parcheggio Via del Lavoro (Einfahrt über Via Serraglio).

Restaurants

€€ | Osteria del Vicolo Nuovo Da Rosa E Ambra Gemütliche Osteria, die neben den Klassikern der lokalen Küche vegetarische Gerichte anbietet. ■ Vicolo Codronchi 6, Tel. 05 42/325 52, www.vicolonuovo.it, So, Mo geschl.

Events

Während des Food-Festivals **»Baccanale«** (Okt./Nov.) werden den Besuchern auf Verkostungen, Weindegustationen, Showcooking etc. kulinarische Schätze präsentiert. Die Weingüter, Ölmühlen und Bauernhöfe öffnen ihre Pforten für Besichtigungen und Degustationen. ■ www.baccanaleimola.it

Sport

Schon ab dem Frühling kann man auf dem Fluss Santerno, besonders im Oberlauf von der Grenze zur Toskana bis Castel del Rio für 25 km ohne Unterbrechung paddeln und **Kanu fahren**. Hier hat der Fluss nur ein mäßiges Gefälle und selten eine starke Strömung (Zugang am Campingplatz Alidosi in Castel del Rio). Im Sommer trocknet das Flussbett aus. ■ Touren und Info Aqua Sport Santerno: aquasportsanterno.it

4 Dozza

Burgdorf mit Herz und Platz für Kunst, die besten Weine der Region

Information

■ Fondazione Dozza Città d'Arte, Rocca Sforzesca di Dozza, Piazza Rocca 6a, 40060 Dozza, Tel. 05 42/67 82 40, www.fondazionedozza.it

Der Burghügel mit der mittelalterlichen Festung ist von Weinhängen umgeben, auf denen die berühmte Rebsorte Albana angebaut wird, von der schon der römische Gelehrte Marcus Terentius Varro schwärmte. Der Ort (6550 Einwohner) ist nie über die mittelalterliche Mauer hinausgewachsen. Einziger Zugang war die Porta del Rivellino, an der heute der Panoramaweg »Passeggiata degli Artisti« beginnt, der außen entlang bis zur Burg führt. Als die Burgherren 1960 auszogen, packten die Dozzesi die Gelegenheit zu einem Neuanfang beim Schopf und luden die ersten Künstler ein, Häuserwände zu bemalen. Aus dieser Idee entstand 1965 die erste »Biennale

Im Blickpunkt

Weine der Emilia-Romagna

Entlang der Via Emilia werden 21 Weine mit geschützter Herkunftsbezeichnung DOC, DOCG angebaut, einige davon schon seit der Antike. Berühmt ist der perlende rote Lambrusco aus der gleichnamigen Rebe, ein idealer Begleiter zur oft schweren Küche der Emilia. In den letzten Jahren begeistert der Lambrusco di Sorbara Sommeliers, denn er zeigt, dass auch ein junger Wein interessant sein kann. In der »terra rossa« der Hügel von Piacenza und Parma wächst die Malvasiarebe, aus der fruchtige Weißweine gekeltert werden, von trocken bis Passito (Dessertwein). Im lehmhaltigen Boden um Piacenza liegt das Gebiet des Gutturnio, ein roter Wein aus Barbera und Bonardatrauben, den es in den Varianten moussierend und still gibt. Die Etiketten des beliebten Rotweins Sangiovese di Romagna verraten die Anbauregion und begeistern aktuell Kenner mit ihrem Ausdruck. Auch die in der Romagna autochthone Rebe Albana wird zu prämierten Weinen gekeltert, die als Dessertwein zum »dolce« und zu reifem Käse munden.

del Muro Dipinto«, die seither stets im September ungerader Jahre stattfindet. Sie hat den Ort in ein lebendiges Freilichtmuseum zeitgenössischer Kunst verwandelt, das seit 2000 von einem Street-Art-Pendent im Ortsteil Toscanella ergänzt wird.

■ www.fondazionedozza.it

Sehenswert

Rocca

| Burg |

Mit ihrem Durchmesser von mehr als 500 m ist die Burg ein imposantes Beispiel der Militärarchitektur der Renaissance. Die Festung wurde im 15. und 16. Jh. um Wassergraben, Rundtürme und Festungswall erweitert und zu einer Residenz im Renaissancestil ausgebaut, in der die Familie Malvezzi-Campeggi bis 1960 wohnte. Im Turm hat der schläfrige Drache Frystan Quartier bezogen, wie passend für einen Ort, an dem alle zwei Jahre ein Fantasy-Festival stattfindet!

■ www.fondazionedozza.it

Parken

Kostenlose Parkplätze in der Via Calancho und Piazza Fontana.

Restaurants

€€ | **La Scuderia** Bodenständige emilianische Küche in einem ehemaligen Pferdestall mit Burgblick. ■ Via XX Settembre 53, Tel. 05 42/67 81 03, Di geschl.

Einkaufen

6 **Enoteca Regionale Emilia-Romagna** Eine erste Adresse, um die Weine der Region kennenzulernen – mehr als 1000 edle Tropfen. Dazu werden Kurse und Degustationen angeboten. An Samstagnachmittagen (14.30–18.30 Uhr) ist jeweils ein Winzer vor Ort und gibt bei einem Gläschen Einblick in die Entstehung seiner Weine. ■ Piazza Rocca Sforzesca, www.enotecaemiliaromagna.it, Di–Fr 10–13 und 14.30–19, Sa, So 10–13, 14–19 Uhr

5 Marzabotto

Reste der etruskischen Stadt Kainua, Gedenkwanderung im Naturpark

Information

■ Info Point, Via G. Matteotti 1, 40043 Marzabotto, Tel. 340/639 74 34, Di, Do, So 10–12.30 Uhr

Die kleine Stadt mit ihren 6850 Einwohnern ist für die einst größte etruskische Stadt Norditaliens bekannt, deren 18 ha großes Ausgrabungsareal zu besichtigen ist. An ein 1944 von SS-Einheiten verübtes Massaker an Zivilisten erinnert eine Gedenkwanderung im Naturschutzgebiet Parco Storico di Monte Sole. Die Gedenkstätte mit den Gebeinen der 778 Opfer befindet sich in der Krypta der Pfarrkirche Sacrario ai Caduti di Marzabotto (Piazza Martiri delle Fosse Ardeatine).

Sehenswert

Museo Nazionale Etrusco »Pompeo Aria« und »Area archeologica di Kainua«

| Ausgrabungsstätte |

Sie ist die einzige erhaltene etruskische Stadtanlage: Gegründet wurde »Kainua« (die »Neue«) im 5. Jh. v. Chr. am Fluss Reno, dessen Tal das toskanische Etrurien mit Felsina (Bologna) und der Poebene verband. Auf dem 18 ha großen Ausgrabungsgelände ist die Stadtstruktur gut sichtbar: die breiten Hauptstraßen, Grundmauern einiger Wohnhäuser, Reste der Akropolis und zweier Tempel und ein Gräberfeld

Reste einer etruskischen Nekropole; die Grabbeigaben sind im Museum zu besichtigen

mit eiförmigen Flusssteinen auf den Gräbern. Die Kacheln, Bronzestatuetten und Gebrauchsgegenstände im Museum geben Einblick in das etruskische Leben. Der Marmorkopf des Kouros und die Stele mit der Göttin Persephone bezaubern in ihrem Ausdruck.

■ Via Porrettana Sud 13, Tel. 051/93 23 53, Do–So 11.15–18.30 Uhr, 3 €, erm. 2 €

Parco Storico di Monte Sole

| Historischer Park |

Der 1989 gegründete Naturpark im Bologneser Apennin umfasst die 115 Orte des von deutschen Truppen im Herbst 1944 verübten Massakers, in dem die um den Monte Sole lebende Zivilbevölkerung fast vollständig ausgelöscht wurde. Ausgehend vom Besucherzentrum Centro Visite Il Poggiolo (Wanderkarten erhältlich) lassen sich verschiedene thematische Wanderungen unternehmen. Ausblicke vom Monte Sole geben Gelegenheit zur Reflektion und bieten an klaren Tagen Sicht auf die majestätischen Gipfel von Monte Salvaro, Monte Cimone und Corno alle Scale.

■ Centro Visita »Il Poggiolo«, Via San Martino 25, Tel. 051/003 27 95, www.facebook.com/RifugioReEsistente, ganzjährig Mo 9–12.30 und 14–16.30, Mi, Do, Sa 9–12.30 Uhr

Restaurants

€ | **Il Poggiolo** Einfache, hausgemachte Gerichte (wie Kartoffeltortelloni mit Pilzen, Risotto oder Wildbret) mit Produkten der Region im Restaurant des Besucherzentrums des Parks mit Café, Restaurant und Unterkunft. ■ Via San Martino 25, Tel. 051/678 71 00, www.facebook.com/RifugioReEsistente, warme Küche Mi–So, bitte reservieren

6 Grizzana Morandi

Mittelalterliche Weiler, eine kuriose Burg und eine moderne Kirche

Information

■ Comune di Grizzana Morandi, Via Pietrafitta 52, 40030 Grizzana Morandi, Tel. 051/673 03 11

Im 3900-Einwohner-Ort Grizzana, inmitten der Hügel des Apennin zwischen den Tälern der Flüsse Reno und Setta, am Rande des Parks Monte Sole, verbrachte der aus Bologna stammende Maler und Grafiker Giorgio Morandi (1890–1964) die Sommermonate. Er sammelte Pilze, malte strohgelbe Stoppelfelder, Heuschober und die lehmhaltigen Erosionsfalten »calanchi«. Das Andenken an den großen Bologneser Maler bewahrt sein Haus am Ortseingang (Casa Museo Morandi, Località Campiaro 112, Tel. 051/673 03 11, Sa, So 15–18.30 Uhr, Führung 15.30, 16.30 und 17.30 Uhr).

Sehenswert

Chiesa di Santa Maria Assunta

| Kirche |

Die 1978 eingeweihte Kirche von Riola am Ufer des Reno ist eine architektonische Überraschung. Der Entwurf stammt vom finnischen Architekten Alvar Aalto. Die Fassade zitiert die umliegenden Hügel Montovolo, Vigese und Vigo. Mit ihrem lichtdurchfluteten Innenraum fügt sie sich organisch in die Landschaft ein – bei geöffneten Türen scheinen Innenraum und Kirchplatz eins zu werden.

■ Piazza Alvar Aalto 1, www.parrocchiariola.it, tgl. Messe um 8.30, So 10 Uhr

Rocchetta Mattei

| Burg |

Einem Märchenschloss gleich erhebt sich auf einem Felssporn die 1890 vom Grafen Cesare Mattei errichtete Burg, eine eklektische Mischung aus mittelalterlicher Gotik und maurischem Stil. Der Unternehmer behandelte hier Patienten mit seiner im 19. Jh. populären Heilmethode. Die fantasievoll gestalteten Räume sind zu besichtigen.

■ Strada Provinciale 62, Località Ponte, www.rocchetta-mattei.it, Sommer 9.30–13 und 15–17.30, Winter 10–15 Uhr (nur mit Führung), 10 €, erm. 5 €

Borgo La Scola

| Weiler |

Im malerischen La Scola scheint die Zeit stillzustehen. Sein Name vom langobardischen Wort »sculca« steht für Wachposten oder Ausguck und erinnert an die Zeit, als hier die Grenze des Exarchats von Ravenna verlief. Als die Landbevölkerung im 14. Jh. begann, verlassene Ländereien zu bewirtschaften, blühte der Ort auf. Die berühmten Steinmetze Magistri Comacini bauten die Wehrtürme in Wohnhäuser um, das Dorf wuchs über seine Grenze hinaus. Heute kümmert sich der Verein »Sculca« um den Erhalt dieses magischen Ortes und organisiert Veranstaltungen.

■ Località Vimignano, Grizzana Morandi, www.borgoscola.net

Restaurants

€€ | Ristorante Da Rotilio Handgemachte Pasta nach emilianischer Tradition, dazu Pizza aus dem Holzofen, ein Garten und ein Spielplatz für die Kleinen. ■ Località Campi Sportivi, Riola, Tel. 051/91 66 21, Mo geschl.

7 Lizzano in Belvedere

Mit Skiern oder Mountainbike unterwegs im Apennin

Information

■ Tourist Office, Piazza Marconi 6, 40042 Lizzano in Belvedere, Tel. 05 34/ 510 52 oder im Ortsteil Vidiciatico, Via Marconi 31, Tel. 05 34/531 59, www.cornoallescale.net

Der kleine Bergort Lizzano in Belvedere, 2180 Einwohner, liegt einbettet in Wäldchen und Grün am Fuße des Corno alle Scale (1945 m). Der Ort hat antike Wurzeln und ist heute Sitz des Parco Regionale Corno alle Scale. Im Winter stehen Wintersportlern 36 Pistenkilometer und ein Snowpark zur Verfügung. Im Sommer erlauben gut ausgeschilderte Wanderwege und Mountainbike-Trails das Entdecken des Parks. ■ www.cornoallescale.org

Entspannung

Schon die Etrusker kannten die Heilquellen von **Porretta Terme**, die im 13. Jh. wiederentdeckt wurden. Heute wird neben Heilkuren auch Wellness angeboten. ■ www.termediporretta.it

Events

Das seit 1987 jährlich an vier Tagen im Juli stattfindende Festival **»Porretta Soul«**, das ganz dem Soul und Rhythm and Blues gewidmet ist, bringt internationale Stars in den Ort und ist zu einem der wichtigsten Events dieser Genres in Europa geworden. ■ www.porrettasoulfestival.it

Übernachten

Bologna verfügt über Hotels aller Kategorien, von gehoben bis einfach. Hinzu kommen zunehmend B & B-Unterkünfte in der Altstadt, wo man schlicht oder im Palazzo unter Fresken übernachtet. Hotels in Bolognas Innenstadt sind teurer als Adressen außerhalb des Altstadtrings. Da in Bologna die Anfahrt in ein Innenstadthotel zur Herausforderung werden kann, übernachtet, wer Ausflüge ins Umland plant, zeitsparender außerhalb des Altstadtrings.

ADAC Spartipp

Bologna ist Messestadt. Um große Messen wie »Cosmoprof« (März) und »Cersaie« (September) werden die Hotelzimmer knapper, die Preise steigen. Alternativen sind dann B & Bs und Adressen in möglichst großer Entfernung vom Messegelände im Nordosten Bolognas.

Bologna 66

€ | Villa Azzurra Große einfache Zimmer in einer Villa am Stadtrand. Eine ruhige, preisgünstige Alternative. Mit dem Bus ist man in 20 Min. in der Innenstadt. ■ Viale Felsina 49, 40139 Bologna, Tel. 051/53 54 60, villa-azzurra-viale-felsina-49-bologna-it.hotel-mix.de

€–€€ | Molino Nuovo Ein Agriturismo mitten im Grünen, etwa 17 km östlich von Bologna, mit Tieren zum Streicheln und einem Pool. ■ Via Viara 3219, 40024 Castel San Pietro Terme, Tel. 051/694 21 51, www.molinonuovo.it

€€ | Aemilia Hotel Große und bequeme Zimmer gleich außerhalb des Altstadtrings. Die Innenstadt ist gut zu Fuß zu erreichen. Mit Dachterrasse und sehr gutem Restaurant. ■ Via Zaccherini Alvisi 16, 40138 Bologna, Tel. 051/394 03 11, www.aemiliahotel.it

€€ | Il Guercino Freundlich geführtes, gemütliches Hotel in einem ruhigen Innenhof nördlich des Hauptbahnhofs. Ca. 25 Min. zu Fuß in die Altstadt. ■ Via Luigi Serra 7, 40129 Bologna, Tel. 051/36 98 93, www.guercino.it

€€–€€€ | Casa Bertani Elegantes B & B mit sechs Zimmern in einem Palazzo in der Nähe der Pinacoteca Nazionale. Privatparkplatz gegen Aufpreis verfügbar. ■ Giovanni Battista de Rolandis 7, 40126 Bologna, Tel. 346/323 98 93, www.casabertagni.it

7 **€€–€€€ | Hotel Cavour** Sehr zentral gelegenes, frisch renoviertes Haus mit modernen und großen Zimmern, das die Erwartungen an ein Drei-Sterne-Hotel mehr als erfüllt. Private externe Garage in der Nähe. ■ Via Goito 4, 40126 Bologna, Tel. 051/22 81 11, www.cavour-hotel.com

€€–€€€ | Il Convento dei Fiori di Seta Schönes kleines Hotel in einem ehemaligen Kloster aus dem

15. Jh. nahe dem Stadtpark. Leihräder. ■ Via Orfeo 34/4, 40124 Bologna, Tel. 051/22 16 97, www.ilconventodeifioridiseta.it

€€€ | **Art Hotel Orologio** Edel ausgestattete Zimmer in einem Altstadtpalazzo, teilweise mit Blick auf die Due Torri, garantieren einen exklusiven Aufenthalt. ■ Via IV Novembre 10c, 40123 Bologna, Tel. 051/745 74 11, de.art-hotel-orologio.com

Imola 79

€ | **Ziò** Kleines Hotel in der Altstadt, in der Nähe zur Burg als auch zur Rennstrecke. Einfache und saubere Zimmer, besonders hübsch sind die Mansardenzimmer. ■ Viale Nardozzi 14, 40026 Imola, Tel. 05 42/352 74, www.hotelzioimola.com

Dozza 81

€ | **Agriturismo Ravaglia Grande** Sechs Zimmer in einem Landhaus inmitten von Weinreben. Abends Degustationen des eigenen Weins. ■ Via di Mezzo 86, 40060 Dozza, Mobil 347/645 87 98, www.ravagliagrande.com

Marzabotto 83

€–€€ | **Chiesa Ignano 1778** Agriturismo mitten im grünen Park Monte Sole mit leckerem Frühstück. In den Sommermonaten Pool und Jacuzzi im Freien, schöner Rosengarten. Ideale Lage für Ausflüge in die Umgebung. ■ Via Allocco 37, 40043 Marzabotto, Frazione Allocco, Tel. 340/616 36 33, www.chiesaignano.com

Lizzano in Belvedere 85

€ | **Montepizzo** Gemütliches, familiengeführtes Hotel mit Wellness-Bereich im Zentrum von Lizzano. Parkplatz am Hotel verfügbar. ■ Piazza Don A. Montanari, 40042 Lizzano in Belvedere, Tel. 05 34/510 55, www.hotelmontepizzo.it

ADAC Das besondere Hotel

Torre dei Prendiparte Eine romantische Nacht zu zweit mit Panoramaterrasse? Für alle, die trotz vieler Treppen auf einen Aufzug verzichten können, ist die Suite in der Torre dei Prendiparte, einem der verbliebenen Geschlechtertürme Bolognas, die wohl exklusivste Wahl. Von der Panoramaterrasse in 60 m Höhe genießt man einen unvergleichlichen Blick auf die Stadt und die Hügel der Umgebung.
€€€ | Torre Prendiparte, Piazzetta Prendiparte 5, 40126 Bologna, Tel. 335/561 68 58, www.prendiparte.it

Piacenza und Parma – Residenzstädte und Burgen

Die Region überzeugt mit Kunstschätzen der farnesischen Herzöge, Burgdörfern und kulinarischen Superstars

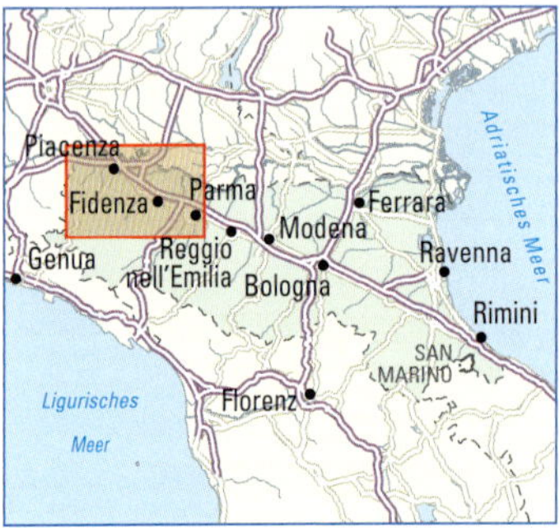

Ihrer strategischen Lage verdankt die Stadt Piacenza die Rolle als Handelszentrum – bis heute. Weil der Piacentiner Adel Pier Luigi Farnese ermorden ließ, ist ihre Rolle als Residenzstadt hingegen kurz. Die Farnese verlegten ihren Hof nach Parma, Piacenza blieb Provinzstadt. Den farnesischen Herzögen verdankt Parma bedeutende Kunstwerke, der Habsburgerin Marie-Louise das Aufblühen der Stadt zum »Klein-Paris«. Um Parma, Zentrum einer fruchtbaren Agrarregion, wird der berühmte Parmaschinken und der Hartkäse Parmigiano-Reggiano produziert. An das Operngenie Giuseppe Verdi erinnern die Orte um Busseto nördlich von Parma. Von der Bedeutung der Klöster im Mittelalter zeugt die Abtei von Bobbio im Val Trebbia. Imposante Burgen wie Torrechiara und Burgdörfer wie Castell'Arquato südlich von Piacenza und Parma erzählen vom Leben im Mittelalter.

In diesem Kapitel:

ADAC Top Tipps:

3 **Duomo und Battistero, Parma**
| Sakralbauten |

Geniestreich des Bildhauers Benedetto Antelami: Durch die reiche Gliederung der Fassade und ihren Schmuck wirkt seine Taufkapelle wie eine Skulptur. Im Dom fesseln der Freskenschmuck und Correggios geniales Spiel mit der Perspektive. 97/98

4 **Palazzo della Pilotta, Parma**
| Palast |

Von außen wirkt der unvollendete Bau etwas düster. Innen überzeugen das einzigartige Teatro Farnese mit den ersten beweglichen Kulissen und die Galleria Nazionale mit Meisterwerken von Leonardo da Vinci und Parmigianino. 99

5 Castello di Torrechiara, Langhirano

| Burg |

Von der schönsten Burg Norditaliens blickt man auf den Parma-Fluss und die schneebedeckten Gipfel des Apennin. Höhepunkt des Rundgangs ist die mit Fresken ausgemalte Camera d'Oro. 105

ADAC Empfehlungen:

8 Castell'Arquato

| Burgdorf |

Intaktes mittelalterliches Wehrstädtchen über der Arda mit Burg, vielen Palazzi und angenehmen Restaurants. 92

9 Da Faccini, bei Castell' Arquato

| Restaurant |

Bodenständige Piacentiner Küche und herzliche Gastlichkeit – so ist es einfach, sich wie bei Freunden zu fühlen. Die leckere Wurst vom Aperitif kauft man im Laden nebenan. 93

10 Val Trebbia

| Landschaft |

Malerisches Flusstal inmitten einer Hügellandschaft aus Feldern, Wiesen und Rebhängen, mit steinerner Bogenbrücke und einer mächtigen Abtei. 94

11 Camera di San Paolo, Parma

| Fresken |

Die lebensfrohen Fresken Correggios, Meister des Illusionismus, in den Privaträumen der Äbtissin des Klosters San Paolo geben einen Einblick in das Lebensgefühl einer Äbtissin in der Hochrenaissance. 99

12 Palazzo dalla Rosa Prati, Parma

| Hotel |

Hier schlummert der Gast in exklusiver Lage. Der historische Palazzo mit schönen Zimmern und Apartments befindet sich direkt an Parmas Domplatz. 109

8 Piacenza

Charmante Altstadt, Zeugnisse aus Mittelalter und Renaissance

Information

■ IAT, Piazza Cavalli 7/Ecke Via Calzolai, 29121 Piacenza, Tel. 05 23/49 20 01, visitpiacenza.it/piacenza

Die ruhige Provinzstadt Piacenza mit ihren 102 500 Einwohnern gilt wegen der strategischen Lage am Beginn der Poebene als Tor zur Emilia. Um die Furt über den Po zu sichern, gründeten die Römer hier 218 v. Chr. eine Militärstation. Der römische rechtwinklige Straßenverlauf ist noch zu erkennen. Die gleichzeitige Lage an den Römerstraßen Via Emilia (nach Rimini) und Via Postumia (verband Aquileia mit Genua) machte Piacenza zum wichtigen Handelszentrum. Bis heute ist die Industrie- und Handelsstadt ein Knotenpunkt von Eisenbahnlinien und Autobahnen. Doch hinter den Industriegebieten verbirgt sich eine schöne, große Altstadt voller prächtiger Bürgerhäuser, die zum Flanieren einlädt. Besucher erleben wertvolle Zeugnisse aus Mittelalter und Renaissance und prächtige Kirchen, ohne großen Touristenansturm.

Sehenswert

Piazza Cavalli

| Platz |

Die zentrale Piazza dei Cavalli flankieren zwei bronzene Reiterstandbilder (1620–1625) von Francesco Mochi, die Herzog Alessandro Farnese und seinen Sohn Ranuccio I. zeigen. Die dynamische Darstellung der Bewegung der Statue Alessandros wurde für den Barock beispielgebend. Den Platz dominiert das mittelalterliche Rathaus (ab 1281), wegen der mächtigen Arkaden in Form gotischer Spitzbögen auch »Il Gotico« genannt. Der Bau geht auf Alberto Scoto zurück, der ab 1290 Herrscher in Piacenza war. Heute finden in dem Palast Ausstellungen und Events statt.

■ Piazza Cavalli 1

Musei Civici di Palazzo Farnese

| Museum |

Die Farnese, seit dem 16. Jh. Herzöge in Piacenza, begannen mit dem Bau eines Palastes, der jedoch aus Geldmangel unvollendet blieb. Der Palasttorso wurde nie als Residenz genutzt und diente sogar als Kaserne. Nach einer langen Restaurierung zogen die Städtischen Museen ein. Ihre Sammlungen umfassen mittelalterliche Fresken, frühgeschichtliche Funde im Archäologischen Museum, Waffen, eine Kutschensammlung und die Gemäldekollektion der Farnese, mit einem kostbaren Rundmedaillon von Sandro Botticelli.

■ Piazza Citadella 29, www.palazzofarnese.piacenza.it, Di–Do 10–13 und 15–18, Fr–So 10–18 Uhr, 10 €, erm. 7 €

ADAC Wussten Sie schon?

Beim Palazzo Farnese liegt die Renaissancekirche **San Sisto** (Via San Sisto 9), für die Raffael seine berühmte »Sixtinische Madonna« malte. Die Benediktiner verkauften das Bild 1754 an August III., weshalb es heute in der Dresdner Gemäldegalerie hängt und in San Sisto nur eine Kopie.

Duomo Santa Maria Assunta

| Kirche |

Die Bummelmeile Via XX Settembre verbindet die Piazza dei Cavalli mit dem begrünten Domplatz. Der Dombau begann im Jahr 1122 als romanische Basilika, bei Fertigstellung 1233 waren viele gotische Elemente hinzugekommen, wie etwa die große Fensterrose und das Gewölbe im Hauptschiff. Die herrlichen Fresken in Chor und Apsiden des gewaltigen Innenraums stammen von den Künstlern Lodovico Carracci und Camillo Procaccini, die Kuppelfresken malte »Il Guercino«. In der Krypta beeindrucken 108 Säulen mit kunstvollen Kapitellen, die alle verschieden sind.

■ Piazza Duomo, www.cattedralepiacenza.it, tgl. 8.30–12.30 und 15.30–19.30 Uhr, Aufstieg zur Kuppel 15, 16 und 17 Uhr, 10 €

Piacenzas Dom und Campanile: ein Stilmix aufgrund der langen Bauzeit

Galleria d'Arte Moderna Ricci Oddi

| Museum |

Einen Überblick über die italienische Kunst des 19. Jh. und frühen 20. Jh. gibt die Sammlung des Juristen und Kunstliebhabers Giuseppe Ricci Oddi, die er 1924 seiner Heimatstadt übereignete.

■ Via San Siro 13, www.riccioddi.it, Mo–Do 9.30–13, Fr–So 9.30–13 und 15–18 Uhr, 9 €, erm. 5 €

Parken

Die Altstadt von Piacenza lässt sich gut zu Fuß erschließen. Kostenlos ist der Parcheggio Ambrogio (Via Ambrogio) in der Nähe von Bahnhof und Palazzo Farnese. Kostenpflichtige Parkplätze befinden sich entlang der Stradone Farnese (in der Nähe zur Galleria d'Arte Moderna Ricci Oddi).

Restaurants

€–€€ | Lo Fai Trendiges Lokal in der Altstadt mit veganer Bioküche. ■ Via Cavalletto 4, Tel. 351/573 56 51, www.lofai.net, Mo, Di 10.30–16, Mi–Sa 10.30–15 und 19–24 Uhr

€€ | Osteria del Trentino Eine der ältesten Osterien Piacenzas, bis heute familiengeführt. Der Name bezeugt die Wurzeln des Gründers, die Küche ist lokaltypisch: weder »agnolini« noch »pisarei e fasò« fehlen auf der Karte. ■ Via Castello 71, Tel. 05 23/32 42 60, So, Mo geschl.

€€ | Trattoria San Giovanni Nahe der Piazza Cavalli liegt das moderne, frisch renovierte Traditionslokal mit hohen Gewölbedecken. Lokale Wurstspezialitäten und feine Piacentiner

Küche. ■ Via Garibaldi 49a, Tel. 05 23/ 32 10 29, www.trattoriasangiovanni.net, So-Abend und Mo geschl.

€€ | Vecchia Piacenza Regionale Spezialitäten in historischen, reich mit Ornamenten verzierten Räumen. ■ Via San Bernardo 1, Tel. 05 23/30 54 62, Mi, Do geschl. nur abends, So auch mittags

9 Castell'Arquato

8 *Mittelalterliches Städtchen mit wehrhafter Burg*

Information

■ IAT, Piazza Municipio 1, 29014 Castell' Arquato, Tel. 05 23/80 32 15, www.castellarquatoturismo.it

Eindrucksvoll erhebt sich das Wehrstädtchen mit seinen 4680 Einwohnern über dem Ardatal. Mit seinen Kirchen, der Burg und den hübschen Palazzi gehört es zu den schönsten Orten in der Emilia. Bis zum 13. Jh. regierten die Piacentiner Fürstbischöfe den Ort, der u.a. dem Schutz einer Pilgerstraße durch das Tal der Arda diente, einer Alternativroute der Via Francigena in die Toskana. Im Mittelalter bauten die herrschenden Familien der Scotti, Visconti und Sforza es zu einer Festungsstadt aus.

Sehenswert

Rocca Viscontea

| Burg |

Dank ihrer Quelle konnte die im 14. Jh. auf Initiative Piacenzas erbaute und von den Visconti befestigte Wehrburg Belagerungen widerstehen. Der 42 m hohe Turm »Mastio« diente im Mittelalter der Kommunikation, dem Wegeschutz und als letzter Rückzugsort und im 19. Jh. als Gefängnis.

■ Piazza Municipio, Nov.–Feb. Sa, So, Fei 10–13 und 14–17, Di–Fr Führungen um 10.30 und 14.30 Uhr, 16. März–Juni/Mitte Aug.–Okt. Di–So 10–12.30 und 14–17.30, April, Mai, Sept. auch Mo, Juli–Mitte Aug.

Zu jeder Jahreszeit ein Blickfang: Castell'Arquato und seine zinnenbekrönte Burg

Sa, So, Fei 10–13 und 15–18 Uhr, Di–Fr Führungen 10.30, 11.30, 15.30, 16.30, 17.30 Uhr, 5 €, erm. 4 €

Collegiata di Santa Maria

| Kirche |

An der Kollegiatskirche (1117–1122) fällt die Chorpartie mit vier Apsiden auf, im rein romanischen Inneren wunderschöne Kapitelle mit Pflanzen- und Tiermotiven. Der Fußboden des Baptisteriums mit Taufbrunnen liegt tiefer und muss noch älter sein. Das Mauerwerk aus Sandstein enthält zahlreiche Fossilien. Das Museo della Collegiata gegenüber betritt man durch einen atmosphärischen Kreuzgang mit hölzernen Loggien.

■ Piazza del Municipio, April–Sept. 9–12.30 und 15–19, Okt.–März 9.30–12 und 14.30–17 Uhr

Museo Geologico

| Museum |

In der erdgeschichtlichen Periode des Pliozäns (die Teilperiode vor 3 Mio. Jahren heißt nach Piacenza »Piacenzium«) war die Poebene Teil des urzeitlichen Meeres. Zahlreiche Fossilienfunde aus dieser Zeit sind hier zu sehen, darunter ein Finnwalskelett.

■ Via Sforza Caolzio 57, Tel. 05 23/80 32 15, www.museogeologico.it, Di–Fr 12–15, Sa, So, Fei 10–12.30 und 14–17.30 Uhr, 3,50 €, erm. 2,50 €

Restaurants

€€ | Taverna del Falconiere In diesem stilvoll dekorierten Lokal genießt man Klassiker der regionalen Küche und dazu die schöne Aussicht auf die umliegenden Hügel. ■ Piazza del Municipio 5, Tel. 05 23/80 51 55, www.tavernadelfalconiere.com, ab 19.30 Uhr

9 **€€ | Da Faccini** In dieser Piacentiner Trattoria fühlt man sich eher als guter Freund denn als Gast. Die köstliche Salami vom Aperitif kann man im Laden nebenan kaufen. ■ Strada Provinciale 6 Nr. 10, Località Sant'Antonio, Tel. 05 23/89 63 40, www.ristorantecastellarquato.it, Mi geschl.

In der Umgebung

Chiaravalle della Colomba

| Kloster |

Zwischen der A1 und der Via Emilia liegt diese wunderschöne Abtei, die französische Zisterziensermönche im Jahr 1135 gründeten. Juwel der Anlage ist der stimmungsvolle Kreuzgang. Zu Fronleichnam legen die Mönche in der Basilika vielfarbige Blütenteppiche aus (»Infiorata« Mai bis Juni).

■ Via San Bernardo, www.chiaravalledellacolomba.it, tgl. 8.30–12 und 14.30–18.30 Uhr

Vigoleno

| Burgdorf |

Auf einem Hügel im Tal des Stirone liegt das mittelalterliche Burgdorf, die intakte Anlage ist komplett von einer zinnenbewehrten Mauer umgeben.

Velleia Romana

| Ausgrabungsstätte |

Ausgrabungen 20 km südlich von Castell'Arquato förderten 1747 die römische Bronzetafel »Tabula Alimentaria« zutage, die heute im Palazzo della Pilotta in Parma (S. 99) ausgestellt ist. Vom einst reichen Velleia sind Reste von Therme und Forum und ein kleines Museum mit Ausgrabungsfunden erhalten geblieben. Im Sommer lockt das Festival »Teatro Antico«.

■ www.veleiateatro.com

10 Bobbio und Val Trebbia

Malerisches Flusstal, mächtige Abtei und eine bucklige Brücke

Information

■ IAT, Piazza San Francesco 1, 29022 Bobbio, Tel. 05 23/96 28 15, visitpiacenza.it/val-trebbia

Schon in der Jungsteinzeit siedelten Menschen am Ufer der Trebbia, die Römer kamen 14 v. Chr. Der irische Wandermönch Columban gründete 614 in Bobbio ein Kloster, das rasch wuchs. Im Scriptorium kopierten die Mönche emsig antike Schriften und erhielten sie so der Nachwelt, darunter Ciceros »De re publica«. Nach seiner Eroberung von Pavia (774) schenkte Karl der Große dem Kloster neue Ländereien und seinen Schutz. Dank seiner Schule, der Bibliothek und des Skriptoriums entwickelte sich Bobbio zum bedeutenden kulturellen und religiösen Zentrum im mittelalterlichen Italien, wurde 1014 sogar Bischofssitz. Bei Auflösung des Klosters unter Napoleon 1801 wurden die verbliebenen Handschriften versteigert, sie schmücken heute Bibliotheken in Verona, Mailand und im Vatikan. Bobbio wiederum schmückt sich zu Recht mit dem Titel, eines der »borghi più belli d'Italia«, der schönsten Orte Italiens, zu sein. Am Oberlauf des Flusses sind viele Aktivitäten möglich, darunter Wandern, Baden, Kanufahren (www.valtrebbiaexperience.com). Die landschaftlich reizvolle Strecke von Piacenza durch das Val Trebbia über den Apennin in Richtung Genua ist besonders bei Motorradfahrern beliebt.

Sehenswert

Abbazia di San Columbano

| Museum |

Das heutige Klostergebäude stammt aus dem 15. Jh., als Bobbio zum Benediktinerorden gehörte und seine herausragende Bedeutung schon verloren hatte. Das Museo dell'Abbazia in den Räumen des Skriptoriums zeigt Objekte aus der Klostergeschichte. Im Refektorium befindet sich das Stadtmuseum Museo della Città.

■ Piazza Santa Fara, Tel. 05 23/93 62 19, saisonal variierende Öffnungszeiten, 6 €, erm. 4 €

Basilica di San Columbano

| Kirche |

Die Basilika wurde zwischen 1456 und 1522 errichtet, von der Vorgängerkirche aus dem 9. Jh. sind nur Teile von Turm und Apsis sowie die Krypta erhalten. In der dreischiffigen Basilika auf lateinischem Kreuzgrundriss sticht das hölzerne Chorgestühl (1488) heraus. In der Krypta beeindruckt ein 10 x 10 m großes romanisches Fußbodenmosaik (12. Jh.). Im Marmorsarkophag in der Mitte ruhen die Gebeine des Klostergründers.

■ Piazzetta di San Columbano, tgl. 8–19 Uhr

Ponte Gobbo

| Brücke |

In elf ungleichen Bögen schwingt sich die mehrfach restaurierte Ponte Gobbo (Buckelbrücke) wagemutig über das Trebbia-Tal. Sie könnte römische Ursprünge haben. Die Sage berichtet hingegen, dass sie nur mit der Hilfe Luzifers gebaut werden konnte, der die Bögen über die Rücken verschieden großer Teufelchen formte.

Steinernes Erbe: die sogenannte Buckelbrücke mit elf ungleichen Jochbögen

Parken

Auf dem Parkplatz der Piazza XXV Aprile haben Sie auch am Markttag (Sa) die Chance, einen Parkplatz zu finden.

Restaurants

€€ | Ristorante Enoteca San Nicola Kunstsinnig eingerichtetes Restaurant mit ausgezeichneter Weinauswahl in den Räumen eines Nonnenklosters. Genauso gut ist die Piacentiner Küche. Übernachtungsmöglichkeit in farbenfrohen Zimmern vorhanden. ■ Via San Nicola 11, Tel. 05 23/93 23 55, www.ristorantesannicola.it, Mo, Di geschl.

Einkaufen

Azienda Moizo Scotti Weinproduzenten in Bobbio seit 1892. Im Geschäft stehen die eigenen Weine zum Verkauf. ■ Contrada di Porta Nova 22a, tgl. 9–12.30 und 16–19 Uhr, Do geschl.

Sport

Ab Marsaglia (Ortsteil von Corte Brugnatella) am Oberlauf der Trebbia bietet der Verein Rockandrivers **Kajaktouren** an. ■ www.rockandrivers.com, Sa, So, ab April, mit Anmeldung

Wandern

Im Trebbia-Tal lassen sich schöne Wanderungen unternehmen. Die Wege sind vom italienischen Alpenverein CAI markiert und auf Karten verzeichnet. Eine Rundwanderung führt entlang des Sentiero 143 von Bobbio nach Marsaglia (ca. 13 km, 6 Std.) und bietet unterwegs herrliche Ausblicke auf den Monte Penice (1460 m) und den Trebbia-Fluss.

11 Parma

Kunstschätze, Musik, Eleganz und kulinarische Genüsse

Optischer Hochgenuss: Piazza Duomo mit Dom, Campanile und Baptisterium

Information

- IAT, Piazza Garibaldi 1, 43121 Parma, Tel. 05 21/21 88 89, www.turismo.commune.parma.it
- Parken: siehe S. 100

Dank kulinarischer Superstars wie Hartkäse Parmigiano Reggiano und Parmaschinken ist die Stadt mit heute 197 300 Einwohnern in aller Munde und wurde 2015 von der UNESCO zur Kreativstadt für Gastronomie ernannt. Große Parks, der Fluss Parma, arkadengesäumte Straßen, die angenehme Größe: Parma ist ein idealer Ort für Erkundungen. Als »piccola capitale« (kleine Hauptstadt) besitzt die ehemalige Fürstenresidenz eine Fülle einzigartiger Kunstschätze, die sie in den Rang einer europäischen Hauptstadt erheben. Stendhal verewigte sie in seinem Roman »Die Kartause von Parma«. Bedeutende Musiker wie der hier geborene Dirigent Arturo Toscanini oder der Geiger Niccolò Paganini verbinden ihren Namen für immer mit der Musik. Im Land Verdis erklingt der Triumphmarsch aus »Aida« vor Heimspielen des lokalen Fußballvereins. Das Teatro Regio, an dem Verdi Triumphe feierte, erfreut sich eines ausgezeichneten Rufs, Festivals und Konzerte wie im jüngst eröffneten Auditorium Pa-

Plan S. 98

ganini machen die Stadt zum perfekten Ziel für Musikliebhaber.

Sehenswert

1 Madonna della Steccata

| Kirche |

Der von 1521 bis 1539 errichtete Zentralbau mit seiner ausgewogenen Gliederung ist ein imposantes Beispiel für die Architektur der Hochrenaissance und erinnert an einen Entwurf Bramantes für den Petersdom in Rom. Im Inneren des Gotteshauses beeindruckt die reiche Ausstattung, besonders die Fresken von Parmigianino am Chorbogen (1530–1539). Das Kuppelfresko mit Mariä Himmelfahrt (1560–1570) stammt von Bernardino Gatti. Von der Kirche gelangt man ins Museo Costantiniano (Via Dante 8a, www.museocostantinianodellasteccata.it, Mo–Fr Führungen um 10, 11, 16 und 17 Uhr, Sa, So nur nachmittags, 5 €) um die wandhohen, mit kostbaren Schnitzereien versehenen Holzschränke der Sakristei mit den Schätzen des im 4. Jh. gegründeten Konstantinordens zu bestaunen.

■ Piazza Steccata 9, tgl. 7.30–12 und 15–18.30 Uhr

2 Duomo

| Kirche |

3 *Prächtige Fresken, Correggios geniales Spiel mit der Perspektive*

In der Cattedrale di Santa Maria Assunta trifft die romanische Bildhauerkunst mit ihrer Konzentration auf das Wesentliche auf die oft spannungsgeladene Pracht der manieristischen Malerei der Hochrenaissance. Die Konstruktion des romanischen Doms begann im 11. Jh., der gotische Campanile kam im 13. Jh. hinzu. Zwerggalerien schmücken die Sandsteinfassade mit ihren drei Portalen. Zwei säulentragende Löwen aus Marmor flankieren das Hauptportal. Das Innere der dreischiffigen Basilika mit Emporen (ital. »matroneo«) malten manieristische Meister komplett mit Szenen aus Christi Leben und dem Alten Testament aus. Correggios Kuppelfresko, eine illusionistische Darstellung Mariä Himmelfahrt (1526–1534), zeigt ein sinnliches Knäuel aus Engeln und Heiligen in einem Wolkentrichter, die die Jungfrau in den Himmel geleiten. Das

Relief der Kreuzabnahme (1178) im südlichen Querschiff zeigt die genaue und sichere Meißelführung des jungen Benedetto Antelami.

■ Piazza Duomo, www.piazzaduomoparma.com, Mo–Sa 7.45–12 und 15–19.20, So 7.45–10.30 und 15–19.20 Uhr

3 Battistero

| Taufkapelle |

3 *Eindrucksvolles Zusammenspiel von Architektur und Skulptur*

Benedetto Antelamis eleganter, vielfach gegliederter Entwurf der Taufkapelle ist ein Meisterstück am Übergang von der Romanik zur Gotik und entstand zwischen 1196 und 1216. Rosa und weiße Quader aus Veroneser Marmor formen ein achteckiges Prisma, dessen Fassade Säulenloggien auflockern. Auf Augenhöhe verläuft ein Fries mit Tieren und Fabelwesen wie Sirenen und Kentauren, die Unheil abwehren sollen. Im imposanten Inneren teilen Steinrippen die Kuppel in 16 Felder, die Meister aus der Poebene im 13. Jh. mit Szenen aus dem Alten Testament ausmalten. Die Skulpturen in den Säulengalerien aus der Werkstatt des Antelami sind Höhepunkte der Ausstattung: Allegorische Monatsbilder zeigen bäuerliches Leben, das Beschwingtheit statt Mühsal ausstrahlt.

■ Piazza Duomo, Tel. 05 21/20 86 99, www.piazzaduomoparma.com, tgl. 10–18 Uhr, 12 €, erm. 10 € (mit Museo Diocesano, inkl. Audioguide)

4 Museo Diocesano

| Museum |

Der Bischofspalast gegenüber der Taufkapelle beherbergt das Diozösanmuseum, das die Entwicklung des bischöflichen Komplexes von der Spätantike bis ins Hochmittelalter zeigt. Interessante Fundstücke sind eine

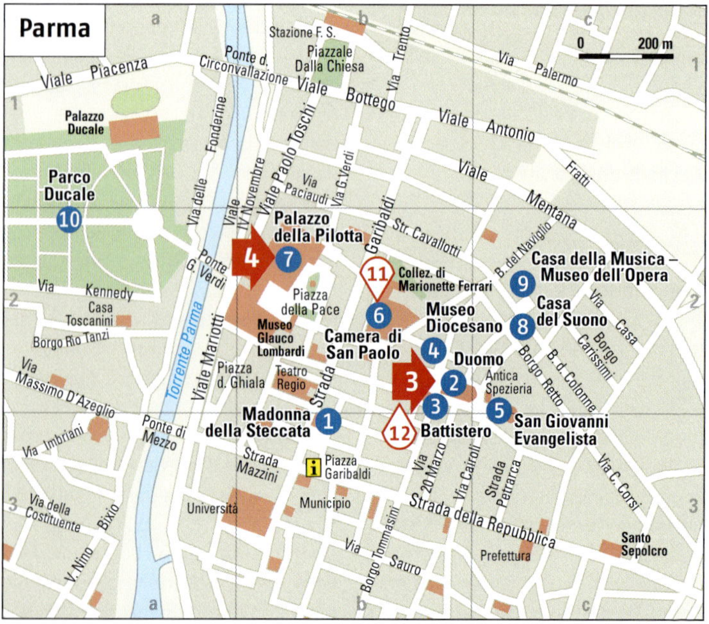

spätantike Öllampe mit Christusmonogramm, romanische Kapitelle und sechs Statuen aus der Werkstatt Benedetto Antelamis, die sich in den Außennischen an der Nordseite der Taufkapelle befunden haben.

■ Piazza Duomo, Tel. 05 21/20 86 99, www.piazzaduomoparma.com, tgl. 10–18 Uhr, 12 €, erm. 10 € (mit Battistero, inkl. Audioguide, auch auf Deutsch)

5 San Giovanni Evangelista

| Kirche |

Die zu einem Benediktinerkloster gehörende Renaissancekirche beeindruckt mit reichen Wandmalereien, die bedeutendsten stammen von Correggio und seiner Werkstatt (1520–1523). Die Kuppel zeigt die »Vision des Evangelisten Johannes«, in der Christus ihm seinen zukünftigen Platz im Kreise der Apostel zeigt. In der 1., 2. und 4. Kapelle des linken Seitenschiffes schuf der junge Parmigianino einige Wandmalereien, die bereits die für ihn typische vornehme Gestik zeigen. Sehenswert sind zudem die Intarsien des Chorgestühls und die drei stimmungsvollen Kreuzgänge. Um die Ecke geht es in die historische Klosterapotheke Antica Spezieria di San Giovanni (Borgo Pipa 1a, derzeit wegen Renovierung geschl.) mit originalen Arzneigefäßen und Mörsern.

■ Piazzale San Giovanni 1, Tel. 05 21/165 15 08, tgl. 8.30–12 und 16–19 Uhr

6 Camera di San Paolo

| Fresken |

11 *Mit diesen zauberhaften Fresken debütierte Correggio in Parma*

Giovanna di Piacenza, Äbtissin des Klosters San Paolo, beauftragte Correggio um 1518 mit der Dekoration privaten Speisesalons, sein erster Auftrag in Parma. Über monochrome Lünetten mit allegorischen Szenen malte Correggio eine Pergola aus Bambusgeflecht, welche die sich schirmförmig aufspannende Decke zu ignorieren scheint. Spielende Putten in 16 Medaillons verleihen dem Raum eine heitere Atmosphäre und geben Einblick in das Lebensgefühl einer hochgebildeten, eigenständigen Frau adliger Herkunft, die mit Gelehrten und Humanisten korrespondierte und neuen Ideen aufgeschlossen gegenüberstand. Die nach ihrem Tod 1524 verschlossenen Räume wurden erst im 18. Jh. wiederentdeckt.

■ Via M. Melloni 3, Tel. 05 21/21 82 15, Mo, Do, Fr 9.30–17.30, Sa, So bis 18.30 Uhr, 8 €, erm. 6 € (Automat nimmt Münzen und Kreditkarten)

7 Palazzo della Pilotta

| Palast |

4 *Monumentales Theater, Gemäldesammlung der Farnese*

Aus der Vorgängerburg der Visconti entstand ab 1583 der erste Gebäudeteil des wuchtigen Regierungspalastes der Farnese, dessen Name auf das bei Adligen beliebte Spiel »pelota« zurückgeht, das in einem der Höfe gespielt wurde. Der Anfang des 17. Jh. erweiterte Bau blieb unvollendet. Die Kriegsschäden vergrößern das etwas trostlose Äußere des Palastes, der heute Sitz mehrerer Museen ist. Das Museo Archeologico Nazionale im Erdgeschoss beherbergt Funde aus der Bronzezeit wie der Terramare-Kultur, etruskische und griechische Kunst und eine große Sammlung aus der Römerzeit. Höhepunkte sind die zwölf Marmorstatuen römischer Herrscher und die Bronzetafel »Tabula alimentaria«, die größte jemals gefundene römische Inschrift, beides Funde aus Velleia südlich von Piacenza (S. 90). Mit dem 1618 in weniger als einem Jahr ganz aus Tannenholz erbauten Teatro Farnese gelang dem Architekten Giovanni Battista Aleotti ein Geniestreich. Auf 22 m Höhe, 87 m Länge und 32 m Breite verteilen sich Ränge und Galerien – Platz für fast 4000 Zuschauer. Während der ersten Aufführung anlässlich der Hochzeit von Odoardo Farnese mit Margherita de' Medici am 21. Dezember 1628 wurde die Bühne für eine Seeschlacht geflutet. Mit den ersten beweglichen Kulissen und der U-Form des Zuschauerbereichs wurde das Teatro zum Vorreiter moderner Theaterarchitektur. Die Galleria Nazionale, Gemäldesammlung der Bourbonen, stellt Werke von Benedetto Antelami, Parmigianino, Correggio, Leonardo da Vinci sowie herausragenden flämischen und emilianischen Meistern aus.

■ Piazzale della Pilotta, Tel. 05 21/23 33 09, complessopilotta.it, alle Museen: Di–So 10.30–19 Uhr, 16 €, erm. 3 €

ADAC Spartipp

In staatlichen Museen haben am ersten Sonntag im Monat alle Besucher **freien Eintritt**.

8 Casa del Suono

| Museum |

Von Phonographen über Grammofon und Kassettenrekorder bis zur CD und zum MP3-Player: Anhand einer Sammlung von Kommunikations- und Wiedergabegeräten geht es im Klangmuseum auf eine Zeitreise durch die Welt der Kommunikation.

■ Piazzale Salvo d'Aquisto 1, Tel. 05 21/ 03 11 03, www.casadelsuono.it, Mi–So 10–18 Uhr, Eintritt frei

9 Casa della Musica – Museo dell'Opera

| Museum |

Das Opernmuseum, Teil der Casa della Musica im Palazzo Cusani, zeigt Objekte aus 400 Jahren Musiktheater in Parma wie Fotos, Videos und Partituren.

■ Piazzale San Francesco 1, Tel. 05 21/ 03 11 70, www.operamuseo.parma.it, Mi–So 10–18 Uhr, Eintritt frei

10 Parco Ducale

| Park |

Auf der westlichen Flussseite Oltretorrente an der Verdibrücke beginnt der 20 ha große herzogliche Park mit altem Baumbestand. Der nördlich der Rotonde gelegene Palazzo Ducale (Sitz der Carabinieri, nicht zu besichtigen) ist ein Entwurf von Giacomo Barozzi da Vignola (1561–1564). Das warme Gelb, in dem die Fassade im 18. Jh. gestrichen wurde, setzte einen Trend und ziert seither viele Gebäude.

■ Nov.–März tgl. 7–20, April–Okt. tgl. 6–24 Uhr

Parken

Die vier P&R Parkplätze außerhalb des für Nichtanwohner gesperrten Altstadtbereichs »parcheggi scambiatore« sind kostenlos. Näher am Zentrum liegen die Parkhäuser Goito (Via Goito 2,30 €/Std.) und Toschi (Via Toschi 2, 3 €/Std.), www.infomobility.pr.it.

Restaurants

€ | **Enoteca Fontana** Die Weinbar mit Osteria in der Strada Farini ist eine gute Adresse für Verkostung von Käse- und Wurstspezialitäten. ■ Strada Farini 24a, Tel. 05 21/28 60 37, Di–Sa 12–14.30 und 17–22 Uhr, Plan S. 98 b3

€€ | Cocchi Emilianische Küche in Oltretorrente im frisch renovierten Hotel Daniel. ■ Via Gramsci 16a, Tel. 05 21/98 19 90, www.ristorantecocchi.it, tgl. außer Sa 12.15–14.15 und 19.15–22 Uhr, Plan S. 98 westl. a1

€€ | Osteria del 36 Frische hausgemachte Pasta wie »tortelli d'erbetta« (Ravioli mit Mangold) ist nur eines der vorzüglichen Gerichte in dem Traditionslokal. ■ Via Saffi 26a, Tel. 05 21/28 70 61, So geschl., Plan S. 98 c3

€€€ | Parizzi Eine ehemalige Osteria ist heute Parmas modernstes Gourmetrestaurant. Ein Ort für Interpretationen von Klassikern der italienischen oder internationalen Küche. ■ Strada della Repubblica 71, Tel. 05 21/28 59 52, www.ristoranteparizzi.it, Di–So, Plan S. 98 c3

Einkaufen

La Prosciutteria Pasta, Käse und Parmaschinken satt im ältesten Spezialitätengeschäft der Stadt. ■ Strada Farini 9c, www.silvanoromaniparma.it, Mo–Sa 8.30–13.30 und 16.30–19.30, So 9–13 Uhr, Plan S. 98 b3

Sorelle Picchi Wurstspezialitäten wie »culatello« und andere regionale Produkte. Mit angeschlossener Trattoria. ■ Strada Farini 27a, Tel. 05 21/185 59 66, tgl. 9–22 Uhr, Plan S. 98 b3

Bühne

Teatro Regio Parmas renommiertes Theater (Besichtigungen Di–Sa 11–13, und 17–19 Uhr) wurde auf Initiative der Habsburgerin Marie-Louise von Österreich (1821–1829) erbaut. Ende September findet hier und in Busseto (S. 102) das »Festival Verdi« statt. ■ Strada Garibaldi 16, Tel. 05 21/20 39 99, www.teatroregioparma.it, Plan S. 98 b2

Der Palazzo della Pilotta beherbergt die renommierte Galleria Nazionale

Konzerte

Auditorium Paganini Die von Renzo Piano umgebaute ehemalige Zuckerfabrik ist heute Sitz des Symphonieorchesters Arturo Toscanini. ■ Via Toscana 5a, Tel. 05 21/70 77 15, www.teatroregioparma.it, Plan S. 98 östl. c3

Kinder

Parco Ducale Kinder toben auf dem Spielplatz und drehen von Mai bis Oktober eine Runde auf einem der »grilli«, einer Mischung aus Fahrrad und Dreirad (3–15 J.). ■ Viale Kennedy/Strada Farnese, tgl. 15.30–19.30, Sa, So auch 9.30–12.30 Uhr, Plan S. 98 a1/2

Castello dei Burrattini – Museo Giordano Ferrari Einblick in die faszinierende Welt der Marionetten gibt gleich

Verdis Büste vor seinem Geburtshaus im Ortsteil Roncole

hinter der Camera di San Paolo dieses Puppenmuseum, die wichtigste Sammlung zum Puppentheater in Italien. Das Gros der kunstvoll gefertigten Marionetten stammt aus dem Bestand der Puppenspielerfamilie Ferrari. ■ Via Melloni 3a, www.castellodeiburattini.it Mo, Mi–Fr 10–17.30, Sa, So 10.30–18.30 Uhr, Eintritt frei, Plan S. 98 b2

In der Umgebung

Certosa di Paradigna

| Museum |

In der »bassa« erhebt sich 6 km nördlich plötzlich die mächtige Anlage der ehemaligen Certosa di Paradigna, die wohl eine Inspiration für Stendhals Erfolgsroman »Die Kartause von Parma« war. Als Abtei von Valserena von Zisterziensern gegründet, war sie Zentrum der Trockenlegung der Ebene zwischen den Flüssen Parma und Enza. Heute beherbergt sie das Kommunikationsarchiv der Universität Parma, das in der ehemaligen Klosterkirche interessante Ausstellungen zusammenstellt.

■ Strada Viazza di Paradigna 1, Tel. 05 21/60 77 91, www.csacparma.it, Fr 9–15, Sa, So 10–19 Uhr, 10 €, erm. 8/5 €

Colorno

| Schloss |

Etwa 10 km nördlich von Parma beeindruckt die Sommerresidenz der Herzöge von Parma Reggia Ducale, auch »kleines Versailles« genannt, im Sommer während des »Summer Reggia Opera Festival« eine tolle Kulisse für Aufführungen unter freiem Himmel.

■ Piazza Garibaldi 26, Tel. 05 21/31 25 45, www.reggiadicolorno.it, mit Führung oder Audioguide, saisonal wechselnde Öffnungszeiten, 10 €, erm. 9 €

12 Busseto

Geburtsort von Giuseppe Verdi, sein Leben und Schaffen, seine Werke

Information

■ IAT, Rocca Pallavicino, Piazza Giuseppe Verdi 10, 43011 Busseto, Tel. 05 24/924 87, www.bussetolive.com

Das Städtchen Busseto (6850 Einwohner) in der flachen Landschaft der Bassa Parmense war vom 10. Jh. bis Ende des 16. Jh. die Hauptstadt des Kleinfürstentums der Pallavicino. Seit Giuseppe Verdi, der hier das Gymnasium besuchte und seinen ersten Musikunterricht erhielt, zum weltweit gefeierten Opernkomponisten wurde, ist Busseto die Hauptstadt der Verdi-Verehrung mit zahlreichen Erinnerungsstätten. Auf der zentralen Piazza Verdi blickt der Maestro würdevoll von einem steinernen Podest auf das Treiben zu seinen Füßen herab.

Sehenswert

Teatro Verdi

| Theater |

In der Rocca Pallavicino mit zinnbewehrten Türmen befindet sich neben Kommune und Touristenauskunft das 1868 eingeweihte, dem Maestro gewidmete Theater. Der Komponist besaß zwar eine Loge hier, hat das Theater jedoch nie besucht. Zur Loge hat er sich überreden lassen und die Bussetani zu guten Werken verpflichtet.

■ Piazza Giuseppe Verdi 10, Tel. 05 24/924 87, www.bussetolive.com, Nov.–März Di–So 9.30–12.30 und 14.30–17, April–Okt. Di–So 9.30–12.30 und 15–18 Uhr (mit Führung), 5 €, erm. 4 €

Museo di Casa Barezzi

| Museum |

An der mit Arkaden versehenen Via Roma im Palazzo Orlandi komponierte Verdi die Opern »Rigoletto« und »Troubadour«. In der Casa Barezzi trat er erstmals öffentlich auf. Antonio Barezzi, Gründer des lokalen Philharmonischen Orchesters, hatte Verdis Talent erkannt und ihn als Lehrer seiner Tochter Margherita engagiert, die später Verdis erste Frau wurde. Im Museum erinnern Briefe, das Klavier und Partituren an das Operngenie.

■ Via Roma 119, www.museocasabarezzi.it, April–Okt. Di–So Einlass und Führung zur vollen Std. 10, 11, 12, 15, 16, 17, So auch 18 Uhr, Nov.–Feb. nur So, mit Führung 5 €, erm. 4 €

In der Umgebung

Casa Natale di Giuseppe Verdi

| Museum |

Verdis Geburtshaus ist ein schlichtes, flaches Gebäude, das den Krämerladen und die Osteria seines Vaters beherbergte. Hier kam Verdi am 10. Oktober 1813 mit Blick auf die Kirche San Michele zur Welt, in der er als Schüler während der Messe Orgel spielen sollte. Heute ist darin ein Museum untergebracht, das an den weltberühmten Komponisten erinnert.

■ Via della Processione 1, 43011 Roncole Verdi, Tel. 05 24/974 50, März–Okt. Di–So 9.30–12.30 und 14.30–17.30 Uhr, 5 €, erm. 4 €, Kombiticket mit Teatro Verdi und Casa Barezzi 12 €, erm. 10,50 €

Im Blickpunkt

Giuseppe Verdi

»Va pensiero sull'ali dorate« (»Flieg, Gedanke, auf goldenen Schwingen«) – 300 000 Menschen stimmten 1901 auf Verdis Beerdigung spontan den Gefangenenchor aus der Oper »Nabucco« an. Der 1813 in Roncole bei Busseto geborene Komponist war da bereits ein Nationalheld. Bis heute sind Verdi-Opern auf den Spielplänen aller Operhäuser zu finden. Verdis Wirken fiel in die Zeit des »Risorgimento«, des Freiheitskampfes für eine italienische Nation unter dem italienischen König. Seine Melodien verbanden sich mit patriotischen Gefühlen, wie der populäre – verbotene – Ausruf »Viva Verdi« (Verdi steht für »**V**ittorio **E**manuele **R**e **d**'**I**talia«) zeigt.

Restaurants

€ | Antica Salsamenteria Baratta Traditionelles Feinkostgeschäft, in dem schon Verdi zu Gast war. Ideal zum Probieren von Spezialitäten wie »culatello« und »fiocchetto« zu einem Glas Gutturnio – viel braucht es nicht zum Glück. ■ Via Roma 76, Tel. 05 24/910 66, Di–Do 11–15.30, Fr–So 11–23 Uhr

€€ | Trattoria Campanini Als Antipasto oder zum Aperitif »salumi« und »torta fritta«. Probieren Sie unbedingt den »culatello« aus eigener Herstellung. Die ausgezeichneten Wurstspezialitäten stehen im angeschlossenen Laden zum Verkauf. ■ Via Roncole Verdi 136, Tel. 05 24/925 69, www.culatelloandwine.it, Mo, Fr nur abends, Di, Mi geschl.

€€ | Trattoria La Verdiana In der Nähe der Villa Verdi liegt diese einfache aber gastfreundliche Trattoria. Eine Empfehlung sind die »tortelli spalla al tartufo«, die schon Verdi geschätzt haben soll. ■ Via Giuseppe Verdi 18, Tel. 05 23/83 02 09

13 Fontanellato

Eine Wasserburg mit berührenden Fresken und das größte Labyrinth Italiens

Information

■ IAT, Rocca Sanvitale, Piazza Matteotti 1, 43012 Fontanellato, Tel. 05 21/82 90 55, www.fontanellato.org

Zentrum des mittelalterlichen Burgdorfs ist die mächtige Wasserburg Rocca di Sanvitale, um die sich die Häuser mit ihren Laubengängen wie ein Kranz legen. Die Burg ging im 14. Jh. aus dem Besitz der Pallavicino an die Familie Sanvitale über, die sie in eine elegante Residenz im Renaissancestil umbaute und bis 1948 bewohnte.

Sehenswert

Rocca di Sanvitale

| Burg |

Wer im »piano nobile« über jahrhundertealte Terrakottafußböden und unter Kassettendecken, vorbei an Gemälden, Möbeln und Essgeschirr, durch die Wohnräume der Sanvitale geht, hat den Eindruck, die Familie sei gerade erst ausgezogen. Unter den mit Fresken geschmückten Sälen im Erdgeschoss ragt die für die kunstsinnige Herzogin Paola Gonzaga ausgemalte Saletta di Diana e Atteone heraus, die der junge Francesco Mazzola, genannt Parmigianino, 1524 malte.

■ Piazza Matteotti 1, Tel. 05 21/82 90 55, www.fontanellato.org/la-rocca, Mo–Sa Führungen alle 30 Min.: 10.15, 11.45, 14.45, 16.15, So, Fei 10–12.15 und 14–17.15 Uhr, 10 €, erm. 5 €

Labirinto della Masone

| Labyrinthgarten |

Mit diesem Garten verwirklichte sich Franco Maria Ricci, Herausgeber üppiger Kunstbände und Zeitschriften, 2015 einen Lebenstraum. Sein Irrgarten besteht aus Bambuspflanzen und gibt den Besuchern auf 8 ha und 3 km Zeit zum Sichverlieren und -finden. Die Ausstellungsräume zeigen neben wechselnden Ausstellungen Riccis eklektische Kunstsammlung mit Objekten aus fünf Jahrhunderten (16.–20. Jh.). Es gibt auch ein Restaurant, ein Café und einen Feinkostladen.

■ Strada Masone 121, www.labirintodifrancomariaricci.it, April–Okt. Mi–Mo 10.30–19, Nov.–März Mi–Mo 9.30–18 Uhr, 18 €, erm. 15 €

In der Umgebung

Rocca Meli Lupi

| Burg |

In Soragna nordwestlich von Parma (IAT, Via Repubblica 3, www.facebook.com/UfficioTuristicoSoragna) liegt die prächtige Burg, die weiterhin von Principe Diofebo Meli Lupi bewohnt wird, aber für Besucher geöffnet ist.

■ Piazza Meli Lupi 5, 43019 Soragna, Tel. 05 24/59 79 78, www.roccadisoragna.it, April–Mitte Okt. Di–So 9–12, 15–19, Mitte Okt.–März Di–So 9–12, 14.30–18.30 Uhr

Museo del Parmigiano Reggiano

| Museum |

Einblicke in die Herstellung des emilianischen Käsesuperstars. Dazu eine Sammlung internationaler Kopien und Trittbrettfahrer des Parmigiano.

■ Via Vola 5, 43019 Soragna, www.museidelcibo.it, März–Anfang Dez. Sa, So 10–18 Uhr, 5 €, erm. 4 €

14 Langhirano

Zentrum der Parmaschinkenproduktion und die schönste Burg Norditaliens

Information

■ IAT, Borgo del Castello 10, 43013 Torrechiara, Tel. 05 21/35 50 09, www.comune.langhirano.pr.it

Langhirano (10 800 Einwohner) im Hügelland des Parmenser Apennin, zwischen Weinbergen und dem Fluss Parma, ist von vielen Reifehallen der Schinkenproduzenten mit ihren charakteristischen hohen, schmalen Fenstern umgeben. Deren lotrechte Lage zum Fluss garantierte bis Anfang des 20. Jh. die für die Reifung des Schinkens nötige Belüftung, ist heute dank moderner technischer Ausstattung aber nicht mehr relevant. An den ersten beiden Septemberwochenenden feiert der Ort den Schinken mit dem »Festival del Prosciutto di Parma« (www.festivaldelprosciuttodiparma.com).

Sehenswert

Castello di Torrechiara

| Burg |

5 *Bilderbuchburg mit überzeugender Liebeserklärung*

An den ersten Ausläufern des Apennins, an denen seit Jahrhunderten Wein angebaut wird, thront hoch über dem Tal des Parma-Flusses diese elegant und symmetrisch konstruierte Höhenfestung, die Graf Pier Maria Rossi, Heerführer im Dienst der Visconti, Mitte des 15. Jh. errichten ließ. Zwei Mauerringe umgeben vier Ecktürme, die ein Quadrat formen. Die als Wohnsitz des Grafen und seiner geliebten Frau Bianca Pellegrini errichtete Burg ist reich mit Fresken geschmückt. Schmuckstück ist die zauberhafte Camera d'Oro, deren Wandfliesen einst mit Blattgold überzogen waren. Im Deckenfresko wandert Bianca Pellegrini als Pilgerin verkleidet von Burg zu Burg (diese lassen sich in ihrer Detailtreue genau bestimmen), um ihren Geliebten zu suchen. Erst nach langem Irrweg findet das Paar glücklich zueinander. Während des »Festival di Torrechiara Renata Tibaldi« (Juli/Aug.) wird die Burg zur Bühne für klassische Musik (www.festivalditorrechiara.it).

■ Borgo del Castello 1, Località di Torrechiara, Tel. 05 21/35 52 55, Di–Fr 9–15, Sa, So 11–17 (reservieren, 1 Tag vorher genügt) Uhr, 5 €, erm. 2 €

Museo del Prosciutto

| Museum |

Von Schweinen und Produzenten, von Schlachtern, ihren Traditionen und vom Salz erzählt dieses dem Parmaschinken gewidmete Museum. Hier kann man ihn auch verkosten und kaufen.

■ c/o Ex Foro Boario, Via Bocchialini 7, www.museidelcibo.it, März–Anfang Dez. Sa, So 10–18 Uhr, 5 €

Restaurants

€€ | Taverna del Castello In diesem Lokal am äußeren Mauerring der Burg Torrechiara wird großer Wert auf lokale und saisonale Zutaten gelegt. Von den Tischen draußen lässt sich das herrliche Panorama genießen. ■ Via del Castello 25, Tel. 05 21/35 50 15, www.tavernadelcastello.it, Mo geschl.

15 Fidenza

Steinmetzkunst am Dom, Pilgerstation auf dem Weg nach Rom

Information

■ IAT, Casa Cremonini, Piazza Duomo 16, 43036 Fidenza, Tel. 05 24/833 77, www.terrediverdi.it

Im Städtchen Fidenza (27 000 Einwohner), einer römischen Gründung an der Via Emilia, machten im Mittelalter die christlichen Pilger auf der Via Francigena auf ihrem Weg nach Rom Station, der bedeutenden christlichen Pilgerstraße, die von Canterbury nach Rom führte. Zehn Jahre lang (1092–1102) war Fidenza Residenzstadt von König Konrad von Italien.

Fidenzas Domfassade ziert ein Skulpturenfries des Bildhauers Benedetto Antelami.

Sehenswert

Duomo

| Kirche |

Der Dom wurde im Mittelalter zu Ehren von San Donnino errichtet, dem hl. Domnius, der hier im 3. Jh. n. Chr sein Martyrium erlitten haben soll und als Schutzpatron der Pilger gilt. Der Bau der dreischiffigen Emporenbasilika begann im 12. Jh. am Ort der frühchristlichen Vorgängerkirche. Die unvollendete Fassade mit ihren Zwillingstürmen und drei Portalen zeigt kunstvolle Steinmetzarbeiten. Von Benedetto Antelami stammen die das Mittelportal flankierenden Statuen des König David und des Propheten Ezechiel. Im Rahmen einer Führung kann die Nordempore besichtigt werden.

■ Piazza Duomo, Tel. 05 24/52 23 54, www.cattedralefidenza.it, Mo–Fr 8–12 und 15–18, Sa, So 8–12 und 15–19 Uhr

Museo del Duomo di Fidenza

| Museum |

Bei der Führung durch das Dommuseum können sich Kunstfreunde neben Gemälden und Kostbarkeiten aus dem Domschatz auf Skulpturen wie die meisterliche »Madonna in trono col bambino« Benedetto Antelamis freuen. Eine Wendeltreppe im linken Turm des Doms führt auf die Nordempore mit romanischen Kapitellen, der Orgel und der Bischofskapelle.

■ Via Don Minzoni 16, Tel. 05 24/51 48 83, www.museoduomofidenza.it, Fr–So 9–12 und 15–18 Uhr, 7 €, erm. 5 €

Parken

In Domnähe liegen die Parkplätze Parcheggio Piazza Gioberti, Via dei Mille und Piazza Matteotti.

Einkaufen

Fidenza Village Outlet-Center mit mehr als 120 Geschäften italienischer und internationaler Modemarken mit interessanten Preisnachlässen. ■ Via Federico Fellini 1, 43036 Fidenza, tgl. 10–20 Uhr

Wandern

Über Piacenza, Fidenza nach Fornovo di Taro und über den Cisapass in die Toskana verläuft die berühmte Via Francigena, der mittelalterliche Pilgerweg nach Rom, der heute als Weitwanderweg wiederentdeckt worden ist. Etappe Fidenza–Fornovo 34 km, Fornovo–Cassio 21 km. ■ www.viefrancigene.org

In der Umgebung

Salsomaggiore Terme

| Kurort |

Das an Natrium, Brom- und Jodsalzen reiche Thermalwasser wurde bereits in der Antike zur Salzgewinnung genutzt. Als der Arzt Lorenzo Berzieri 1834 dessen Heilkraft erkannte, entwickelte sich der Ort rasch zu einem Kurort mit europäischem Renommee. Von 1913 bis 1923 entstand am Ort der antiken Saline die prunkvolle Terme Berzieri (Piazza Lorenzo Berzieri 1, www.termest.it), ganz im Jugendstil und mit orientalischen Einflüssen, üppig mit Marmor, Stuck und Mosaiken verziert. Heute gehört das exklusive Flair der Belle Époque der Vergangenheit an, Tausende Gäste erholen sich in den zahlreichen Hotels. In der Nähe gibt es zwei Burgen: Tabiano und Scipione Castello (beide in Privatbesitz).

■ www.visitsalsomaggiore.it

Übernachten

In Parma und Piacenza kann man in der Stadt zwischen Hotels und B & B wählen. Günstiger wird es außerhalb des Altstadtrings – in Parma kein Problem, denn die Stadt ist nicht groß. Südlich von Parma wird die Auswahl vielfältig: Agriturismo und B & B, Pferdehof, Burg oder Thermalbad.

Piacenza 90

€–€€ | Hotel Ovest Bequemes Hotel mit minimalistisch eingerichteten, gut schallisolierten Zimmern. Außerhalb des Altstadtrings und daher gut mit dem Auto zu erreichen. ■ Via Primo Maggio 82, 29121 Piacenza, Tel. 05 23/71 22 22, www.piacenzahotels.com

€–€€ | La Meridiana R & Breakfast Drei 2019 renovierte Zimmer in der Altstadt Piacenzas im zweiten Innenhof eines Palazzo. Parkmöglichkeit im Hof vorhanden (für SUV nicht geeignet). ■ Via Roma 64, 29121 Piacenza, Tel. 331/159 82 98, www.bb-lameridiana piacenza.it

€€€ | Grande Albergo Roma Jüngst renoviertes Hotel mit Parkgarage, Spa und Panoramaterrasse in der Nähe des Palazzo Farnese. ■ Via Cittadella 14, 29121 Piacenza, Tel. 05 23/32 32 01, www.grandealbergoroma.it

Castell'Arquato 92

€€ | Castello di Vigoleno Einmal wie Rapunzel im Turm? Die drei Superior Suiten dieses B & B befinden sich im Turm der Burg. Das Burgrestaurant serviert lokale Küche. Ruhige Lage im Regionalpark Stirone im Grünen. ■ Piazza IV Novembre 2, 29010 Vigoleno, Tel. 05 23/89 54 94, www.castellodivigoleno.com

Bobbio und Val Trebbia 94

€ | B & B La Torretta Im schönen Trebbiatal drei Zimmer in restauriertem Turmhaus mit Pool mitten im Grünen. ■ Vicolo Buelli 8, 29022 Piancasale Bobbio, Tel. 349/100 21 20

€ | B & B San Nicola Charmante, farbenfroh dekorierte Zimmer. Das Frühstück gibt es in der gleichnamigen Enoteca nebenan, wo Sie auch sehr gut essen können. ■ Via San Nicola 11, 29022 Bobbio, Tel. 05 23/93 23 55, www.ristorantesannicola.it

Parma 96

€ | Hotel Button Die Einfachheit der Zimmer wird durch die zentrale Lage und große Freundlichkeit der Mitarbeiter aufgewogen. Familienzimmer, schöne Spielecke für Kinder. ■ Borgo della Salina 7, 43121 Parma, Tel. 05 21/ 20 80 39, www.hotelbutton.it

€€ | Daniel Kürzlich renoviertes Hotel in Altstadtnähe mit modernem, ansprechendem Design. Das Restaurant Cocchi im Hause ist ein Gourmettipp. ■ Via Gramsci 16, 43126 Parma, Tel. 05 21/99 51 47, www.hoteldaniel.biz

€€ | Locanda Abbazia di Valserena Einfache aber ansprechend ausgestattete, geräumige Zimmer in ehemaliger Zisterzienserabtei vor den Toren Parmas. ■ Strada Viazza di Paradigna 1, 43122 Parma, Tel. 05 21/60 77 91, www.csacparma.it

12 **€€€ | Palazzo dalla Rosa Prati** In diesem luxuriösen Altstadtpalazzo können Sie zwischen Zimmer, Suite oder Apartment wählen. Allen gemeinsam ist die exklusive Lage mit Blick auf den Domplatz. ■ Strada al Duomo 7, 43121 Parma, Tel. 05 21/ 38 64 29, www.palazzodallarosaprati.it

Busseto 102

€ | I Corte degli Angeli Historisches Landgut mit großen, stilvoll eingerichteten Zimmern. Tolles Frühstück mit viel Selbstgemachtem. Regisseur Bernardo Bertolucci drehte hier den Film »Novecento«. ■ Strada Piacentine 112, 43011 Roncole Verdi, Tel. 338/164 71 81, cortedegliangeli.eu

Fontanellato 104

€ | Agriturismo Corte Ghiara Reiterhof und Pferdepension mit zwölf gemütlich eingerichteten, sauberen Zimmern. Das Frühstück wird in einem Café im Ort serviert. Herzliche Gastgeber. ■ Frazione: Ghiara Sabbioni 68, 43012 Fontanellato, Tel. 339/ 447 81 85, www.corteghiara.it

Fidenza und Salsomaggiore Terme 106/107

€ | Park Hotel Fantoni Bequemes Hotel mitten im Grünen mit Pool im Garten, Fahrstuhl ins Thermalbad

Palazzo dalla Rosa Prati: ein direkter Nachbar des achteckigen Baptisteriums

und Wellness-Bereich. Etwa 4 km von Salsomaggiore Terme entfernt. ■ Via Al Castello 6, 43039 Tabiano Bagni, Tel. 05 24/56 51 41, www.parkhotelfantoni.it

€€ | Antico Borgo di Tabiano Castello Charmantes Schlosshotel in den Hügeln bei Salsomaggiore Terme. Schöner Wellness-Bereich mit Sauna, Dampfbad und Whirlpool in einer natürlichen Höhle. ■ Via Tabiano Castello 4, 43039 Salsomaggiore Terme, Tel. 05 24/88 11 68, www.tabianocastello.com

€€ | Casa Romagnosi Direkt gegenüber der berühmten Terme Berzieri liegt dieses gemütliche Hotel mit gutem Restaurant. ■ Piazza Berzieri 3b, 43039 Salsomaggiore Terme, Tel. 05 24/ 57 65 34, www.hotelromagnosi.it

Reggio Emilia & Modena – Gemeinsinn und Motoren

Die Stadt der Trikolore, die Burgen der Mathilde von Canossa, ein romanisches Meisterwerk und das Motor Valley von Modena

Reggio Emilia, die alltagstaugliche Stadt mit ihrem guten Essen und hoher Lebensqualität, schaut in die Zukunft. Das scheinen auch die sich kühn über die Autobahn schwingenden, blendend weiß leuchtenden Brücken von Santiago Calatrava und der einer Papierwelle gleichende neue Bahnhof für Hochgeschwindigkeitszüge zu symbolisieren. In Modena und Spilamberto kommt man dem Geheimnis des traditionellen Balsamessigs auf die Spur. Opernfans besuchen in Modena Luciano Pavarottis Haus, heute ein kleines Museum. Motorsportfans sind im Zentrum des Motor Valley. Zwei Ferrari-Museen und weitere Hersteller, Autosammlungen und Rennpisten finden sich entlang der Via Emilia. Südlich von Reggio erstreckt sich das Land der im Mittelalter mächtigen Markgräfin Mathilde von Canossa. Sie unterstützte die Entscheidung der Einwohner Modenas, einen neuen Dom zu bauen, heute Zeugnis mittelalterlicher Kultur und UNESCO-Welterbe. Die Macht der Klöster im Mittelalter bezeugt die Abtei in Nonantola. Die Vision eines Renaissancefürsten verdeutlicht die grandiose Piazza Martiri im Textilstädtchen Carpi.

In diesem Kapitel:

ADAC Top Tipps:

6 Duomo, Modena
| Kirche |
Meisterliche Architektur und Steinmetzkunst zeugen von Schöpfergeist und Selbstbewusstsein. ... 119

7 Museo Ferrari, Maranello
| Museum |
Ein Besuch bei Ferrari lässt den Adrenalinspiegel von Motorsportfans in die Höhe schnellen: die ersten Rennwagen, die neuesten Modelle und ein Formel-1-Simulator. ... 123

ADAC Empfehlungen:

13 A Mangiare, Reggio Emilia
| Restaurant |

Hier kommt traditionell emilianische Küche neben Gerichten mit baskischer Färbung auf den Tisch: Die Küchenchefin versteckt ihre Wurzeln nicht. 114

14 Galleria Estense, Modena
| Museum |

Die Sammlung der Este zählt zu den bedeutendsten Museen Italiens und zeigt Höhepunkte emilianischer Malerei von Renaissance bis Barock. 120

15 Acetaia Leonardi, bei Modena
| Essigmanufaktur |

Bei Familie Leonardi wird aus Trebbianotrauben sowie mit viel Erfahrung und Geduld nach zwölf Jahren Reifezeit der edle Aceto Balsamico Tradizionale di Modena, so kostbar, dass er einst zur Mitgift gehörte. 122

16 Piazza dei Martiri, Carpi
| Platz |

Diese großartige Piazza lädt zum Verweilen ein: Cafés unter Arkaden, eine schöne Burg und viel Platz zum Flanieren und Genießen. 124

16 Reggio Emilia

Wiege der Tricolore, zukunftsweisende Pädagogik, Architektur und Fotografie

Information

■ IAT, Via Farini 1a, 42121 Reggio Emilia, Tel. 05 22/45 11 52, turismo.comune.re.it, Di–Sa 9–13 und 14–18, So 9.30–12.30 Uhr

Reggio Emilia ist eine prosperierende Stadt. Bereits im Mittelalter bekannt für ihre Seidenproduktion steht sie bis heute für Mode und hochwertige Stoffe. Die historische Altstadt zieren prächtige Palazzi aus Mittelalter, Renaissance und Barock. Es gibt interessante Sammlungen zeitgenössischer Kunst und ein Festival für Fotografie. Im Norden von Reggio überspannen seit 2007 drei Brücken aus der Feder Santiago Calatravas die Autobahn, 2013 wurde sein futuristischer Bahnhof AV Mediopadana eingeweiht. Die Stadt bietet ihren 169 400 Einwohnern eine hohe Lebensqualität, die Zuwanderer, die 16 % der Einwohner ausmachen, sind gut integriert. Gemeinschaftssinn hat in der »roten Emilia« Tradition. Genossenschaftliche Traditionen sind tief verwurzelt. Die zentrale Piazza ist nach Camillo Prampolini, dem Gründer der sozialistischen Partei Italiens, benannt. Weltberühmt ist die in den Kindergärten der Stadt entwickelte Vorschulpädagogik, die auf Wertschätzung der Kinder setzt (www.reggiochildren.it).

ADAC Spartipp

In allen **städtischen Museen** Reggio Emilias ist der **Eintritt frei**.

Sehenswert

Museo del Tricolore

| Museum |

In Reggio wurde am 7. Januar 1797 bei der Gründungsversammlung der Cispadanischen Republik erstmals die grün-weiß-rote Tricolore gehisst, die später zur Flagge Italiens wurde. Genau dieses Original befindet sich hier. Das angeschlossene Museum erzählt seiner Gründung 2004 vom Aufflammen des Freiheitswillens der Italiener im aufmüpfigen Reggio.

■ Piazza Antonio Casotti 1, Tel. 05 22/ 45 60 33, Sept.–Juni Di–Fr 15–18, Sa, So 10–13 und 15–18, Juli–Aug. Di–Fr 10–13, Sa, So 10–13 und 15–19 Uhr

Duomo

| Kirche |

Der auf das 9. Jh. zurückgehende Dom (Cattedrale di Santa Maria Assunta) wurde über die Jahrhunderte mehrfach umgebaut. Jüngste Ausgrabungen legten mit einem Mosaik aus dem 4. Jh. einen Hinweis auf die frühchristliche Kirche frei. Die Statuen von Adam und Eva im Giebelfeld der unvollendeten Fassade schuf der Bildhauer Prospero Spani (auch Prospero Sogari oder »Il Clemente« genannt) 1557. Zu den Kunstwerken im Inneren zählen ein Chorgestühl mit Intarsien und das imposante Grabmal für Bischof Ugo Rangone.

■ Piazza Prampolini, Juli–Aug. tgl. 8–13 und 16–19.30, Sept.–Juni Mo–Sa 7.30–19.30, So 9–13 und 15–19 Uhr

Broletto

| Gasse |

Die historische überdachte Gasse voller Geschäfte verbindet die Piazza Grande (Piazza Pampolini) mit der Piazza Piccola (Piazza San Prospero).

San Prospero

| Kirche |

Am Platz des vormittäglichen Gemüsemarktes (Mo–Sa 8–13 Uhr) steht eine der ältesten Kirchen Reggios (990), die nach ihrer Zerstörung im 16. Jh. neu wiederaufgebaut wurde. Der ausdrucksstarke Freskenzyklus im Altarraum mit dem »Jüngsten Gericht« in der Apsis (Ende 16. Jh.) stammt von Camillo Procaccini.

■ Piazza San Prospero, Mo–Sa 8–12 und 16–19, So 8–12 Uhr

Palazzo dei Musei Civici

| Museum |

Eine wahre Schatzkiste sind die städtischen Museen im ehemaligen Konvent San Francesco mit reicher naturhistorischer und ethnografischer Sammlung, den wertvollen etruskischen Grabstelen aus Rubiera und der berühmten »Venus von Chiozza« aus der Jungsteinzeit sowie einer Gemäldegalerie. Dank 3D-Technologie können Besucher im Museo Romano über das römische Forum spazieren und ein »domus« (Haus) betreten.

■ Via Spallanzani 1, www.musei.re.it, Sept.–Juni Di–Do 10–13, Fr–So 10–18, Juli–Aug. tgl. 10–13, Mi, Fr, Sa 21–24 Uhr

Galleria Parmeggiani

| Museum |

Waffen, Goldschmiedearbeiten, Möbel und Gemälde aus dem 19. Jh. in einem exzentrischen Gebäude, das Luigi Parmeggiani zwischen 1925 und 1928 für seine Sammlung errichten ließ.

■ Corso Cairoli 2, www.musei.re.it, Sept.–Juni Di–Fr 15–18, Sa, So, Fei 10–13 und 15–18, Juli, Aug. Fr 10–13 und 21–24, Sa, So 10–13 Uhr

Collezione Maramotti

| Museum |

Achille Maramotti, Gründer des Modehauses Max Mara, eröffnete diese spannende Sammlung zeitgenössischer Kunst aus Italien und Europa mit Malerei, Skulpturen und Installationen, in den lichtdurchfluteten Räumen des

Blick auf die Piazza Prampolini, eingerahmt von Rathaus und dem Bordello-Turm

Erbazzone, ein leckerer Gemüsekuchen, gefüllt mit Mangold, Spinat und Käse

ersten Firmensitzes von 1957. Seine Erben teilen die Kunstleidenschaft und organisieren im Erdgeschoss interessante Wechselausstellungen.
■ Via Fratelli Cervi 66, www.collezione maramotti.org, Do, Fr 14.30–18.30, Sa, So 10.30–18.30 Uhr (stets mit Führung nach Anmeldung)

Parken

Die Altstadt ist für den Autoverkehr gesperrt (ZTL). Von den Parkplätzen am Altstadtring erreicht man die Piazza Prampolini zu Fuß in 5–10 Min. Zu Zielen außerhalb der Altstadt fährt der Stadtbus, Linie 2 (ca. 15 Min. zur Collezione Maramotti).

Restaurants

13 **€€ | A Mangiare** Die baskische Küchenchefin zaubert emilianische Köstlichkeiten mit kreativer Note und vergisst dabei ihre Heimat nicht. ■ Viale Monte Grappa 3a, Tel. 05 22/43 36 00, www.ristoranteamangiare.it, So-Abend und Do geschl.

€€€ | Caffè Arti e Mestieri Hausgemachte Pasta, die traditionellen Gerichte der Region – auch Fisch – in hellem, modernem Lokal, im Sommer wunderschön im Garten. ■ Via Emilia San Pietro 16, Tel. 05 22/43 22 02, So-Abend und Mo geschl.

ADAC Spartipp

Reggio Emilias Traditionsgericht **»erbazzone«**, eine mit Spinat, Mangold, Ricotta und Parmesan gefüllte Gemüsetorte, ist eine preiswerte Mahlzeit, die in vielen Bäckereien und Bars auch zum Mitnehmen angeboten wird.

Einkaufen

Max Mara Boutique des berühmten Modehauses aus Reggio auf der schicken Via Emilia. Hochwertige tragbare Kleidung für jeden Anlass. ■ Via Emilia San Pietro 14b, www.maxmara.it

Intrend – Diffusione Tessile Ein offenes Geheimnis: Reste vergangener Kollektionen aller Marken des Hauses Max Mara werden – ohne Label – mit ansprechenden Preisnachlässen in den Läden von Diffusione Tessile verkauft. Die Qualität bleibt natürlich die gleiche. ■ Via San Carlo 8a, www.intrend.it

Events

Das seit 2006 jährlich im Frühling stattfindende Festival **»Fotografia Europea«** macht Reggio seither zum Blickpunkt für zeitgenössische Fotografie. Bis zu 300 Orte, darunter Palazzo Musei und Galleria Parmeggiani, aber auch Cafés und Geschäfte geben der Fotokunst Raum und machen Reggio zu einem kontinuierlichen Ausstellungsraum. ■ www.fotografiaeuropea.it

In der Umgebung

Museo Peppone e Don Camillo

| Museum |

Im Deichort Brescello begegnen Sie Don Camillo und Peppone, den sympathischen Streithähnen aus den Schelmenromanen von Giovannino Guareschi, von denen der erste 1948 erschien. Der sich mit Christus beratende Dorfpfarrer und der kommunistische Bürgermeister, die ihre Dispute auch handfest austrugen, sind die Archetypen der Bassa, verkörpern Eigensinn, Aufmüpfigkeit, Findigkeit und starken Gemeinschaftssinn. Sechs Filme mit den beiden wurden hier gedreht. Das Museum zeigt Filmrequisiten und Erinnerungsstücke an die Filmarbeiten.

■ Via De Amicis 2, www.visitbrescello.it, tgl. 10–13 und 15–18, Sa, So bis 19 Uhr, 6 €, erm. 4 € (Kasse Ufficio Turistico, Via Cavallotti 2)

Im Blickpunkt

Die Emilia rockt

Seit Jahrzehnten kommen aus der Emilia, genauer gesagt aus der Region zwischen Modena und Reggio Emilia, auffällig viele erfolgreiche Rockmusiker. Auf den Beat von Equipe 84 und die Lieder von Caterina Caselli in den 1960er-Jahren folgten »cantautori«, Liedermacher wie Francesco Guccini aus Modena oder Lucio Dalla, dessen Tod 2012 in seiner Heimatstadt Bologna tief betrauert wurde. In den 1980er-Jahren stehen Massimo Zamboni für Punkrock, Vasco Rossi für klassischen Rock, Zucchero knüpfte die Verbindung zu Blues. Luciano Ligabue aus Correggio verbindet seit den 1990er-Jahren die Traditionen der »cantautori« mit Rockmusik. Die Folkrocker von Modena City Ramblers singen u.a. in Modeneser Dialekt und verarbeiten Einflüsse aus Literatur und Politik. Seit 2002 sorgt Poprocker Cesare Cremonini aus Bologna für Begeisterung.

Palazzo Bentivoglio

| Palast |

Das Renaissancestädtchen Gualtieri überrascht mit der atmosphärischen, arkadeneingefassten Piazza Bentivoglio. Gegenüber der Torre Orologio erhebt sich der imposante Palazzo Bentivoglio, als Residenz bis ins 17. Jh. bewohnt. Im Inneren beeindruckt der riesige, freskengeschmückte Salone dei Giganti.

■ Piazza Bentivoglio, Tel. 052/222 18 69, Mo–Fr auf Anfrage, Sa, So 10–19 Uhr, 10 €, erm. 8 € (Kombiticket mit Museum Antonio Ligabue)

Guastalla

| Ort |

Guastalla hat sich den Charme eines alten Residenzstädtchens bewahrt. Diesen verdankt sie den Gonzaga, die der Stadt vom 16. bis zum 18. Jh. eine Erneuerung nach Renaissanceidealen verpassten. Von Guastalla führt die Via Lido Po direkt ans Ufer des Po.

■ www.terredipoedeigonzaga.it

Im Blickpunkt

Mathilde von Canossa

Mathilde Markgräfin von Tuszien (um 1046–1115) war eine der wichtigsten und mächtigsten Persönlichkeiten der spätsalischen Zeit. An der Seite ihrer Mutter erlernte sie die Verwaltung des riesigen Familienbesitzes in Oberitalien und begegnete den führenden Köpfen der Kirchenreform wie Papst Gregor VII., deren ergebene Anhängerin sie wurde. Nach dem Tod ihrer Mutter übernahm sie die Markgrafschaft und spielte eine entscheidende Rolle am Beginn des Investiturstreits. Am Stammsitz ihrer Familie, der Burg von Canossa – heute Ruine und Aussichtspunkt –, kam es im Jahr 1077 zum Bußakt des gebannten Salierkönigs Heinrich IV., den Papst Gregor VII. auch durch Mathildes Fürsprache wieder in die Kirchengemeinde aufnahm und ihm dadurch seine Handlungsfähigkeit als Herrscher zurückgab. Der »Gang nach Canossa« (ital. »andare a Canossa«) hat sich als erniedrigende Buße ins kollektive Gedächtnis gebrannt – in 30 Sprachen. Der Hof der gebildeten Buchliebhaberin Mathilde war ein Zentrum literarischer und juristischer Tätigkeiten. Die mächtige und kluge Markgräfin erhielt nicht nur einen Platz in Dantes berühmter »Göttlicher Komödie«, sondern wurde als erste Frau im Petersdom in Rom beigesetzt (1630). Noch heute tragen viele Mädchen in Italien zu Ehren der mächtigen Adeligen den Vornamen Matilde.

17 Quattro Castella und die Burgen von Canossa

Schöne Hügellandschaft, die Burgruine von Canossa

Information

- IAT, Reggio Emilia, S. 112

Der Ort mit den charakteristischen vier Hügeln liegt in der Nähe der Burgruine von Canossa, zu deren Verteidigung er diente. Canossa und seine Umgebung waren im Mittelalter von einem dichten Netz wehrhafter Burgen überzogen, mit denen die Markgrafen von Canossa ihre Besitzungen in der Emilia kontrollierten. Etwa 20 km südlich von Canossa thront die Burg Castello di Carpineti der Markgrafen von Canossa auf einem Hügel. Gegenüber dem lebendigen Bergferienort Castelnovo ne' Monti erhebt sich der unverwechselbare Tafelberg Pietra di Bismantova, Wahrzeichen des Reggianer Apennin, bei Sportkletterern wegen seiner vertikalen Routen beliebt.

Sehenswert

Castello di Bianello

| Burg |

Vier Burgen standen einst auf den Hügeln von Quattro Castella. Sie dienten alle der Verteidigung der weiter abgelegenen Burg von Canossa. Die einzig verbliebene Burg von Bianello war bis ins 18. Jh. bewohnt. Obwohl zur Residenz umgebaut, konnte sie ihren Charakter als Wehrburg bewahren.

- Strada Provinciale 23, Quattro Castello, www.bianello.it, April–Okt. So, Fei 15–19 Uhr, nur mit Führung, 6 €, erm. 4 €

Großartig ist der Blick vom pittoresken Castello Rossena (li.) zur Burgruine Canossa

Restaurants

€€€ | **Ca Matilde** In einem modernisierten Bauernhaus am Beginn der Hügel um Canossa zaubert Küchenchef Andrea Incerti Vezzani fantasievolle Interpretationen der lokalen Küche auf die Teller seiner Gäste. ■ Rubbianino di Quattro Castella, Via della Polita 14, Tel. 05 22/88 95 60, www.camatilde.it, Mo, Di geschl.

Einkaufen

Azienda Agricola Venturini e Baldini Auf einem historischen Landgut im Grünen kann man ausgezeichnete biologische Weine von den Hügeln um Canossa und Balsamessig kaufen. Es gibt auch geführte Verkostungen. ■ Via Filippo Turati 42, Località Roncolo, Quattro Castella, Tel. 05 22/24 90 11, www.venturinibaldini.it, Mo–Sa

Kinder

Azienda Agrituristica Montebaducco Auf Europas größter Eselfarm leben 800 der intelligenten Tiere aus 13 verschiedenen Rassen. Restaurant geöffnet von Fr-Abend bis So-Abend und vier Zimmer. ■ Quattro Castella, Via Boiardo 26, Tel. 05 22/88 63 75, www.montebaducco.it, Besuch der Eselfarm für Restaurantgäste

Events

Der **»Corteo Storico Matildico«** (in Quattro Castella, Ende Mai/Anfang Juni, www.corteomatildico.it) ist ein mehrtägiges Mittelalterfest zu Ehren der Markgräfin Mathilde von Canossa, das an den Besuch des Salierkönigs Heinrich V. auf der Burg Bianello im Mai des Jahres 1111 erinnert. Das Ereignis wird auf der Bühne nachgestellt.

18 Modena

Romanische Meisterwerke, Gaumenkitzel, berühmte Flitzer

Der Dom bildet die perfekte Kulisse für den monatlich stattfindenden Antikmarkt

Information

- IAT, Piazza Grande 14, 41121 Modena, Tel. 059/203 26 60, www.visitmodena.it, Mo–Sa 9–18, So 9.30–18 Uhr
- Parken: siehe S. 121

Die Universitätsstadt und Residenz der Este mit 184 000 Einwohnern ist für kulinarische Schätze wie Aceto Balsamico Tradizionale und die Motoren aus dem Hause Ferrari weltberühmt. Das Ensemble aus Dom, Glockenturm Torre Ghirlandina und Palazzo Comunale an der Piazza Grande wurde 1997 als frühromanisches Meisterwerk für seine harmonische Verbindung aus Architektur und Steinmetzkunst und die Verbindung religiöser und kommunaler Werte in die Liste des UNESCO-Weltkulturerbe aufgenommen. Nach Aufgabe der römischen Stadt wegen Überschwemmungen entstand ab dem 9. Jh. um den Bischofssitz westlich davon ein neues Gemeinwesen, von dessen Selbstbewusstsein und Stärke der von der Stadt beschlossene Baubeginn der Kathedrale 1099 zeugt. Nach internen Machtkämpfen übernahmen Ende des 13. Jh. mit Obizzo II. die Este die Herrschaft in Modena, die 500 Jahre dauern sollte, und machten Modena 1598 zu ihrer Residenz. Die Stadterweiterung der Este »città ducale« nördlich

Plan S. 120

der Via Emilia ist von weiten rechtwinkligen Straßen gekennzeichnet. In der Nachkriegszeit wurde die Stadt zu einem Zentrum der Automobilindustrie. Der geniale Ingenieur, Erfinder und Mechaniker Enzo Ferrari wurde 1898 hier geboren. Die berühmten roten Flitzer von Ferrari entstehen in Maranello südlich von Modena.

Sehenswert

1 Palazzo Comunale

| Regierungsgebäude |

Der Gebäudekomplex wurde zwischen dem 11. und 15. Jh. errichtet, die Arkadenfront setzte man im 17. Jh. davor. Sehenswert sind die prächtigen Treppenaufgänge und historischen Säle wie die Sala del Fuoco und Sala del Vecchio Consiglio und auf dem Dachboden die Acetaia comunale (Essigmanufaktur), wo noch einige Essigbatterien zur Reifung stehen. Der rote Marmorblock vor dem Gebäude, die »pietra ringadora« (Rednerstein), diente als eine Art mittelalterliche Speaker's Corner und ab dem 13. Jh. als Pranger für Schuldner (die ihn zur Strafe dreimal mit dem nackten Gesäß berühren mussten).

■ Piazza Grande 16, Tel. 05 92/03 26 44, Mo–Fr 9–18, Sa 13–15, So, Fei 15–19 Uhr, nur So nachmittags 2 €; Acetaia comunale, Anmeldg. im IAT

2 Duomo

| Kirche |

6 *Frühromanisches Meisterwerk, ausdrucksstarke Steinmetzkunst*

Weil die alte Kirche einzustürzen drohte, beschlossen die Einwohner Modenas, eine neue und schönere müsse her. Die fromme Lehnsherrin Mathilde von Canossa sicherte ihre Unterstützung zu. Unter dem lombardischen Baumeister Lanfranco begann der Bau 1099, geweiht wurde die neue Kirche 1184. Die Fassade strukturiert ein Loggienzug aus Triforienbögen, die Säulen der Baldachinportale ruhen auf imposanten Löwen. Wiligelmus und seine Schüler meißelten ausdrucksvolle und gedankenreiche Bilderfriese mit Bibelszenen, Heiligengeschichten und Tierfabeln in die Fassade, die Erstlinge erzählender Bauplastik im mittelalterlichen Italien darstellen. Campionesische Steinmetze fügten außen Türmchen, das gotische Radfenster und die Steinportale hinzu. Erstmals wurden die Schöpfer in Inschriften am Gebäude (Lanfranco auf Marmortafel in der Apsis, Wiligelmo an der Fassade) gefeiert – ein Novum in dieser Zeit. In der Krypta ruhen die sterblichen Überreste von Bischof San Geminiano, dem das Gotteshaus geweiht ist. Die Musei del Duomo nebenan zeigen den Domschatz, romanische Steinmetzkunst und Handschriften.

■ Corso Duomo, www.unesco.modena.it, Di–So 7–19, Mo 7–12.30 und 15.30–19 Uhr; Musei del Duomo, Via Lanfranco 4, www.museidelduomodimodena.it, Di–So 10–14 und 15–18, Sa, So bis 19 Uhr, 6 €, erm. 4 € (Kombiticket 6 €)

3 Torre Ghirlandina

| Glockenturm |

Als Wahrzeichen städtischen Stolzes ragt Modenas Wahrzeichen, die Torre Ghirlandina, weithin sichtbar 89 m hoch auf und erlaubt eine herrliche Aussicht. Der Bau begann unter Lanfranco. Campionesische Steinmetze vollendeten die Turmspitze und die Säulenkapitelle des Belvedere.

■ Piazza Torre, Tel. 05 92/03 26 60 (IAT), Öffnungszeiten und Reservierung www.visitmodena.it, 3 €

4 Palazzo dei Musei

| Palast |

Der imposante Gebäudekomplex um die Zeugkammer wurde im 18. Jh. in ein Armenhaus umgebaut und dient seit 1788 als Sitz der Kunstsammlungen der Este. In der Biblioteca Estense sind Manuskripte und Frühdrucke ausgestellt, besonders kostbar ist die Bibel von Borso d'Este (15. Jh.) mit mehr als 2000 Miniaturen.

■ Largo Porta S. Agostino 337, www.visitmodena.it, Öffnungszeiten siehe jeweiliges Museum

5 Galleria Estense

| Museum |

14 *Glanzpunkte emilianischer Malerei von Renaissance bis Barock*

Bei ihrem Umzug von Ferrara nach Modena 1598 brachten die Este ihre umfangreiche Kunstsammlung mit, die heute zu den bedeutendsten Pinakotheken Italiens zählt. Und das obwohl 1746 hundert Bilder an August III. verkauft wurden, wo sie den Grund-

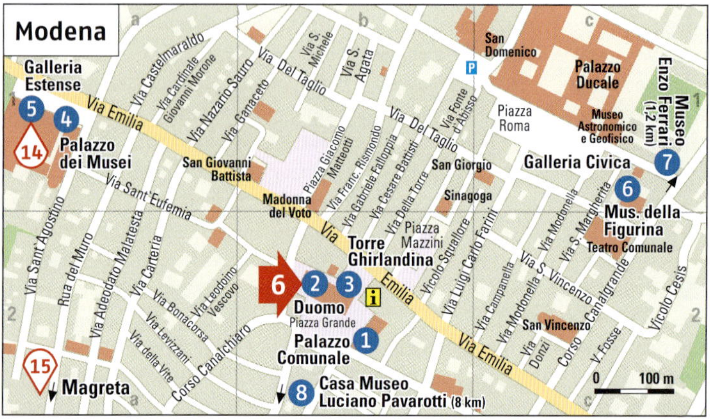

bestand der Dresdner Gemäldegalerie bildeten. Die Sammlung der Galleria Estense im dritten Stock des Palazzo dei Musei gibt einen umfassenden Überblick über die emilianische Malerei des 14.–18. Jh., darunter sind Werke von Cosmè Tura aus Ferrara, den Brüdern Carracci und von Guido Reni aus Bologna.

■ Palazzo dei Musei, Largo Porta S. Agostino 337, gallerie-estensi.beniculturali.it, Di–Sa 8.30–19.30, So 10–18 Uhr, 9 €

6 Fondazione Modena Arti Visivi

| Museum |

Der repräsentative Corso Canalgrande liegt innerhalb der Stadterweiterung der Este »città ducale« nördlich der Via Emilia. Im Palazzo Santa Margherita (19. Jh.) zeigt die Städtische Sammlung zur Kunst des 20. Jh. in der ehemaligen Galleria Civica (seit 2017 unter neuem Namen) vor allem Zeichnungen und Fotografien. Im Museo della Figurina gibt die von Giuseppe Panini geschaffene Kollektion mit über 50 000 Sammelbildchen, die größte Ausstellung ihrer Art, Einblick in die faszinierende Welt der Sammelbilder.

■ Corso Canalgrande 103, www.fmav.org, 6 €, erm. 4 €

7 Museo Enzo Ferrari

| Museum |

Neben dem Backsteingebäude der Officina Meccanica, Geburtshaus und spätere Autowerkstatt Enzo Ferraris, erhebt sich seit 2012 die leuchtend gelbe Kuppel eines Ausstellungspavillons, die einer Motorhaube aus den 1950er-Jahren ähnelt. Modernen Kunstwerken gleich, werden hier PS-strotzende Flitzer präsentiert. Eine Projektion erinnert an den genialen Ingenieur und Ferrari-Gründer und beleuchtet Meilensteine des Aufstiegs der Marke. Ein kostenpflichtiger Shuttlebus bringt Besucher zum 20 km entfernten Maranello (Abfahrt alle 90 Min., ab 9.40 Uhr).

■ Via Paolo Ferrari 85, www.ferrari.com/museums, April–Okt. tgl. 9.30–19, Nov.–März bis 18 Uhr, 22 €, erm. 18 € (Kombiticket mit Maranello 20 €)

8 Casa Museo Luciano Pavarotti

| Museum |

Als wolle er sein Publikum umarmen: Mit weit ausgebreiteten Armen und weißem Halstuch erlebten ihn Millionen Menschen auf Bühne oder Bildschirm. Spätestens seit dem Auftritt der Drei Tenöre 1990 zur Fußball-WM in Italien war Luciano Pavarotti ein Superstar. Bewundert wurde er für den strahlenden Klang seiner Stimme und die phänomenale Höhensicherheit. Pavarottis Wohnhaus im Süden Modenas ist seit 2005 ein Museum und bewahrt Kostüme, Erinnerungsstücke und Tonaufnahmen des virtuosen Künstlers auf.

■ Stradello Nava 6, www.casamuseolucianopavarotti.it, tgl. 10–18 Uhr, 10 €, erm. 8 € (Audioguide deutsch inkl.)

Verkehrsmittel

Über die Touristeninfo IAT können die städtischen Fahrräder gegen Anmeldung gratis genutzt werden. Erforderlich: eine Ausweiskopie und 20 € Pfand.

Parken

Vom Parkplatz Parcheggio del Centro (Via Achille Fontanelli 18, 1,40 €/Std.)

oder außerhalb der verkehrsberuhigten Altstadt (ZTL) erreichen Sie die Piazza Grande in wenigen Minuten.

Restaurants

€–€€ | **Aldina** Traditionelle emilianische Trattoria mit klassischen Gerichten und sorgfältiger Auswahl der Zutaten, gegenüber dem Mercato Albinelli. ■ Via Luigi Albinelli 40, Tel. 05 92/361 06, Mo–Do mittags, Fr, Sa auch abends, So geschl., Plan S. 120 b2

€€ | **Hosteria Giusti** Im wohl ältesten Wurstladen Europas gehen seit 1605 Wurstspezialitäten über die Theke. An nur vier Tischen (reservieren!) wird beste Modeneser Küche serviert. ■ Via Farini 75, Tel. 05 92/225 33, www.hosteriagiusti.it, nur mittags, Aug., Dez. So, Mo geschl., Plan S. 120 c1

€€ | **Trattoria Pomposa** Inmitten der Altstadt weiht Chef Luca Marchini Sie in die Geheimnisse von Modenas Küche ein. Sogar zuschauen geht: Im Eingangsbereich wird der Pastateig gerollt. ■ Via Castel Maraldo 57, Tel. 05 92/148 81, Mo geschl., Plan S. 120 a1

€€€ | **Cucina del Museo** Hausgemachte Salami und Pasta, gute Weinauswahl und exzellenter Service nahe dem Palazzo dei Musei. ■ Via Sant'Agostino 7, Tel. 05 92/174 29, www.cucinadelmuseo.it, Mo geschl., Plan S. 120 a1

Einkaufen

Antica Pasticceria San Biagio Brot, Torten, Gebäck und die typischen Köstlichkeiten aus Modena wie Balsamessig, lokale Weine wie Lambrusco di Sorbara. ■ Via Emilia Centro 77, Tel. 05 92/172 84, www.pasticceriasanbiagio.it, tgl. 8–13 und 16–20 Uhr, Do und So nachmittags geschl., Plan S. 120 b2

La Vacchetta Grassa Traditionelle Ledermanufaktur, die nur vegetabil gegerbtes Leder verarbeitet. ■ Corso Canalchiaro 42, Tel. 05 92/111 67, www.lavacchettagrassamodena.it, Mo–Sa 9–13 und 15.30–20 Uhr, Plan S. 120 a/b2

Mercato Albinelli Historische Markthalle im Zentrum. ■ Via Luigi Albinelli 13, weitere Eingänge Via Mondatora und Piazza XX Settembre, www.mercatoalbinelli.it, Mo–Sa 6.30–14.30, Sa 16.30–19 Uhr, Plan S. 120 b2

Gefällt Ihnen das?

Sie lieben das bunte Treiben und die typische Atmosphäre historischer Markthallen? Dann sollten Sie unbedingt auch den **Mercato di Mezzo** in Bologna (S. 71, 76), den **Mercato coperto** in Ravenna (S. 146) und in **Cattolica** (S. 165) besuchen.

Sport

Radtour von Modena nach Vignola: Ein asphaltierter, gut ausgeschilderter Fahrradweg (Mo1-Eurovelo7) startet vom Stadtteil Vaciglio und führt über Castelnuovo Rangone und Spilamberto nach Vignola. Die Tour ist auch für Kinder geeignet (hin und zurück ca. 50 km).

In der Umgebung

Acetaia Leonardi

| Essigmanufaktur |

15 *Verkostung in einer traditionellen Acetaia*

Seit 1871 produziert die Familie Leonardi ausschließlich Aceto Balsamico di Modena und den mindestens zwölf

Jahre gereiften Aceto Balsamico Tradizionale. Alle Produktionsschritte wie Weinanbau, Weinlese, das Keltern, das Einkochen des Mostes und die Reifung finden am Ort statt. Eine geführte Tour schließt Degustationen der »aceti« ein (Anmeldung per E-Mail: info@acetaia leonardi.it).

■ Via Mazzacavallo 62, 41043 Magreta di Formigine, www.acetaialeonardi.it, Führungen (Dauer: 30–90 Min.) siehe Website

Museo Ferrari, Maranello

| Museum |

7 *Rennwagen der Formel 1, Spritztour ins Werk und Simulator*

Der Besuch beim Formel-1-Champion Ferrari weckt Emotionen und lässt bei vielen Motorfans den Adrenalinspiegel in die Höhe schnellen. Im Städtchen Maranello 15 km südlich von Modena dreht sich alles um Ferrari und sein Werk, denn hier werden seit 1943 die berühmten Boliden gefertigt. Gezeigt werden Rennwagen der Anfangszeit der Scuderia und aktuelle Formel-1-Modelle sowie Sportwagen der letzten drei Jahrzehnte. Dazu können Besucher im F-1-Simulator für einige Minuten über die Piste rauschen, eine Spritztour auf das Werksgelände mit Abstecher auf der Fiorano-Piste machen und teure Souvenirs erstehen.

■ Via Alfredo Dino Ferrari 43, 41053 Maranello, www.ferrari.com/museums, April–Okt. tgl. 9.30–19, Nov.–März bis 18 Uhr, 22 €, erm. 18 € (Kombiticket mit Casa Enzo Ferrari Modena 30 €)

Panini Motor Museum

| Oldtimersammlung |

Umberto Panini, Ingenieur und Verleger bei den für ihre Sammelbilder berühmten Edizioni Panini, rettete 1997 eine Sammlung von 19 Maserati-Oldtimern vor der Versteigerung. Sie ist nun als Panini Motor Museum im Weiler Corletto westlich von Modena Teil der von Panini gegründeten Hombre Farm, die Parmigiano Reggiano in Bioqualität herstellt. Ein Besuch der Käsefarm ist ebenfalls möglich.

■ Via Corletto Sud 320, Corletto, Tel. 05 95/96 21 81, www.paninimotormuseum.it, Mo–Fr 9–13 und 15–18 Uhr, Eintritt frei (Führung Käsefarm 5 €, hombre.it)

Im Blickpunkt

Motor Valley

Entlang der Via Emilia verläuft eine Pilgerroute für PS-Enthusiasten, die Gänsehaut garantiert: das Motor Valley. Das Spektrum reicht von Nostalgie bis Adrenalin: Besuche privater Sammlungen und Oldtimer-Museen, Fabriktouren bei Auto- und Motorradherstellern bis zu kostspieligen Runden im Formel-1-Rennwagen auf der Rennpiste. Vor den Toren Modenas präsentiert das Museo Stanguellini Prototypen und Rennwagen des einstigen Ferrari-Konkurrenten aus der ersten Hälfte des 20. Jh.
In Sant'Agata Bolognese zeigt Lamborghini im Museo delle Tecnologie die Meilensteine seiner Geschichte und stellt neben einer Sammlung von historischen Sportwagen sein neuestes Modell vor.
Pagani, Luxusautobauer für Straße und Piste in San Cesario sul Panaro, lässt Besucher einen Blick in Showroom und Fabrik werfen.
www.motorvalley.it

19 Carpi

Charmantes Renaissancestädtchen mit prachtvoller Piazza

Information

■ INCARPI Ufficio promozione e turismo, Piazza Martiri 64, 41012 Carpi, Tel. 05 96/ 492 55, www.incarpi.info, Di–So 10–18 Uhr

Erste Zeugnisse Carpis, der Kleinstadt nördlich Modenas mit 72 100 Einwohnern, reichen in das 8. Jh. zurück, als um die Taufkirche Santa Maria in Castello (auch della Sagra, Piazzale Re Astolfo) der mittelalterliche Stadtkern entstand. Mit der Herrschaft der Familie Pio ab dem 14. Jh. beginnt Carpis Blütezeit. Unter Alberto Pio III. (1475–1531) gewannen humanistische Ideen an Bedeutung, und eine Gestaltung der Stadt nach den Idealen der Renaissance setzte ein. Heute bestimmen hier Landwirtschaft und die Textilindustrie den Rhythmus.

Sehenswert

Piazza dei Martiri

| Platz |

16 *Carpis wunderschöne Piazza lädt zum Verweilen ein*

Über 16 000 m² erstreckt sich Carpis planvoll angelegte Piazza, religiöses und administratives Zentrum der Stadt. Sie entstand während der Herrschaft des humanistisch gebildeten Alberto Pio III., der aus der Hauptstadt seines Zwergstaates eine Residenzstadt formen wollte. Die Längsseiten des schmalen Platzes säumen im Westen der burgartige Palazzo Pio und das neoklassizistische Stadttheater, im Osten die arkadengeschmückte Häuserzeile Portico lungo mit Geschäften und Cafés. Am Südende geht die Piazza in die Shoppingmeile Corso Alberto Pio über. An der nördlichen Querseite leuchtet die Barockfassade der Kirche Santa Maria Assunta in den Farben Gelb und Orange; sie wurde nach dem Erdbeben von 2012 frisch restauriert.

Palazzo dei Pio

| Museum |

Das zwischen dem 14. und 16. Jh. errichtete Kastell der Familie Pio beherbergt heute die Museen zur Stadtgeschichte. Das Museo della Città zeigt u. a. kunstvolle Intarsien aus Alabastergips in der »Scagliola« genannten Technik, die Guido Fassi zu Beginn des 17. Jh. in Carpi entwickelte, um teuren Marmor zu ersetzen. Das Museo del Palazzo führt durch die Räume der Renaissance-Residenz der Familie Pio im »piano nobile« mit einer Sammlung von Holzschnitten und der Pinakothek. Eindrücklich gedenkt das Museo Monumento al Deportato an die im nahen Konzentrationslager Fossoli (Campo di Fossoli, 6 km nördlich von Carpi, www.condazionefossoli.org) internierten Opfer des Faschismus.

■ Piazza dei Martiri, www.palazzodeipio.it, Di–Fr 10–13, Sa, So 10–18 Uhr, Kombiticket Carpicard 8 €, erm. 5 €

Santa Maria Assunta

| Kirche |

Der Bau begann 1515 unter Alberto Pio III., doch die Arbeiten zogen sich bis ins 18. Jh. Im Kircheninneren, das im Stil der Renaissance gestaltet ist, finden sich kunstvolle Altardekorationen in der in Carpi erfundenen »Scagliola«-Technik (Alabastergips-Stuck), die Marmor imitiert.

■ Piazza Martiri, tgl. 8–12, 15.30–19 Uhr

Parken

Auf der Piazzale della Meridiana, nur wenige Minuten von der Piazza dei Martiri, parkt man kostenlos. Weitere Parkplätze gibt es auf der Via Cipressi.

Restaurants

€€ | Il 25 In diesem einladend minimalistischen Restaurant unweit der Piazza dei Martiri trifft emilianische Tradition auf die Kreativität der Inhaber Salvatore und Pierluigi. Feine Fischgerichte und gute Weinauswahl.
■ Via San Francesco 20, Tel. 05 96/452 48, www.il25.it, 12.30–14.30 und 19.45–23 Uhr, So-Abend und Mo geschl.

In der Umgebung

Museo Civico Il Correggio
| Museum |
Im westlich von Carpi gelegenen Correggio herrschte seit dem Hochmittelalter die Familie Da Correggio, an deren Hof berühmte Schriftsteller und Dichter der Renaissance wirkten. Der Maler Antonio Allegri, genannt »Il Correggio« wurde 1489 hier geboren, an ihn erinnert das Museum im Palazzo dei Principi, dessen besonders kunstvoll dekoriertes Portal auffällt.
■ Piazza Cavour 7, www.museoilcorreggio.org, saisonal wechselnde Öffnungszeiten

20 Nonantola

Steinerne Geschichten und wertvolle Pergamente in mittelalterlicher Abtei

Information

■ Palazzo della Partecipanza Agraria, 1. Stock, Treppe A, Via Roma 23, 41015 Nonantola, Tel. 05 98/966 56, www.visitnonantola.it, Di, Do, Sa 9–12.30 Uhr

Die Geschichte dieses landwirtschaftlichen Zentrums mit heute 16 000 Einwohnern ist eng mit der vom langobardischen Herzog Anselmo 752

Die Abtei von Nonantola birgt kostbare Schriften aus der Zeit des Investiturstreits

gegründeten Benediktinerabtei verknüpft, die nach ihrer Gründung rasch wuchs und im 8. Jh. mehr als tausend Mönche zählte. Mit dem Skriptorium und der jahrhundertealten Bibliothek war die Abtei im Mittelalter eines der wichtigsten Klöster Oberitaliens. Die Knechte des wohlhabenden Konvents erstritten im 11. Jh. Freiheiten und materielle Sicherheiten. Die »partezipanza«, ein System der bäuerlichen Erbpacht, verhinderte die Vertreibung von ihren Höfen und legte die Abgaben fest. Es existiert in Teilen bis heute.

Sehenswert

Basilica San Silvestro

| Kirche |

Die Backsteinbasilika San Silvestro wurde nach dem großen Erdbeben in der Poebene im Jahr 1117 errichtet. Blendarkaden und Rundbogenfenster gliedern die drei imposanten Apsiden, die auf die lombardische Romanik verweisen. Die großartigen Basreliefs des Portals, die Episoden aus dem Leben Christi erzählen, stammen von Schülern des Wiligelmo. In der Krypta breitet sich ein Wald aus 86 Säulen aus, davon viele aus dem Neubau von 1121, andere aus dem 9. Jh., aber einige stammen auch aus der Zeit der Klostergründung!

■ Piazza Abbazia 1, abbazianonantola.it, Mo–Do 9–12, Fr–So 9–12 und 14–18 Uhr

Abbazia di Nonantola – Museo Benedettino e Diocesano d'Arte Sacra

| Museum |

Hier bestaunt man neben dem Klosterschatz Pergamente aus der Gründungszeit der Abtei, u.a. eines mit der Signatur von Mathilde von Canossa.

■ Piazza Abbazia 1, www.abbazianonantola.it, Di–So 9.30–12.30, Fr–So auch 14.30–18 Uhr

Gefällt Ihnen das?

Fasziniert Sie die geheimnisvolle Atmosphäre der im Mittelalter mächtigen Abteien mit ihren Schreibstuben (Skriptorien), meditativen Kreuzgängen und Kunstschätzen? Dann sollten Sie auch der **Abtei von Bobbio** (S. 94) und der **Abbazia di Pomposa** (S. 139) einen Besuch abstatten.

Parken

Parkplätze auf der Piazza Gramsci, Piazza Aldo Moro, Piazza Guido Rossa oder Piazza Alessandrini.

Restaurants

€€ | Osteria di Rubbiara Köstliche Lokalküche mit hausgemachter Pasta und Essig aus der eigenen Acetaia. ■ Via Risaia 6, Rubbiara di Nonantola, Tel. 05 95/490 19, www.acetaiapedroni.it, Mi–Mo mittags, Fr, Sa auch abends

€€ | La Nunziadeina Leckere Modeneser Küche in sympathischem Restaurant gegenüber der Abtei. ■ Via V. Veneto 95, Tel. 05 95/411 12, www.ristorantelanunziadeina.com, Di und Mi-mittag geschl.

Einkaufen

Acetaia Pedroni Traditionelle Essigmanufaktur der Familie Pedroni seit 1862 (los ging es mit der Osteria). ■ Via Risaia 6, Rubbiara di Nonantola, Tel. 05 95/490 19, www.acetaiapedroni.it, Di geschl.

Gavioli Weinbauern seit 1794 und Spezialisten für Lambrusco di Sorbara. Mit Weinmuseum. ■ Via Provinciale Ovest 55, Tel. 05 95/454 62, www.gavioli-vini.com, Di–So 9–13 und 15–19 Uhr

21 Spilamberto und Vignola

Heimat des edlen Aceto Balsamico Tradizionale und Burgdorf der Kirschen

Information

■ Tourist Information, Via Sant'Adriano 7, 41057 Spilamberto, Tel. 05 97/899 66

Im Flusstal des Panaro im Hügelland südlich von Modena liegen die Heimat des Balsamessigs Spilamberto und das für seine Kirschen bekannte Burgdorf Vignola. Seit 1976 ist Spilamberto Sitz des Konsortiums, das die Qualität des Aceto Balsamico Tradizionale seiner Mitglieder prüft und darüber entscheidet, ob dieser den offiziellen Titel D. O. P. tragen darf. Im Frühling färbt die Kirschblüte die Obstbaumhaine um Vignola rosa und weiß.

Sehenswert

Museo del Balsamico Tradizionale

| Museum |

Im Palazzo Fabriani verrät das Museum des traditionellen Balsamessigs die Geheimnisse dieser köstlichen Essenz. Die Schritte und Geräte bei der Herstellung sind seit 200 Jahren gleich geblieben, ein Prozess, bei dem Veränderungen unerwünscht sind, weil das Ergebnis bereits perfekt ist. Regelmäßige Verkostungen dank eigener Essigbatterie im Dachgeschoss.

■ Via Roncati 28, Spilamberto, www.museodelbalsamicotradizionale.org, Di, Do–So 10.30–17.30, Mi 10.30–17.30, Führungen mit Verkostung jeweils 10.45, 12, 14 und 15.30 Uhr (Anmeldung empf.), 8 € (mit Verkostung), 3 € (nur Museum)

ADAC Mittendrin

Die **»Fiera di San Giovanni«**, die alljährlich in der Woche um den 24. Juni stattfindet, gilt als Fest des Aceto Balsamico Tradizionale di Modena, an dem die wichtigsten Essigmanufakturen der Region zu Verkostungen laden (www.fierasangiovanni.it).

Rocca di Vignola

| Museum |

In der sehr gut erhaltenen Burg im Zentrum Vignolas, eine der interessantesten Festungen der Region, finden sich schöne Fresken aus dem 15. Jh.

■ Piazza dei Contrari 4, Vignola, www.fondazionedivignola.it, Juni–Sept. Di–So 10–13 und 15.30–19 Uhr, Eintritt frei

Palazzo Boncompagni

| Architektur |

Der Palazzo gegenüber der Burg wurde nach dem Entwurf des Barockarchitekten Jacopo Barozzi, genannt »Il Vignola«, errichtet und ist für sein elliptisches Treppenhaus, die Scala da Chiocciola, berühmt.

■ Via Belvedere 3, Vignola, Sa, So 10–12 und 15–18 Uhr, 10 €

Parken

In Vignola führt vom Parkplatz in der Via Zenzano ein Tunnel direkt zur Piazza dei Contrari mit der Burg.

Übernachten

In Reggio Emilia hat man eine gute Auswahl zwischen B & Bs in der Altstadt oder netten Hotels, die oft Gästefahrräder anbieten. Auch Modena hat ordentliche Hotels im mittleren Segment. Erlebnischarakter haben Agriturismi oder Weingüter südlich von Modena, die Wein und Balsamessig produzieren.

Reggio Emilia 112

€ | B & B Cantarelli Zwei charmante Zimmer in einem historischen Palazzo im Stadtzentrum. ■ Via Monzermone 3, 42121 Reggio nell'Emilia, Tel. 329/714 98 47, www.cantarellibandb.com

€ | B & B Del Vescovado Die drei Zimmer dieses B & B inmitten der Altstadt sind stilvoll mit alten Möbeln ausgestattet. ■ Stradone Vescovado 1, 42121 Reggio nell'Emilia, Tel. 05 22/43 01 57, www.delvescovado.it, Aug. geschl.

€€ | Albergo Morandi Sympathisches Hotel schon außerhalb des ersten Altstadtrings, dafür mit privatem Parkplatz und Gästefahrrädern. ■ Via Emilia San Pietro 64, 42121 Reggio nell'Emilia, Tel. 05 22/45 43 97, www.albergomorandi.com

€€–€€€ | Hotel Posta Mit Blick auf die Piazza Prampolini schlummern Sie im Palazzo del Capitano del Popolo aus dem 16. Jh. Parkplatz und Gästefahrräder vorhanden. ■ Piazza del Monte 2, Tel. 05 22/43 29 44, www.hotelposta.re.it

€€€ | Albergo delle Notarie Großzügige Zimmer mit edler Ausstattung in einem historischen Palazzo mit privatem Parkplatz. Später Check-out möglich. Sehr gutes Restaurant. ■ Via Palazzolo 5, 42121 Reggio nell'Emilia, Tel. 05 22/45 35 00, www.albergonotarie.it

Quattro Castella 116

€€€ | Venturini Baldini – Tenuta di Roncolo In der stattlichen Villa der Grafen Manodori aus dem 16. Jh. übernachten Sie mitten im Grünen mit Blick auf die Weinberge in einer der ersten biologisch zertifizierten (und preisgekrönten) Winzereien der Emilia. Unterm Dach gibt es auch eine Acetaia. ■ Via Filippo Turati 42, 42020 Quattro Castella, Tel. 05 22/24 90 11, www.venturinibaldini.it

Modena 118

€€ | Central Park Modernes, schönes Stadthotel in der Nähe des Palazzo dei Musei. Kein Hotelparkplatz, aber Parkplätze in der Umgebung des Hotels verfügbar. ■ Via Vittorio Veneto 10, 41121 Modena, Tel. 059/22 58 58, www.centralparkmodena.com

€€ | Hotel Cervetta 5 Stadthotel in der Altstadt. Frisches, modernes Design zum Wohlfühlen, kein Fahrstuhl, Garage am Hotel nach Voranmeldung verfügbar (15 €/Tag). ■ Via Cervetta 5, 41121 Modena, Tel. 059/23 72 09, www.hotelcervetta5.com

€€ | Opera 02 Modernes Landhotel inmitten von Rebhängen in der Nähe von Maranello südlich von Modena. Eigene Wein- und Essigproduktion – Führungen möglich. Viele Produkte in Bioqualität. Schöner Pool. ■ Via Medusia 32, 41014 Levizzano di Castelvetro, Tel. 059/74 10 19, www.opera02.it

€€ | Residence Antico Borgo Geräumige Zimmer und Apartments in einem restaurierten Landhaus im Grünen (3 km vom Stadtzentrum). ■ 41121 Modena, Tel. 059/24 20 81, www.residencemodena.com

€€–€€€ | Canalgrande Elegantes Hotel in einem historischen Palazzo mit Stuck und Fresken im Renaissanceteil von Modena. Terrasse, Garten und exquisites Restaurant. ■ Corso Canalgrande 6, 41121 Modena, Tel. 059/ 21 71 60, www.phi-hotels.com/hotel-canalgrande.php

Carpi 124

€€ | Gabarda Hotel im Stil einer Kolonialvilla mit großzügigen Zimmern. Gutes Restaurant mit leckerer Lokalküche. ■ Via Carlo Marx 172, 41012 Carpi, Tel. 059/69 36 46, www.gabarda.it

€€–€€€ | Touring Nur 200 m von der Piazza Martiri liegt dieses moderne Hotel mit Restaurant und kleinem Wellness-Bereich. Parkplätze im Hof. ■ Viale Dallai 1, 41012 Carpi, Tel. 059/ 68 15 35, www.hoteltouringcarpi.it

Nonantola 125

€ | Locanda Panaro Einfache Zimmer in Bioarchitektur mit Holzmöbeln in einem renovierten Landhaus. Fahrräder kostenlos. ■ Via Gazzate 47, 41015 Nonantola, Tel. 059/54 70 22, www.locandapanaro.it

Spilamberto und Vignola 127

€€–€€€ | La Cartiera Moderne, funktionale Zimmer in einer ehemaligen Papierfabrik mit Spa, Fitness, Parkhaus und Pool. ■ Via Sega 2, 41058 Vignola, Tel. 059/76 70 89, www.hotellacartiera.it

ADAC Das besondere Hotel

Auf diesem ehemaligen Adelssitz, dem heutigen **Hotel Castello**, übernachtet man herrlich im Grünen mit schönem Garten und doch direkt vor den Toren Modenas. Zu den bequemen Betten und großzügigen Zimmern kommen das reichhaltige Frühstück und der zuvorkommende Service – ein Ort zum Wiederkommen.
€–€€ | Hotel Castello, Vai Pica 321, 41126 Modena, Tel. 059/36 10 33, www.hotelcastello-mo.it

Ferrara und Ravenna – Renaissance und Mosaiken

Ein visionärer Stadtentwurf im Ferrara der Renaissance, die Lagunenlandschaft um Comacchio, das Podelta und prächtige Mosaiken

Alle Orte im Einzugsbereich des Po wurden entscheidend von diesem Strom geprägt, der sein Wasser auf viele Arme aufteilte, mit dem Absinken des Bodens, nach Hochwassern und Dammbrüchen seinen Lauf nach Norden verschob oder weite Gebiete in unzugängliche Wasserlandschaften verwandelte. Ferrara, einst als Flusshafen zu Bedeutung gelangt, erlebte als Residenzstadt der Este eine neue Blüte. Comacchio hingegen wurde durch das Wasser reich, Fischfang und Salzgewinnung bildeten die Grundlage dafür. Im Mittelalter begannen die Menschen im Ringen mit dem Fluss die Vormacht zu erlangen. Kontinuierlich legten die Mönche der Abtei Pomposa Ländereien trocken, die so zu Ackerland wurden. Die Abtei entwickelte sich zur mächtigen Landbesitzerin und bedeutendem kulturellen Zentrum. In Ravenna im Schutz der Lagune siedelten seit jeher Menschen. In Classe gründeten die Römer ihren Adriahafen. In der neuen Hauptstadt Westroms, Ravenna, lebten Kulturen und Religionen nebeneinander im Bestreben, das eigene Reich, ob weltlich oder religiös, zu stärken und zu Ruhm zu führen. Spätrömische Stile mischen sich mit byzantinischen; katholischer und arianischer Glaube koexistierten friedlich. Die Sehenswürdigkeiten, die in Ferrara, Comacchio, Pomposa, Ravenna und Classe bestaunt werden können, erzählen diese Geschichte.

In diesem Kapitel:

ADAC Top Tipps:

8 Palazzo dei Diamanti, Ferrara
| Palast |
Italiens berühmteste Fassade: 8000 Marmorquader künden vom Ruhm der Este. Im prachtvollen Inneren dokumentiert die Pinacoteca Nazionale die Malkunst der Ferrareser Schule. ... 136

9 **Valli di Comacchio**
| Naturpark |
Das größte Brackwasserfeuchtgebiet Italiens ist dank seines Vogelreichtums ein Paradies für Ornithologen. Der Naturpark des Podeltas dient dem Schutz der Landschaft und ihrer Artenvielfalt. 137

10 **Mausoleo di Galla Placidia, Ravenna**
| Mausoleum |
Prachtvolle Mosaiken zeugen vom byzantinischen Einfluss in der Hauptstadt des einstigen Weströmischen Reiches. 141

ADAC Empfehlungen:

17 **Museo Archeologico im Palazzo Costabili, Ferrara**
| Museum |
Auch unvollendet überzeugt der Renaissancepalast mit seiner Schönheit. Im Archäologischen Museum ersteht der etruskische Hafen wieder auf. 135

18 **Da Noemi, Ferrara**
| Restaurant |
Klassische Ferrareser Küche in herzlicher Atmosphäre, wie sie schon am Hofe der Este gemundet hat. 137

19 **Basilica di San Vitale, Ravenna**
| Kirche |
Im eindrucksvollen Zentralbau zeigen funkelnde Mosaiken den Kaiserhof Justinians und Theodoras. 141

20 **Ca de Ven, Ravenna**
| Restaurant |
Beliebter Treffpunkt zum Wein im Zentrum Ravennas. Im stimmungsvollen Palazzo aus dem 15. Jh. wird romagnolische Küche serviert. Zur Auswahl stehen die besten Weine der Romagna. 145

21 **Albergo Cappello, Ravenna**
| Hotel |
Elegante Zimmer in einem venezianischen Palazzo aus der Zeit der Renaissance im Zentrum Ravennas. 153

22 Ferrara

Residenz der Este, Renaissanceperle und Fahrradhauptstadt

Piazza Savonarola mit der Statue des Bußpredigers und dem Castello Estense

Information

- IAT, Castello Estense, Largo Estense, 44121 Ferrara, Tel. 05 32/20 93 70, www.ferrarainfo.com, Mo–Fr 9–18, Sa, So 9.30–17.30 Uhr
- Parken: siehe S. 136

Ferrara entstand im 7. Jh. an der Gabelung zweier Arme des Po und gewann als Flusshafen Bedeutung. Nach dem Dammbruch von Ficarolo (1152) änderte der Po seinen Lauf, der Hafen verlandete. Die Este, die 1264 an die Macht gelangten, bauten Ferrara zur Residenzstadt aus. Ercole I. d'Este gab 1492 bei Hofarchitekt Biagio Rossetti die Erweiterung der Stadt nach Norden in Auftrag. Diese »Addizione Erculae« bedeutete eine Verdreifachung der Stadtfläche, von einer 9 km langen Stadtmauer geschützt. Der visionäre Entwurf begründete die moderne Stadtplanung. Als das Lehen der Este 1598 an den Apostolischen Stuhl zurückfiel, verlor die Stadt unter der Herrschaft der päpstlichen Legaten an Bedeutung. Aus heutiger Sicht ein Glücksfall, denn so blieb das einzigartige Stadtbild fast unverändert erhalten. Durch die Urbarmachung des Hinterlandes im 19. Jh. entwickelte sich die Stadt mit ihren 129 000 Einwohnern zum Zentrum für Obst- und Ge-

Plan S. 134

ADAC Wussten Sie schon?

Kein Asphalt, keine Geschäfte! An der Prachtstraße **Corso Ercole I. d'Este** umgeben Gärten die Palazzi. Zur Stadtmauer hin werden die Häuser flacher, ländlicher. Ercole I. d'Este selbst hatte sich gegen Geschäfte dort ausgesprochen – so bewahrte die Straße ihr ursprüngliches Aussehen.

müseanbau. Seit 1995 gehören Ferrara und sein Podelta zum UNESCO-Weltkulturerbe. Als im Mai 2012 hier die Erde bebte, wurden viele historische Gebäude beschädigt und werden zum Teil heute noch restauriert.

Sehenswert

1 Castello Estense

| Wasserburg |

Mit seinen mächtigen Türmen, dem Wassergraben und der Zugbrücke diente das im 14. Jh. errichtete Kastell den Este als Zwingburg. Ab dem 15. Jh. erfolgte der Umbau zur herzoglichen Residenz. Die Besichtigung führt durch Küche, Verliese, im »piano nobile« durch große, mit manieristischen Fresken geschmückte Säle und auf die Torre dei Leoni mit schönem Ausblick.

■ Largo Castello, www.castelloestense.it, Mi–Mo 10–18 Uhr, 12 €, erm. 10 €, Torre dei Leoni 2 €

2 Cattedrale di San Giorgio

| Kirche |

Die Kathedrale von Ferrara ist dem hl. Georg, Schutzpatron der Stadt, geweiht. Das Tympanonrelief zeigt ihn als Drachentöter. Begonnen wurde der Bau im 12. Jh. zunächst im romanischen Stil, im 14. Jh. kamen Stilelemente der Gotik wie Fialen, Rosetten und Arkaden hinzu. Die üppig verzierte marmorne Fassade ist wegen Restaurierung auf unbestimmte Zeit verdeckt. Filigrane Zwerggalerien zieren die Südseite der Fassade, darunter liegt die – überraschend weltliche – Ladenzeile Loggia dei Merciai aus dem 15. Jh., in der sich bis heute Geschäfte befinden.

■ Piazza della Cattedrale, bereits seit März 2019 wegen Renovierungsarbeiten geschl.

3 Museo della Cattedrale

| Museum |

Einer der Höhepunkte im Dommuseum sind die Orgeltüren mit der Darstellung des hl. Georg von Cosmè Tura, dem frühesten Meister der Ferrareser Malschule des 15. Jh. Aus der Werkstatt von Benedetto Antelami stammen die Skulpturen der im 18. Jh. zerstörten Porta dei Mesi, deren Spuren an der Südseite der Kathedrale noch sichtbar sind. Die Skulptur »Madonna mit dem Granatapfel« schuf der Renaissancebildhauer Jacopo della Quercia.

■ Via San Romano, www.artecultura.fe.it, Di–So 9.30–13 und 15–18 Uhr, 6 €, erm. 3 €

4 Via delle Volte

| Gasse |

Die Via San Romano führte im Mittelalter vom Marktplatz Piazza Trento e Trieste direkt zum Flusshafen, der sich an der heutigen Via Ripagrande befand. Die parallel dazu verlaufende Via delle Volte wird von einer Reihe niedriger Bögen überspannt, die einst die Lagerhäuser auf der einen mit den Geschäfts- und Wohnhäusern auf der anderen Seite verbanden.

5 Museo Nazionale dell'Ebraismo e della Shoah (MEIS)

| Museum |

Das Nationalmuseum des italienischen Judentums und der Shoah MEIS befindet sich im Komplex eines ehemaligen Gefängnisses in der Nähe des früheren Ghettos. Die Ausstellung erzählt mit Exponaten wie Manuskripten und Inschriften, Texten, Bildern und Filmen von den jüdischen Gemeinden in Italien und macht auf anschauliche Weise die Verwobenheit mit der italienischen Geschichte deutlich.

■ Via Piangipane 81, www.meisweb.it, Di–So 10–18 Uhr, 10 €, erm. 8 €

6 Ghetto Ebraico

| Viertel |

Unter Borso und Ercole I. d'Este erblühte das jüdische Leben in Ferrara, als zahlreiche Juden aus Europa hier Zuflucht fanden. Die Stadt galt als Musterbeispiel der Integration in Italien. In der Via Mazzini lag der Eingang ins jüdische Viertel, das erst während der Herrschaft der päpstlichen Legaten 1627 in ein Ghetto umgewandelt wurde. Von dieser Zeit zeugen die zuge-

mauerten Fenster und Türen in der Via Contrari. Der alte jüdische Friedhof Cimitero Ebraico (Via delle Vigne, Sa geschl.) liegt östlich der Certosa des städtischen Monumentalfriedhofs inmitten der »Addizione Erculea«.

7 Sant'Antonio in Polesine

| Kloster |

Einer Reise in eine andere Welt gleicht der Besuch in diesem malerisch im Grünen gelegenen Benediktinerkloster aus dem 13. Jh., das bis zur Änderung des Verlaufs des Po auf einer Insel lag. Noch heute leben hier Nonnen. In den drei Chorkapellen der Klosterkirche sind Fresken aus der Schule Giottos zu bewundern, wie die ungewöhnliche Darstellung Christi, der selbst auf einer Leiter zum Kreuz hinaufsteigt.

■ Vicolo del Gambone, Mo–Sa 9.30–11.30 und 15.15–16.45 Uhr, freie Spende

8 Museo Archeologico Nazionale im Palazzo Costabili

| Museum |

17 *Zeitreise zum etruskischen Hafen Spina*

Biagio Rossetti entwarf den unvollendet gebliebenen Palazzo Costabili 1502 für den Gesandten der Este in Mailand Antonio Costabili. Achten Sie auf die Marmordekoration der Wandpfeiler und der Treppenstufen im Haupttreppenaufgang. Einige Säle wurden im 16. Jh. von Benvenuto Tisi, genannt »Il Garofalo«, mit Fresken geschmückt. Dem Deckenfresko der Sala del Tesoro (1503–1506) hat die jüngste Restauration ihre Farbenpracht zurückgegeben. Das Archäologische Museum hat hier seinen Sitz und zeigt umfangreiche Funde aus dem etruskischen Hafen Spina, die einen regen Handel mit dem griechischen Raum bezeugen: attische

»Der April«, ein Monatsbild von Francesco del Cossa im Palazzo Schifanoia

Vasen, etruskischer Goldschmuck und zwei Einbäume aus dem 3. Jh. Multimediale Installationen schaffen Zusammenhänge.

■ Via XX Settembre 124, www.archeoferrara.beniculturali.it, Di–So 9.30–17 Uhr, 6 €, erm. 2 €

9 Palazzo Schifanoia

| Palast |

Seine Funktion trägt er im Namen: »schivar la noia« heißt »die Langeweile vertreiben«. Er ist eine »delizie estense«, ein sogenannter städtischer Lustort, um Abstand von den Sorgen des Regierens oder dem Leben am Hof zu gewinnen. Entstanden 1385 wurde er 1465 um ein Obergeschoss und die Empfangshalle Salone dei Mesi erweitert. Diese wurde nach einem Entwurf des Humanisten Pellegrino Prisciani von Franceso del Cossa und Ercole de' Roberti mit dem überragenden Freskenzyklus der zwölf Monate ausgemalt.

■ Via Scandiana 23, www.artecultura.fe.it, Di–So 10–19 Uhr, 12 €, erm. 9 €

10 Museo di Casa Romei

| Museum |

Das 1443 begonnene Wohnhaus des Kaufmanns Giovanni Romei ist eine Perle der Frührenaissance. Am reich verzierten Gebäude finden sich sowohl mittelalterliche Stilelemente als auch die für die Renaissance typischen Loggien. Innenräume wie die Sala delle Sibille zieren Fresken. Im »piano nobile« werden aus alten Kirchen gerettete Fresken aufbewahrt, im Erdgeschoss das Lapidarium mit Skulpturen, Grabsteinen und Friesen.

■ Via Savonarola 30, Reservierung empfohlen: Tel. 05 32/23 41 30 oder unter ioprenotoapp.com, So–Mi 8.30–14, Do–Sa 14–19.30 Uhr, 6 €, erm. 3 €

ADAC Spartipp

Der Erwerb der **MyFE Card** lohnt sich ab einem Besuch von drei der 13 Museen, deren Eintritt mit ihr kostenlos ist. Zwei Tage für 20 €, drei Tage 22 € und sechs Tage 25 €. *www.myfecard.it*

11 Palazzo dei Diamanti/ Pinacoteca Nazionale

| Museum |

8 *Reiche Gemäldesammlung im Renaissancepalast*

12 000 diamantförmig zugespitzte Blöcke aus rosa und weißem Marmor schmücken die beiden Hauptfassaden. Biagio Rossetti wusste die Hauptkreuzung seiner Stadterweiterung »Addizione Erculea« wirkungsvoll in Szene zu setzen! Der Diamant war ein Symbol der Este, sodass der Palazzo dei Diamanti für den Ruhm der Este steht. In den Wohnräumen des »piano nobile«, darunter der imposante Festsaal Salone d'Onore, befindet sich die Pinacoteca Nazionale, die mit beeindruckenden Werken von Cosmè Tura, Garofalo und Dosso Dossi die Entwicklung der ferraresischen Malerei vom 14. bis ins 17. Jh. dokumentiert.

■ Corso Ercole I d'Este 21, www.palazzo diamanti.it, tgl. 11–20 Uhr, 12 €, erm. 10 €

Verkehrsmittel

Die Innenstadt ist für den Autoverkehr größtenteils gesperrt (ZTL). Man nimmt am besten das Fahrrad, das bevorzugte Verkehrsmittel der »Ferraresi« (sogar bei Regen!). Viele Hotels bieten Fahrräder gegen Gebühr an. Adressen für Fahrradverleihe findet man auf dem im IAT erhältlichen Stadtplan.

Parken

Zentrumsnahe Parkhäuser sind Ex-Mof (Via Darsena, 2 Std. frei), Centro Storico (Via Darsena, 0,80 €/Std.) oder in der Nähe des Palazzo dei Diamanti (»Diamanti«, Via Arianuova, 0,50 €/ Std.). ■ www.ferraratua.it/parcheggi

Restaurants

€ | Schiaccia Sauerteigbrot aus Mehl, Wasser und Olivenöl belegt mit frischen Zutaten. Fast Food »all'italiana« in modernem Ambiente. ■ Via San Romano 73, Tel. 05 32/79 07 51, schiaccia.it, Plan S. 134 b1

€€ | Ca' d'Frara Zur Auswahl stehen Fischgerichte und die Klassiker der Ferrareser Küche wie »cappelletti in brodo« und die Kochwurst »salama da sugo«. ■ Via del Gambero 4, Tel. 05 32/ 20 50 57, www.ristorantecadfrara.it, Di, Mi und Do-mittags geschl., Plan S. 134 b1

18 **€€ | Da Noemi** Das familiengeführte Restaurant ist eine Hommage an die »mamma« der Inhaberin. Köstliche Ferrareser Küche. ■ Via Ragno 31, Tel. 05 32/76 90 70, www.trattoriadanoemi.it, Di und Mi-Mittag geschl., Plan S. 134 b1

Kinder

Parco Massari An heißen Tagen empfiehlt sich eine Pause in diesem weitläufigen Park mit Spielplatz. ■ Zugänge: Corso Porta Mare, Plan S. 134 nördl. c1

Events

Während des Festivals **»Ferrara Buskers«** in der dritten Augustwoche wird das Stadtzentrum zur stimmungsvollen Bühne für Straßenmusiker aus aller Welt (www.ferrarabuskers.com).

Zum **»Palio di San Giorgio«** Ende Mai treten auf der Piazza Ariostea Läufer in historischen Kostümen und Reiter auf Eseln und Pferden gegeneinander an (www.paliodiferrara.it). ■ Plan S. 134 c1

Entspannung

Ferraras 9 km lange mittelalterliche Wallanlagen und ihre Renaissanceergänzung im nördlichen Teil umschließen die Stadt fast vollständig. Heute ist der Wall die perfekte Lauf- und Fahrradstrecke sowie Ort für eine grüne Auszeit. ■ Plan S. 134 a1–c2

Gefällt Ihnen das?

Mögen Sie Mittelalterfeste, historische Kostüme und Reiterspiele? Dann könnten Ihnen auch der **»Palio del Niballo«** in Faenza (S. 150), die **»Feste Medioevali«** in Brisighella (S. 151) und der **»Palio di Santa Reparata«** in Terra del Sole (S. 157) Freude machen.

23 Comacchio

Lagunenstädtchen mit kurioser Brücke und römischem Frachtschiff

Information

■ IAT, Via Agatopisto 2a, 44022 Comacchio, Tel. 05 33/31 41 54, www.visitcomacchio.it

Comacchio, gegründet in der Spätantike, lag einst am Meer und war eine wichtige Hafen- und Handelsstadt. Bis heute durchziehen zahlreiche Kanäle den Ort, der auf 13 Inseln liegt.

Sehenswert

Lagunenseen Valli di Comacchio

| Naturpark |

9 *Salzgewinnung, Fischfang und Muschelzucht*

Comacchio gedieh aufgrund des Salz- und Fischreichtums der sie umgebenden Lagunenseen, die das Zusammenspiel von Süßwasser aus Regen und Flüssen und Meerwasser der abgesenkten Küste schuf. Während die Salzgewinnung in den Salinen südlich der Stadt im 20. Jh. aufgegeben wurde, spielen Fischfang und Muschelzucht weiter eine große Rolle. Trotz der systematischen Trockenlegung der Sumpfgebiete im 19. und 20. Jh. sind die Valli di Comacchio heute das größte Brackwasserfeuchtgebiet Italiens und dank ihres Vogelreichtums ein Paradies für Ornithologen und ein guter Stützpunkt für das Birdwatching.

Trepponti

| Brücke |

Die einfallsreich konstruierte Wehrbrücke, Wahrzeichen Comacchios, überspannt vier Kanalarme und wurde 1638 vom ravennatischen Architekten Luca Danesi erbaut. Die kleine Markthalle auf dem Platz an der Brücke wird heute für Ausstellungen genutzt.

■ Via Trepponti

Museo del Delta Antico

| Museum |

Im neoklassizistischen Krankenhaus aus dem 18. Jh. veranschaulichen archäologische Funde von der Bronzezeit bis ins Mittelalter die Geschichte des antiken Podeltas, das als wichtiger Handelsplatz den Mittelmeerraum mit dem nördlichen Europa verband. Höhepunkte der Ausstellung sind die der etruskischen Hafenstadt Spina gewidmeten Räume mit kostbaren Grabbeigaben sowie die Reste eines 1981 entdeckten römischen Frachtschiffes aus dem 1. Jh. v. Chr.

■ Via Agatopisto 3, www.museodeltaantico.com, Mo–Fr 9.30–13 und 15–18.30, Sa, So 9.30–18.30 Uhr, Nov.–März Mo geschl., 6 €, erm. 3 €

Manifattura dei Marinati

| Museum |

Vom Fischreichtum und der Tradition der Aalverarbeitung erzählt dieses Industriemuseum. Eingelegter Aal, heute unter dem Schutz von Slow Food, steht im Bookshop zur Verkostung und zum Verkauf.

■ Corso Mazzini 200, Di–So 9.30–13 und 15–18.30 Uhr, 3 €, erm. 2 €

Restaurants

€€ | **Trattoria La Comacina** Mit Blick auf den Kanal und die Torre dell'Orologio speisen: Es gibt Aal, anderen lokalen Fisch und hausgemachte Pasta.

■ Via E. Fogli 17, Tel. 05 33/31 15 47, tgl. 12–14.30 und 19–22/22.30 Uhr, Di geschl.

Cafés

Bar Gelateria Ragno Traditionelles Café und Eisdiele im Liberty-Stil unter den Arkaden eines historischen Getreidespeichers. ■ Via Cavour 1, Tel. 05 33/812 84, tgl. außer Mo 6–21 Uhr

Einkaufen

Pescheria Trepponti Fangfrischer Fisch wie Aal und Seebarsch, Meeresfrüchte und haltbare Alternativen wie eingelegter Aal oder »baccalà« (Stockfisch). ■ Via Trepponti 34, tgl. 7.30–12.30 und 14.30–18.30 Uhr, Mo nur vormittags

Erlebnisse

Mit einem Fischer im typischen Lagunenboot in das Valle Campo, um **Flamingos** zu beobachten (Abfahrt Valle di Campo, SS 309 Romea, Dauer: 2 Std., 15 €) oder von Comacchio aus mit dem Boot zur Stazione Foce (Abfahrt Ristorante il Bettolino di Foce, Dauer: 2 Std., 14 €), wo seit jeher **Aal** gefangen wird. Das sind nur zwei der möglichen Touren im Park des Podelta. ■ www.podeltatourism.it

Im Blickpunkt

Das Podelta im Wandel der Zeit

Weit bevor der Po in die Adria mündet, verzweigt er sich in verschiedene Arme, die ihren Lauf über die Jahrhunderte veränderten. Mitgeführte Sedimente verschoben die Küste immer weiter ins Meer hinaus. Im Mittelalter begannen die Menschen die Landschaft aus Sümpfen, Lagunen, Feuchtgebieten und Wäldern zu formen, um Land zu gewinnen und die Schiffbarkeit zu verbessern. Während ihrer Herrschaft in der Renaissance gaben die Este mit der Trockenlegung von Sumpfgebieten um Ferrara, Errichtung von Kanälen und dem Bau von Sommer- und Jagdsitzen, den »delizie estensi«, dem Deltagebiet ihr Gepräge. Im 20. Jh. wurde über die Hälfte des Lagunengebiets trockengelegt. Zum Schutz der Landschaft mit ihrer artenreichen Flora und Fauna richtete man 1988 den Naturpark Parco Regionale del Delta del Po ein, dessen Areal mit 53 600 ha vom Flussarm Po di Goro bis zu den Salinen von Cervia reicht.
www.parcodeltapo.it

24 Pomposa

Meisterwerk aus Backstein mit farbenfroher Bilderbibel

Information

■ IAT, Abbazia di Pomposa, 44021 Codigoro, Via Pomposa Centro 1, Tel. 05 33/ 71 91 10, www.deltawelcome.it

Sehenswert

Abbazia di Pomposa

| Kloster |

Bereits im 6./7. Jh. siedelten die ersten Mönche auf der von den Po-Armen Goro und Volana umflossenen Isola Pomposiana und begannen die Sümpfe trockenzulegen. Die Lage an der Pilgerstraße Via Romea nach Rom machte das Kloster zu einem Rast- und Begegnungsort. Im 11. Jh. erlebte Pomposa seine größte Blüte. Hier entwickelte der Mönch Guido d'Arezzo mit dem Sechstonsystem die moderne Notenschrift. Nach einer fatalen Flut (Dammbruch von Ficarolo 1152) breitete sich Malaria aus, und im 15. Jh. zogen die Mönche nach Ferrara. Der Innenraum der dreischiffigen Basilika ist vollständig mit Fresken geschmückt, die Mittelschiffwände bemalten Bologneser Meister mit einer kunstvollen Bilderbibel. Den Fußboden bedecken florale und geometrische Mosaiken (11./12. Jh.). Im Sommer finden Konzerte statt (»Musica Pomposa«, IAT Pomposa, www.deltawelcome.it).
■ Via Pomposa Centro 1, Tel. 05 33/ 71 91 10, Kirche tgl., Kloster Di–So 8.30–19.30 Uhr, 5 €, erm. 3 €

Restaurants

€€–€€€ | Ristorante La Zanzara Familienbetrieb in einem alten »casone« (Fischerhaus) auf einer Insel. Exquisite Fischküche. ■ Via per Volano 52, Volano di Codigoro, Tel. 347/036 78 41, www.ristorantelazanzara.com, nur 24 Plätze, reservieren! Mo, Di geschl.

25 Ravenna

Hauptstadt Westroms, Sitz der Gotenkönige, Grab Dantes

Inspiration aus Byzanz: der achteckige Zentralbau von San Vitale

Information

- IAT, Piazza San Francesco 7, 48121 Ravenna, Tel. 05 44/354 04, www.turismo.ra.it
- Parken: siehe S. 145

Im Schutz der Lagune siedelten sich um 500 v. Chr. Umbrer und Etrusker an. Im 1. Jh. n. Chr. bauten die Römer in der Bucht zur Verteidigung der Adria den Kriegshafen Classis. Ravennas Blüte begann, als Kaiser Flavius Honorius 402 die Hauptstadt des Weströmischen Reiches zum Schutz vor den Goten von Mailand hierher verlegte. Umgeben von Sümpfen war die Stadt leicht zu verteidigen. Der Hafen Classe garantierte zudem die Schiffsverbindung nach Konstantinopel. Nach dem Fall Westroms wurde die Stadt Residenz der Gotenkönige und der ersten byzantinischen Exarchen. Die in nur 200 Jahren entstandenen Monumente mit frühchristlicher Mosaikkunst zeugen von der Absicht, eine neue christliche Hauptstadt zu erschaffen. Seit 1996 gehören sie zum UNESCO-Weltkulturerbe. Die Erschließung von Methan-Vorkommen führte in den 1950er-Jahren schließlich zum Ausbau der Häfen, Ravenna (156 000 Einwohner) wurde zum bedeutenden Standort der petrochemischen Industrie.

Plan S. 142

Sehenswert

1 Basilica di San Vitale

| Kirche |

19 *Erlesenes Architekturdenkmal mit Vorbildwirkung*

Vollendet wurde der Bau von Ravennas berühmtester Kirche nach 540. Nach dem Sieg der Byzantiner über die Ostgoten wurden aus Konstantinopel Marmor, Säulen und Kapitelle geliefert. Der achteckige Zentralbau ist ganz aus flachen Backsteinen gemauert. Im Innenraum schaffen acht durch Rundbögen verbundene Pfeiler, auf denen Tambour und Kuppel sitzen, Offenheit und Leichtigkeit. Aus allen Richtungen fällt sanft Licht aus gelben Alabasterfenstern auf die Mosaiken in Chorraum und Apsis und bringt sie zum Funkeln. Die Wände des Chorteils schmücken Geschichten aus dem Alten Testament im realistischen Stil der römischen Spätantike, darunter Pflanzen und Tiere aus dem Delta. Von den Wänden neben dem Altar blickt feierlich erstarrt das von Gott berufene Herrscherpaar: Kaiser Justinian als Sieger über die Goten und seine Gattin Theodora mit Hofstaat.

■ Via Argentario 22, www.ravennamosaici.it, März–Okt. tgl. 9–19, Nov.–Feb. tgl. 10–17 Uhr, Kombiticket 9 €, erm. 8,50 € (5 der 8 Welterbestätten, 7 Tage gültig)

2 Mausoleo di Galla Placidia

| Mausoleum |

10 *Schönster Sternenhimmel der Kunstgeschichte*

Galla Placidia übernahm nach dem Tod ihres Halbbruders Honorius 423 die Regentschaft im Weströmischen Reich, da ihr Sohn noch ein Kind war. Ein Glücksfall für Architektur und Kunst in Ravenna, wie das nach ihr benannte, zwischen 425 und 450 errichtete Mausoleum zeigt. Der äußerlich unscheinbare Backsteinbau auf kreuzförmigem Grundriss erstrahlt innen dank der zauberhaften Mosaiken. Mild fällt Licht durch die mit Alabasterplatten verschlossenen Fenster auf Mosaiksteine, in intensivem Blau und golden funkelnde Sterne in der Kuppel. Die Figur von Christus als – hier kaiserlich gewandeter – guter Hirte inmitten seiner Schafherde erinnert an die symbolische Motivsprache der Katakombenmalerei.

■ Via Argentario 22, www.ravenna mosaici.it, März–Okt. tgl. 9–19, Nov.–Feb. tgl. 10–17 Uhr, online Zeitfenster buchen, Kombiticket 12,50 €, erm. 11,50 € (für 5 der 8 Welterbestätten, 7 Tage gültig)

3 Museo Nazionale di Ravenna

| Museum |

Im Kreuzgang des ehemaligen Benediktinerklosters San Vitale zeigt die Sammlung des Museo Nazionale Funde aus Classe, darunter römische Skulpturen, antike Münzen, mittelalterliche Elfenbein- und Bronzearbeiten sowie einen kunstvollen Freskenzyklus (14. Jh.) des Pietro da Rimini mit ausdrucksstarken Szenen aus dem Neuen Testament. Im ersten Stock warten Ikonen und Keramiken.

■ Via San Vitale 17, ganzjährig Di, Do, Fr 8.30–19.30, Mi 14–19.30, Sa, So 8.30–14 Uhr, 6 €, erm. 2 €

4 Domus dei Tappeti di Pietra

| Museum |

Beim Bau eines Parkhauses in Ravenna stieß man auf diese Fundamente und Fußböden eines byzantinischen Palastes aus dem 6. Jh. n. Chr. mit gut erhaltenen Mosaiken.

■ Eingang über der Chiesa di Sant' Eufemia, Via Barbiani 2, www.domusdei tappetidipietra.it, 4 €, tgl. 10–18.30, Nov.–Dez. Di–So 10–17 Uhr, erm. 3 €

5 Battistero Neoniano

| Taufkapelle |

Als eines der ältesten Bauwerke Ravennas erhebt sich neben dem Duomo Sant'Orso die Anfang des 5. Jh. erbaute achteckige Taufkapelle der Orthodoxen oder Battistero Neoniano, benannt nach Bischof Neon, der die Mosaiken anbringen ließ. Im zentralen Medaillon steht Christus im Jordan, der als antiker

Flussgott dargestellt ist. Aufgrund der natürlichen Subsidenz des Untergrunds von Ravenna ist das Gebäude mittlerweile 3 m abgesunken, sodass der Fußboden schon viermal erhöht wurde. Die Kapelle wird noch für Taufen genutzt.

■ Piazza Duomo 1, www.ravennamosaici.it, März–Okt. tgl. 9–19, Nov.–Feb. tgl. 10–17 Uhr, online Zeitfenster buchen, Kombiticket 12,50 €, erm. 11,50 € (für 5 der 8 Welterbestätten, 7 Tage gültig)

6 Museo Arcivescovile e Cappella di Sant'Andrea

| Museum |

Das Bischöfliche Museum zeigt Mosaiken, Grabsteine, Epigraphe und Kapitelle aus dem spätantiken Dom Sant' Orso, im 18. Jh. durch einen Barockneubau ersetzt. Prunkstück der Sammlung ist der prächtige Elfenbeinthron von Bischof Maximian (6. Jh.), ein Meisterwerk der Schnitzkunst. Die erzbischöfliche Kapelle Cappella di Sant'Andrea mit ihrem Mosaikschmuck gehört zum UNESCO-Welterbe. Das Mosaik auf der Lünette zeigt Jesus als jugendlichen Legionär mit einem Buch, darauf steht: »Ich bin der Weg, die Wahrheit und das Leben.« Dabei steht er auf einem Löwen und einer Schlange, den Symbolen des Bösen – ein klarer Seitenhieb auf den arianischen Glauben, dem Gotenkönig Theoderich anhing.

■ Piazza Arciviscovado 1, www.ravennamosaici.it, März–Okt. tgl. 9–19, Nov.–Feb. tgl. 10–17 Uhr, Kombiticket 12,50 €, erm. 11,50 € (für 5 der 8 Welterbestätten, 7 Tage gültig)

7 Tomba di Dante

| Grabmal |

Der kleine neoklassizistische Tempel aus dem 18. Jh. wurde von Kardinal

ADAC Wussten Sie schon?

Der **Arianismus** war eine christliche Lehre aus dem 4. Jh., die das Dogma der Dreieinigkeit und damit die Wesensgleichheit Christi mit Gott ablehnte. Seit dem Konzil von Nicäa 325 gilt sie als Häresie. Unter Theoderich war sie Staatsreligion der Ostgoten. Nach ihrer Einnahme Ravennas 561 wandelten die Byzantiner die Kirchen der Arianer in katholische Kirchen um.

Luigi Gonzaga gestiftet, dessen Wappen über dem Eingang prangt. Das Flachrelief des denkenden Dante vor einem Lesepult schuf Pietro Lombardi (1483). Darüber hängt eine Öllampe, gespeist von toskanischem Olivenöl, das die Stadt Florenz jedes Jahr im September liefert. Inmitten des kleinen Gartens rechts neben dem Grabmal wurden die Gebeine Dantes während des Zweiten Weltkriegs in einem Hügel versteckt.

■ Via Alighieri Dante 9, tgl. Nov.–März 10–18, April–Okt. 10–19 Uhr, Eintritt frei

8 San Francesco

| Kirche |

Das in Ravenna typische Absinken des Untergrundes (Subsidenz) zeigt sich in dieser frühchristlichen Basilika (5. Jh.), die häufig renoviert und mehrmals erhöht wurde. Gewidmet ist sie dem hl. Franziskus. Durch ein Fenster unter dem Hochaltar blickt man in die Krypta aus dem 10. Jh., in der die Gebeine von Bischof Neon ruhen. Sie steht immer unter Wasser, und über dem Mosaikfußboden schwimmen Goldfische.

■ Piazza San Francesco 1, Mo–Fr 7–12 und 15–18, Sa, So bis 18.30 Uhr

Im Blickpunkt

Dantes Grab in Ravenna

Die letzten 20 Jahre seines Lebens verbrachte der im Exil lebende florentinische Dichter Dante Alighieri auf Einladung des ravennatischen Herrschers Guido Novello da Polenta in Ravenna, wo er sein bekanntestes Werk »Divina Commedia« beendete. In dessen Haus starb er am 14. September 1321. Die Trauerfeier wurde in der Kirche San Francesco gehalten. Nach seinem Tod forderten die Florentiner die sterblichen Überreste des Begründers der italienischen Literatursprache zurück, weshalb die Franziskaner diese jahrelang versteckt hielten und sein Grabmal bis zu ihrem Wiederauffinden 1865 leer war.

9 Battistero degli Ariani

| Taufkapelle |

Als Theoderich seine Macht am Ende des 5. Jh. gefestigt hatte, wurde der Arianismus offizielle Staatsreligion am Hofe. Von der reichen Dekoration, die das achteckige Gebäude mit den vier Apsiden (heute über 2 m unter Straßenniveau) geschmückt haben muss, ist nur der Mosaikschmuck der Kuppel erhalten. Sie zeigt Christus bei der Taufe im Jordan. Anders als in der Taufkapelle der Orthodoxen huldigen die Apostel einem vom Kreuz gekrönten Thron und Purpurtuch, Zeichen für die Körperlichkeit und das menschliche Leiden Christi. Das Baptisterium gehört zum UNESCO-Welterbe.

■ Vicolo degli Ariani 1, www.turismo.ra.it, Mo–Fr 9–12, Sa, So 9–12 und 14–17 Uhr, 2 €

10 Basilica di Sant'Apollinare Nuovo

| Kirche |

Für seine Hofkirche, die Theoderich Ende des 5./Anfang des 6. Jh. neben seinem Palast bauen ließ, wählte er die Form einer dreischiffigen römischen Basilika, die Säulen mit korinthischen Kapitellen verziert. Der zylindrische Glockenturm kam im 9./10. Jh. hinzu. Das Marmorportal, durch das man die Kirche heute betritt, stammt aus dem 16. Jh. In dieser Zeit wurde der Fußboden angehoben, und in der Folge musste auch das Kirchenschiff erhöht werden. Dadurch ist man den Mosaiken näher. Das obere Friesband zeigt Episoden aus dem Wunderwirken und Leben Christi, realistisch die Bewegungen, detailreich und differenziert die Farben der Gewänder. Um die Spuren des ostgotischen Herrschers und seines häretischen, arianischen Glaubens zu tilgen, wurde die ursprüngliche feierliche Prozession Theoderichs mit Würdenträgern im späten 6. Jh. durch Prozessionen von Märtyrern und Jungfrauen ersetzt. Auch Theoderichs Palast scheint menschenleer, von den herausgebrochenen Personen sind nur Hände auf den Säulen geblieben.

■ Via di Roma 52, www.ravennamosaici.it, März–Okt. tgl. 9–19, Nov.–Feb. tgl. 10–17 Uhr, Kombiticket 12,50 €, erm. 11,50 (für 5 der 8 Welterbestätten, 7 Tage gültig)

11 Mausoleo di Teodorico

| Mausoleum |

Theoderich gab sein Mausoleum im Jahr 520 selbst in Auftrag. Das zweigeschossige zehneckige Gebäude wurde in Trockenmauertechnik aus istrischem Kalkstein am Rande eines antiken Begräbnisfeldes errichtet. Der Deckstein besteht aus einem Natursteinmonolith mit 11 m Durchmesser und soll etwa 230 t wiegen! Der rote Porphyrsarkophag im Inneren enthielt einst Theoderichs Gebeine.

■ Via delle Industrie 14, Tel. 05 44/45 67 01, Mo–Do 8.30–13.30, Fr–So 8.30–19 Uhr, 5 €, erm. 3 € (Kombiticket Mausoleo di Teodorico, Basilica Sant' Apollinare in Classe und Museo Nazionale Ravenna 10 €)

Verkehrsmittel

Fahrräder verleihen u. a. Velostazione Ve.ra (Piazzale Farini 1, www.velostazione.ra.it), Sambi Personal Bike (Via Marconi 75, sambike.it) Weitere Infos gibt es unter www.turismo.ra.it/muoversi-ravenna.

Parken

Die für den Autoverkehr gesperrte Innenstadt Ravennas lässt sich bequem zu Fuß erkunden, da sie nicht groß ist. Parkplätze außerhalb der Stadtmauern sind kostenlos, u. a. Piazzale Antico Lazzaretto, Cinema City (Via Secondo Bini) oder Pala de Andrè (Via Trieste), im Zentrum kostenpflichtig (www.cesostapervoi.it).

Restaurants

20 €€ | **Ca de Ven** Traditionelles Lokal und Enoteca romagnolischer Weine in stimmungsvollem Palazzo aus dem 15. Jh. ■ Via C. Ricci 24, Tel. 05 44/301 63, www.cadeven.it, Mo geschl., Plan S. 142 b3

€€ | **Osteria dei Battibecchi** Futtern wie bei Muttern auf Romagnolisch mit deftigen und in Vergessenheit geratenen Gerichten. ■ Via della Tesoreria Vecchia 16, Tel. 05 44/21 95 36, tgl. 12–15 und 19–24 Uhr, Plan S. 142 b2

€€ | **Osteria del Tempo Perso** Zwei Freunde geben traditionellen Gerichten einen Schubs in die Gegenwart. Die Hauptrolle spielen Fisch und Meeresfrüchte, doch auch Fleisch und Vegetarisches dürfen nicht auf der Spei-

Erbe aus der Zeit Theoderichs: Sant'Apollinare Nuovo mit Narthex und Campanile

sekarte fehlen. ■ Via Gamba 12, Tel. 05 44/21 53 93, www.osteriadeltempo perso.it, Fr–Mi 19.30–24, Sa, So auch 12.30–14.30 Uhr, Plan S. 142 a1/2

Einkaufen

La Stamperia dei Pascucci Die berühmten »tele romagnole«, handbedruckte Wäsche und Tischtücher, sind gleichermaßen ein edles, haltbares und originelles Mitbringsel. ■ Via Mentana 12, www.pascucci1826.it, Plan S. 142 b2

Leonardi Dolciumi Konfekt und Bonbonieren für Familienfeste, Schokoladen und Konserviertes wie Fisch, Pasta, Öle, Essig als Souvenirs. ■ Via P. Matteucci 5a, Tel. 05 44/374 14, www.leonardidolciumi.com, Plan S. 142 b2

Koko Mosaico Werkstatt für Mosaiken. Arianna Gallo und Luca Barberini übertragen die Kunstform Mosaik in unsere Zeit, ohne die Vergangenheit aus dem Auge zu verlieren. Kurse, Familienkurse, Führungen, Auftragsarbeiten. ■ Via di Roma 136, Tel. 05 44/46 51 90, www.kokomosaico.com, Plan S. 142 b2

Mercato coperto Nach ihrer Modernisierung ist die beliebte Markthalle im Zentrum Ravennas seit 2019 wieder geöffnet. Angeboten werden Fisch aus der Adria, Käse und Wurst aus lokaler Produktion, Eis, Brot und Imbissstände. ■ Piazza Andrea Costa, mercatocopertodiravenna.it, Plan S. 142 a2

Kinder

Parco di Teodorico Im Park um das Mausoleum Theoderichs gibt es schattige Plätze für ein Picknick, ein Café, Spielplätze, Teiche mit Lotusblüten und Schildkröten. ■ Via Pomposa, tgl. 7.30 Uhr bis Sonnenuntergang, Plan S. 142 nördl. c1

Rocca Brancaleone Innerhalb der im 15. Jh. von den Venezianern errichteten Festung befindet sich heute ein Park mit Spielplatz, Café und Toiletten für eine Pause im Grünen. ■ Via Rocca Brancaleone, tgl. 8–24 Uhr, Plan S. 142 c1

Mirabilandia Rasante Achterbahnen im Lunapark, im Spaßbad Mirabeach, mit Simulationen in eine andere Welt reisen, halsbrecherischen Stunts zusehen, zum Rockstar werden: Italiens größter Vergnügungspark bietet Spiel und Spaß für jedes Alter. ■ SS16 Adriatica km 162, 48125 Savio, tgl. ab 10 Uhr, stark gestaffelte Öffnungszeiten, www.mirabilandia.it, online ab 25 € (online buchen, da Tickets an der Kasse teurer), Plan S. 142 nördl. c3

Events

Ravenna Festival Feine klassische Musik erklingt auf dem seit 1990 stattfindenden »Ravenna Festival«. International renommierte Musiker und Dirigenten verwandeln Ravennas Monumente in mitreißende Bühnen, z. B. während der »Vespri a San Vitale« (tgl. 19 Uhr). ■ www.ravennafestival.org, Plan S. 142 a1/2

Festival Internazionale di Musica d'Organo, Ravenna Orgelklänge in der stimmungsvollen Basilica San Vitale. ■ Konzertreihe Ende Juli–Ende Aug., Plan S. 142 a1

Entspannung

In der Therme von **Punta Marina** direkt am Strand lässt man sich im Spa verwöhnen. Sandstrände, ideal für Familien. ■ Viale C. Colombo 161, www.termepuntamarina.it, Plan S. 142 östl. c3

Von außen ein schlichter Ziegelbau mit Glockenturm: Sant'Apollinare in Classe

26 Classe

Eine byzantinische Kirche, ein antiker Pinienwald, ein römischer Hafen

Information

■ IAT, Via Romea Sud 226, 48124 Classe, Tel. 05 44/47 36 61

Nur wenige Kilometer außerhalb von Ravenna liegt Classe, hier befand sich der einst zu Ravenna gehörende Hafen der römischen Flotte an der oberen Adria.

Sehenswert

Sant'Apollinare in Classe

| Kirche |

Nur 5 km außerhalb Ravennas steht mit der zwischen 533 und 549 erbauten Grabeskirche des hl. Apollinaris, des ersten Bischofs von Ravenna, eine der eindrücklichsten frühchristlichen Basiliken und ein herausragendes Beispiel byzantinischer Kunst in Italien. Das weiträumige Innere entspricht der ursprünglichen Dimension. Haupt- und Seitenschiffe trennen 4 m hohe, mit kunstvollen byzantinischen Akanthus-Kapitellen schließende Säulen. Der Mosaikfußboden ging durch Erdbeben und Plünderungen verloren. Die Marmorvertäfelung wurde entfernt (Leon Battista Alberti, Baumeister der Renaissance, soll sie im Tempio Malatestiana in Rimini verwendet haben). Von der Pracht zur Entstehungszeit künden nur die Mosaike von Apsis und Triumphbogen, in denen der abstrakte Symbolismus der byzantinischen Kunst deutlich wird.

■ Via Romea Sud 224, Tel. 05 44/52 73 08, Mo–Sa 8.30–19.30, So 13–19.30 Uhr, 5 €, erm. 2 €

Classis

| Museum |

Modernes archäologisches Museum in einer ehemaligen Zuckerfabrik mit Fundstücken aus der Geschichte Ravennas und des antiken Hafens Classis, wie Amphoren, Münzen und Keramik.

■ Via Classense 29, Tel. 05 44/47 37 17, tgl. 9–14, ab Sept. 10–17 Uhr, 7 €, erm. 5 € (Kombiticket Basilika, Classis und Hafen 11 €)

Antikes Hafengebiet Classe

| Archäologische Stätte |

Der 2015 eingeweihte Rundgang führt von der antiken Hafeneinfahrt (jetzt verlandet) über die Ladeplätze an der Südseite des ehemaligen Kanals, entlang antiker Pflastersteine und Lagerhausfundamente und wird im Besucherzentrum mit multimedialen Präsentationen ergänzt.

■ Via Marabina 7, Classe, Tel. 05 44/47 81 00, www.anticoportoravenna.it, Juni Sa, So 10–18.30, Juli, Aug. Mo, Di, Do, Fr 16–21, Sept. 10–18 Uhr, 4 €

Pineta di Classe

| Pinienwald |

Im Pinienwald von Classe, der sich auf einem 900 ha großen Küstenstreifen zwischen Classe und Cervia erstreckt, fand schon Dante Inspiration. Trockene Lichtungen wechseln mit überfluteten Niederungen ab, zu Steineichen und Hainbuchen gesellten sich Schirmpinien – eine Oase für zahlreiche Vogelarten wie Seidenreiher, Waldkauz und Bussard. Die naturbelassene Küste um die Mündung des Flusses Bevano zwischen den Badeorten Lido di Dante und Lido di Classe zeigt, wie die Landschaft hier vor dem Eingreifen des Menschen ausgesehen haben muss.

Beinahe überirdisch: die farbenprächten Mosaiken in Sant'Apollinare in Classe

27 Faenza

Keramikstadt mit römischen Wurzeln

Information

■ Pro Loco Faenza, Voltone della Molinella 2, 48018 Faenza, Tel. 05 46/252 31, www.prolocofaenza.it

Das Städtchen Faenza, eine römische Gründung an der Via Emilia mit heute 58 700 Einwohnern, war aufgrund reicher Ton- und Mergelvorkommen bereits in der Antike ein Produktionsort für Keramik. Im 15. Jh. stellten Töpfer hier weiß deckende Keramik mit Zinnglasur her, eine preiswerte Imitation chinesischen Porzellans. Höfe in ganz Europa begannen, diese Keramik zu importieren. So erhielt die bereits seit dem Altertum bekannte Technik den Namen »Fayence« – nach Faenza. Eine Liste mit Keramikwerkstätten stellt Pro Loco Faenza zur Verfügung.

Sehenswert

Piazza del Popolo

| Platz |

Den repräsentativen Platz im Zentrum prägen der zinnenbewehrte Palazzo del Podestà aus der Zeit der kommunalen Selbstverwaltung im 12. Jh. mit der Torre dell'Orologio (Uhrenturm) sowie der Palazzo del Municipio aus dem 13. Jh., Sitz der Herrscherfamilie Manfredi.

Cattedrale

| Kirche |

Auf der benachbarten Piazza della Libertà erhebt sich die Kathedrale mit unvollendeter Fassade, im Stil der Frührenaissance (15. Jh.) errichtet. Das Grabmal des hl. Savino, Arca di San Savino (1474–1476), mit kunstvollen Marmorreliefs aus dem Leben des Heiligen und Bischofs von Faenza ist ein Meisterwerk dieser Zeit.

■ Piazza della Libertà, tgl. 7–12 und 16–18, Juli, Aug. 17–18.30 Uhr

Museo Internazionale delle Ceramice (MIC)

| Museum |

Das internationale Keramikmuseum Faenza zeigt seit 1908 Objekte aus der Zeit der Antike bis in die Gegenwart, darunter Funde aus präkolumbianischer Zeit oder Keramiken von Künstlern wie Picasso, Matisse und Chagall.

■ Viale Baccarini 19, Tel. 05 46/69 73 11, www.micfaenza.org, Nov.–März Di–Fr 10–14, Sa, So bis 18, April–Okt. Di–So 10–19 Uhr, 10 €, erm. 7 € (bei großen Sonderausstellungen 14 €, erm. 10 €)

Parken

Außerhalb der Altstadt Park & Bus Piazzale Pancrazi oder im Zentrum auf der Piazza Martiri della Libertà (1,20 €/Std.) oder Rampi (0,70 €/Std). ■ www.movs.it

Restaurants

€€ | Enoteca Astorre Am Hauptplatz und gegenüber der Kathedrale liegt dieser beliebte Treffpunkt für gute romagnolische Küche und gute Weine. ■ Piazza della Libertà 16a, Tel. 05 46/68 14 07, www.enotecaastorre.it, Mo, So geschl.

€€ | Marianaza In dieser familiengeführten Trattoria tafelten im 19. Jh. Literaten und Künstler. Bodenständige romagnolische Küche in gemütlicher Atmosphäre an Holztischen. ■ Via Torricelli 21, Tel. 05 46/68 14 61, www.marianaza.com, tgl. 12.30–14.15 und 19.15–22 Uhr, Juni–Sept. Mi, So, Okt.–Mai Di, Mi geschl.

€€–€€€ | Cinque Cucchiai Stilvolles Restaurant außerhalb Faenzas mit einer riesigen 100-jährigen Eiche im wunderschönen Garten. Leckere Fischküche und günstiges Mittagsmenü. ■ Via Emilia Ponente 23, Tel. 05 46/62 15 27, www.villa-abbondanzi.com, Di–So 12.30–14 und 19.30–22 Uhr

Events

Am ersten Septemberwochenende in allen geraden Jahren treffen sich Keramiker aus aller Welt auf Faenzas Plätzen zur riesigen Verkaufsausstellung **»Argillà«** und zum Töpferwettstreit »Mondiali Tornianti«. ■ www.argilla-italia.it

Am vierten Sonntag im Juni wird beim Reiterwettstreit **»Palio del Niballo«** in historischen Kostümen die Renaissance wieder zum Leben erweckt. ■ www.paliodifaenza.it

28 Brisighella

Mittelalterliches Burgdorf, Olivenhaine, Weinberge und Schlemmerfeste

Information

■ Pro Loco di Brisighella, 48013 Brisighella, Tel. 05 46/811 66, www.brisighella.org

Im Tal des Lamone in den Hügeln des Apennin thronen auf drei Felsspornen inmitten Olivenhainen, Weinbergen und Obstplantagen die drei Wahrzeichen Brisighellas: der Uhrenturm Torre dell'Orologio, die »Rocca« und die Wallfahrtskirche Santuario di Monticino. Schon die Römer wussten die heißen Mineralquellen hier zu schätzen (www.termedibrisighella.it), heute lohnt ein Besuch auch wegen des hervorragenden Olivenöls und im Frühling zur Pfirsichblüte. Das hier produzierte, hochwertige Olivenöl trägt seit 1996 die geschützte Ursprungsbezeichnung D. O. P. (www.brisighelladop.it). Im 7000-Einwohner-Ort gibt es einige Verkaufsstellen (S. 151), wo man es erwerben kann.

Sehenswert

Rocca

| Burg |

Die am Beginn des 14. Jh. von den Manfredi, Fürsten in Faenza, errichtete Burg fiel im 16. Jh. an die Venezianer, die den zylindrischen Hauptturm »Maschio« ergänzten, heute mit einer Ausstellung zum Gipsspat, der direkt um die Burg abgebaut wurde. Ein befahrbarer Weg führt von der Burg zum Uhrenturm mit Ausblicken auf die »calanchi«, die Karstlandschaft mit Erosionsfalten, und weiter zur zypressenumstandenen Wallfahrtskirche Santuario di Monticino.

■ Via Monticino 2, Tel. 05 46/99 44 15, Mai–Sept. Sa, So 10–12.30 und 15–19, Nov.–März Sa 14.30–16.30, So 10–12 und 14.30–16.30, April, Okt. bis 18 Uhr, 5 €

Via degli Asini

| Bogengasse |

Am Hang ist kein Platz mehr für eine Straße? Kein Problem mit dieser originellen Lösung, die Straße durch ein mehrstöckiges Haus zu führen. Die Lokale unter den Lauben der Via degli Asini oder Via del Borgo dienten einst als Ställe für die beim Gipstransport

Einst Sitz der Fürsten von Faenza, dann im Besitz der Venezianer: Rocca in Brisighella

eingesetzten Esel. Errichtet wurde sie im 14. Jh. als erster Verteidigungswall der Siedlung.

Restaurants

€ | Osteria del Guercinoro Lokal in den ursprünglichen Ställen um die Via del Borgo. Die hervorragende Qualität der Zutaten macht die begrenzte Auswahl an Gerichten mehr als wett. Zu empfehlen sind die »salumi« und die »tagliatelle con ragù«. ■ Piazza Marconi 7, Tel. 05 46/804 64, nur abends, Sept.–Mai Sa, So auch mittags, Di geschl.

€€ | La Casetta Herzhafte Lokalküche und einige Fischgerichte werden im Ortszentrum aufgetischt. Es gibt auch einige Zimmer zum Übernachten. ■ Via Giuseppe Ugonia 6, Tel. 05 46/802 50, www.trattoria-lacasetta.it, tgl. 12–15 und 19–23 Uhr

Einkaufen

Terra di Brisighella So heißt eine Genossenschaft, unter deren Dach sich 300 Olivenbauer zusammengeschlossen haben, die ausschließlich ihre eigenen Oliven zu hochwertigem Öl verarbeiten und verkaufen. Auch Weine und Essig sind im Angebot. ■ Negozio Terra di Brisighella, Via Strada 2, Tel. 05 46/811 03, www.brisighello.net

Events

Feste Medioevali Jedes Jahr Anfang Juni bevölkern Gaukler und Händler die Plätze, die Einwohner Brisighellas schlüpfen in mittelalterliche Gewänder und lassen vor stimmungsvoller Kulisse während der »Feste Medioevali« das Mittelalter wieder auferstehen. ■ www.festemedioevali.org

Übernachten

Städte wie Ferrara und Ravenna verfügen über eine große Palette an Unterkünften: Vom kunstsinnigen Hotel über gemütlich-familiäre B & Bs bis hin zu historischen Palazzi ist vieles möglich. Knapp werden die Unterkünfte zum Glück selten – auch Kurzentschlossene finden ein Zimmer. Bedenken sollten Reisende die italienischen Feiertage wie Ostern, »Liberazione« am 25. April und 15. August (»Ferragosto«), Brückentage und lange Wochenenden, die zu Kurzreisen einladen und zu Preisanstiegen führen.

Ferrara 132

€ | De Prati Einst stiegen in diesem traditionellen Hotel Künstler und Theaterleute ab. Das Faible für Kunst ist geblieben – regelmäßig werden Werke lokaler Künstler ausgestellt. Zimmer verschiedener Größe, einfach und praktisch eingerichtet, eine Suite und Apartments. ■ Via Padiglioni 5, 44121 Ferrara, Tel. 05 32/24 19 05, www.hoteldeprati.com

€€ | B & B Borgoleoni 18 Sechs Zimmer mit Frühstück in einem schicken restaurierten Palazzo in der Nähe des Castello Estense. ■ Via Borgo dei Leoni 18, 44121 Ferrara, Tel. 05 32/24 31 28, www.borgoleoni18.it

€€ | Hotel Carlton Auf Geschäftsreisende ausgerichtetes Hotel: tolles Frühstück mit riesengroßer Auswahl und sehr aufmerksamen, schnellen Mitarbeitern. Bequeme Zimmer und Apartments. Mieträder verfügbar. ■ Piazza Sacrati, 44121 Ferrara, Tel. 05 32/21 11 30, www.hotelcarlton.net

€€ | Locanda Borgonuovo Gemütliches, familiäres Bed & Breakfast mit begrüntem Innenhof. ■ Via Cairoli 29, 44121 Ferrara, Tel. 05 32/21 11 00, www.borgonuovo.com

€€€ | Horti della Fasanara Elegante Villa mit großzügigen, angenehm minimalistisch gestalteten Zimmern in einem großen Park, der früher zum Jagdrevier der Este gehörte. Zuvorkommendes Personal. Leihräder gratis. ■ Via delle Vigne 34, 44121 Ferrara, Tel. 338/154 37 21, www.hortidellafasanara.com

Comacchio 137

€€ | B & B Al Ponticello Acht stilvoll dekorierte Zimmer, die meisten mit Blick auf einen Kanal. Der Eigentümer ist Naturführer und steht für Touren ins Delta zur Verfügung. ■ Via Cavour 39, 44022 Comacchio, Tel. 05 33/31 40 80, www.alponticello.it

€–€€ | Locanda La Comacina In der Altstadt am Kanal Maggiore übernachten Sie zentral in bequemen, gemütlichen Zimmern. Im Sommer ist ein Shuttle-Service vom Parkplatz Trepponti zum Hotel per Boot inklusive. ■ Via E. Fogli 17, 44022 Comacchio, Tel. 05 33/31 15 47, www.locandalacomacina.it, mit Restaurant

€€ | Hotel Club Spiaggia Romea Feriensiedlung an der Adria mit Hotelzimmern und Ferienwohnungen. Viel Platz für Kinder und Hunde. Ausritte mit Camargue-Pferden möglich. ■ Via Oasi 2, Lido delle Nazioni, Tel. 05 33/35 53 66, www.spiaggiaromea.it

Ravenna 140

€ | Santa Maria Foris Geschmackvoll eingerichtete Zimmer in einer Pension im Zentrum Ravennas. ■ Via Giuseppe Pasolini 61, 48121 Ravenna, Tel. 05 44/21 21 63, www.villaforis.it

21 **€€ | Albergo Cappello** Ein Eckchen Venedig mitten in Ravenna. In einem wunderschönen Renaissance-Palazzo in venezianischem Stil wandelt man unter Kassettendecken und Leuchtern aus buntem Muranoglas. Bequeme, stilvolle Zimmer im Herzen der Stadt. ■ Via IV Novembre 41, 48121 Ravenna, Tel. 05 44/21 98 13, www.albergocappello.it

€€–€€€ | Palazzo Bezzi Modernes Hotel zentral gelegen in der Nähe der Basilica di Sant'Appolinare. Elegant eingerichtete Zimmer in angenehmer Größe. Panoramaterrasse auf dem Dach. ■ Via di Roma 45, 48121 Ravenna, Tel. 05 44/369 26, www.palazzobezzi.it

Faenza 149

€€ | Hotel Vittoria Traditionelles Hotel in historischem Palazzo in Faenzas Altstadt, in dem schon italienische Literaten wie Giosuè Carducci abgestiegen sind. ■ Corso Giuseppe Garibaldi, 48018 Faenza, Tel. 05 46/215 08, www.hotel-vittoria.com

Im Herzen Ravennas: Das Albergo Cappello überzeugt mit Stil und Komfort

€€€ | Relais Villa Abondanzi Historische Villa (19. Jh.) mit charakteristischen Möbeln etwas außerhalb Brisighellas. Wellness-Bereich mit Ayurveda-Behandlungen. ■ Via Emilia Ponente 23, 48018 Faenza, Tel. 05 46/62 26 72, www.villa-abbondanzi.com

Brisighella 150

€ | La Meridiana In Flussnähe liegt dieses sympathische Hotel zugleich in unmittelbarer Nähe des Parco delle Terme di Brisighella. ■ Viale delle Terme 19, 48013 Brisighella, Tel. 05 46/815 90, www.lameridianahotel.it

€€ | Modus Vivendi Gemütliches B & B mit acht Zimmern und einem kleinen Spa-Bereich mit Sauna. ■ Via Roma 5d, 48013 Brisighella, Tel. 388/096 84

Forlì-Cesena und Rimini – Adria und Apennin

Badefreuden an der Küste, Hügelland, Flusstäler und Burgdörfer im Hinterland; dazu kommt San Marino, die älteste Republik der Welt

In der Kunststadt Forlì bummelt man um die zentrale Piazza Saffi, in Cesena bestaunt man die alte Bibliothek. An der Adriaküste reihen sich die Badeorte wie Perlen auf einer Kette aneinander. Die Strandbäder bieten heute neben Sand und Sonne, Liegen und Sonnenschirm auch Sport, Wellness, Fitness. Abends wird in den Beachbars und Diskotheken gefeiert. Wer eine Pause vom Strandleben möchte, für den beginnt das Kontrastprogramm hinter der Strandpromenade. Rimini baut seine Fahrradwege aus, so lässt sich in der Stadt mit ihrer 2000-jährigen Geschichte und schönen Altstadt bestens auf Entdeckungstour gehen. Römische Spuren, Renaissancetempel und jede Menge Federico Fellini, denn die Stadt hat 2020 ein Museum zu Ehren des Regisseurs eröffnet. In Riccione flaniert man um die Viale Ceccarini mit ihren Bars und Boutiquen und freut sich über den autofreien »lungomare«. In Cattolica besucht man das schöne Aquarium. Ein wahres Kontrastprogramm ist der Besuch im Hinterland von Rimini: Weite und grüne Flusstäler wie Valconca und Valmaraecchia führen durch eine liebliche Landschaft aus Hügeln mit Rebhängen, Feldern, Wiesen und Obstplantagen. Hier liegen einige der schönsten und am besten erhaltenen Burgdörfer wie San Leo und die Republik San Marino, die kleinste und älteste der Welt.

In diesem Kapitel:

ADAC Empfehlungen:

22 Biblioteca Malatestiana, Cesena

| Bibliothek |

Wie einst sind in der letzten intakten, vor der Erfindung des Buch-

drucks gegründeten Bibliothek die kostbaren Handschriften an die Bänke gekettet, jede an ihrem angestammten Platz. 158

23 Tempio Malatestiano, Rimini

| Kirche |

Künstler wie Leon Battista Alberti und Piero della Francesca verwandelten eine gotische Kirche in ein Meisterwerk der Renaissance 162

24 San Leo

| Burgdorf |

Eine Festung, zwei Kirchen, drei Paläste – für den Schriftsteller Umberto Eco war San Leo der schönste Ort in Italien 169

25 Luoghi dell'anima, Pennabilli

| Freiluftmuseum |

An den Seelenorten des romagnolischen Dichters Tonino Guerra Poesie und Philosophie nachspüren. 169

29 Forlì

Kontrastreiches Stadtbild in zauberhafter Hügellandschaft

Information

■ IAT, Piazzetta della Misura 5, 47121 Forlì, Tel. 05 43/71 24 35, www.turismoforlivese.it

Forlì, mit 116 500 Einwohnern Hauptstadt der Provinz Forlì-Cesena, überrascht trotz der Zerstörungen im Zweiten Weltkrieg mit einem abwechslungsreichen Stadtbild. Gebäude rationalistischer Architektur aus faschistischer Zeit kontrastieren mit einem mittelalterlichen Zentrum und den Renaissancepalästen am Corso Garibaldi wie der Casa del Palmezzano. Die Römer gründeten Forlì im 2. Jh. v. Chr. als Forum Livii an der Via Emilia. Nach einer Phase kommunaler Unabhängigkeit etablierten die Ordelaffi (1315–1480) ihre Herrschaft. Im Jahr 1500 musste sich die mutige Caterina Sforza nach erbittertem Widerstand von der Rocca di Ravaldino aus Cesare Borgia geschlagen geben. Bis zu den Italienfeldzügen Napoleons war Forlì daher Teil des Kirchenstaats. Um die weite Piazzale della Vittoria im Südosten Forlìs plante Mussolini eine »città del Duce« (Stadt des Duce), monumentale Gebäude wie die Luftfahrtschule zeugen davon.

Sehenswert

Piazza Aurelio Saffi

| Platz |

Die zentrale Piazza, 128 m lang und 87 m breit, in deren Mitte ein Denkmal an den Politiker des Risorgimento Aurelio Saffi (1819–1890) erinnert, kommt aufgrund des rationalistischen Palazzo delle Poste e Telegrafi (1932) im Nordosten recht modern daher. Den Platz säumen im Nordwesten der Anfang des 19. Jh. renovierte, ursprünglich mittelalterliche Palazzo del Municipio, der im 15. Jh. errichtete Palazzo del Podestà im Südosten und daneben der an den venezianischen Stil angelehnte Palazzo Albertini.

San Mercuriale

| Kirche |

Ein himmelstürmender Campanile (76 m, 1178–1180) erhebt sich neben der Abteikirche San Mercuriale aus dem 12. Jh. Die unverputzte Fassade schmücken eine Rosette und ein marmornes Portal. Im dreischiffigen Inneren beeindruckt der Marmorsarkophag der Barbara Manfredi, ein Meisterwerk der Frührenaissance.

■ Piazza Aurelio Saffi, tgl. 7.30–19 Uhr

Musei San Domenico

| Museum |

Nach aufwendiger Restaurierung beherbergt das frühere Dominikanerkloster heute die städtischen Museen und die Pinakothek mit Werken von Renaissancekünstlern der Forliveser Schule wie Marco Palmezzano, Melozzo und Livio Agresti.

■ Piazza Guido da Montefeltro 12, Tel. 05 43/71 26 59, Di–Fr 9.30–19, Sa, So, Fei 9.30–20, Juli, Aug. Di–So 9.30–13 Uhr, 5 €, erm. 3 €

Restaurants

€€ | La Casa Rusticale dei Cavalieri Templari In einem ehemaligen Ordensgebäude zaubern die drei Eigentümerinnen feine romagnolische Gerichte auf den Teller. ■ Viale Bologna 275, Tel. 05 43/70 18 88, www.osteriadeitemplari.it, So und Mo geschl.

Wandern

Eine der schönsten Wanderungen im romagnolischen Apennin führt von San Benedetto in Alpe zum 70 m hohen Wasserfall Cascata dell'Acquachea (Hinweg ca. 2 Std.), den Dante auf seinem Weg nach Florenz passierte und in der »Divina Commedia« erwähnt. Als Rundwanderung mit Rückweg über Piana dei Romiti und Monte di Londa (12 km, 4–5 Std.) möglich.

In der Umgebung

Terra del Sole

| Ort |

In der von Obstbäumen und Rebhainen bedeckten Hügellandschaft liegt 10 km südlich von Forlì das von Cosimo I de' Medici 1564 gegründete Wehrstädtchen Terra del Sole. Ihre Erbauer folgten den Ideen der Renaissance von einer idealen Stadt. Die rechtwinklige Struktur mit den symmetrisch um die zentrale Piazza Garibaldi angelegten Stadtvierteln ist bis heute erhalten. Jedes Jahr Ende August/Anfang September während des »Palio di Santa Reparata« üben sich die Einwohner in farbenfrohen Kostümen der Renaissance im Armbrustschießen und Tauziehen. Das Museum im Palazzo Commissari Granducali zur Geschichte des Ortes öffnet auf Anfrage (Tel. 05 43/76 67 66, 5 €). Eine Platanenallee verbindet Terra del Sole mit dem Thermalkurort Castrocaro Terme mit seinem mittelalterlichen Ortskern und den Ruinen einer Medici-Burg.

■ www.terradelsole.org

Im Blickpunkt

Nationalpark Foreste Casentinesi

Weit gestreckte, dichte Wälder bedecken den Gebirgskamm zwischen der Romagna und der Toskana. Als Nationalpark Foreste Casentinesi wurden sie 1993 unter Schutz gestellt. Höchste Gipfel des Parks sind Monte Falterona (1654 m) und Monte Falco (1658 m). Im Forliveser Apennin dominieren raue, felsige Berghänge. Die Unberührtheit der Wälder und das Fehlen menschlicher Siedlungen begünstigen eine reiche Fauna: Hirsche, Rehe, Wildschweine, Füchse, Mufflons und Wölfe leben hier ebenso wie Steinadler und Uhus. Die Parkflora umfasst mehr als 1300 Arten. Kern des Schutzgebiets sind die über Jahrhunderte hinweg gehüteten Staatswälder des Casentino sowie der Buchenurwald im Naturreservat Sasso Fratino, der seit 2017 zum UNESCO-Weltnaturerbe gehört. Verlassene Bauernhäuser, alte Saumpfade, Kirchen und Einsiedeleien bezeugen menschliche Nutzung über die Jahrhunderte. Erst in der zweiten Hälfte des 20. Jh. verließen die Menschen die abgeschiedenen Bergregionen der Romagna–Toskana für immer. Heute ist der Park ein beliebtes Ausflugsziel zum Wandern, Reiten, Mountainbiken und Pilzesammeln. Besucherzentren gibt es in Bagno di Romagna, Premilcuore oder San Benedetto in Alpe.

www.parcoforestecasentinesi.it

30 Cesena

Stadt der Malatesta, eine Burg und eine kostbare Bibliothek

Information

■ IAT, 47521 Cesena, Piazza del Popolo 9, Tel. 05 47/35 63 27, www.cesenaturismo.it

An den Ausläufern des Apennin am Fluss Savio liegt inmitten von Weinbergen, Obsthainen und Gemüsefeldern das von den Umbrern im 6. Jh. v. Chr. gegründete Cesena. Nach wechselnden Herrschern und verheerenden Zerstörungen durch bretonische Söldnertruppen 1377 gelang der Stadt unter den Malatesta von Rimini ein Neuanfang. Die Burg, die Kathedrale und die Bibliothek wurden gebaut. Heute ist Cesena mit 95 600 Einwohnern Zentrum des Obstanbaus der Romagna.

Sehenswert

Biblioteca Malatestiana

| Bibliothek |

22 *Vor der Erfindung des Buchdrucks gegründete Bibliothek*

Weich fällt Tageslicht durch Fenster und die Rosette auf die Lesebänke. Handgeschriebene Manuskripte sind an die Pulte gekettet, jedes an seinem Platz. 343 Bücher aus der Gründungszeit sind erhalten, ebenso die Pulte, der Fußboden, die Graffiti an den Wänden – das weltweit besterhaltene Bibliotheksgebäude der Renaissance! Die Elefanten im Tympanon des prächtigen Marmorportals, Wappentier der Malatesta, erinnern an Novella Malatesta, der die von 1447–1452 errichtete Bibliothek stiftete und der Stadt übergab, um seinen Ruhm der Nachwelt zu sichern. Seit 2005 gehört sie zum UNESCO-Weltdokumentenerbe.

■ Piazza Buffalini 1, www.malatestiana.it, April–Okt. Mo 14–19, Nov.–März Di–So 10–16 Uhr, nur mit Führung, Buchung Zeitfenster über App IoPrenoto empfohlen, 5 €, erm. 4 €

Rocca Malatestiana

| Museum |

Auf dem Hügel Garampo erhebt sich die Burg der Malatesta. Das Museo di Storia dell'Agricoltura im Palatium innerhalb der turmbewehrten Mauer gibt Einblicke in die Lebens- und Arbeitsweise der Landbevölkerung.

■ Via Cia degli Ordelaffi 8, www.rocca cesena.it, Di–Fr nach Anmeldung Tel. 366/ 827 46 26, Führungen: Sa, So 11, 12, 15, 16 und 17 Uhr, 5 €, erm. 4 €

Parken

Parkplätze im Zentrum: Aldo Moro und Madonna della Neve Osservanza (beide 0,60 €/Std.).

Restaurants

€ | **Brodino Pastificio** Pastamanufaktur und Bistro mit einigen Tischen im Laden. ■ Via Frà Michelino 56, Tel. 05 47/48 28 21, Mo–Mi 9–17, Do, Fr 9–18, Sa 9–19 Uhr

€€ | **Cerina** Frische hausgemachte Pasta und romagnolische Küche, es gibt auch Pizza, gleich außerhalb Cesenas. ■ Via S. Vittore 936, Tel. 05 47/66 11 15, www.ristorantecerina.com, Mo, Di geschl.

Einkaufen

Stamperia Bertozzi Im 20 km Richtung Rimini gelegenen Gambettola entsteht die mit rustikalen Motiven handbedruckte Leinenwäsche »tele ruggine« oder »tele romagnole«, die sich in der Romagna einst in jedem Haushalt fand. ■ Via Verdi 6, Gambettola, www.stamperiabertozzi.it

Entspannung

Fratta Terme, ein Ortsteil von Bertinoro 14 km südlich von Forlì punktet mit der eleganten Thermalanlage des Grand Hotels Terme della Fratta.

In der Umgebung

Bertinoro

| Ort |

Wenige Kilometer in Richtung Forlì liegt auf einer steilen Anhöhe das pittoreske Bertinoro mit seinen mittelalterlichen Mauern und Gassen, das wegen des herrlichen Ausblicks »Balkon der Romagna« genannt wird. Sehenswert sind das Rathaus im Palazzo Ordelaffi, die Stadtburg Rocca und die Ring-Säule Colonna degli Anelli.

San Mauro Pascoli

| Ort |

In den Schuhmanufakturen von San Mauro Pascoli lassen die Designer ihre Modelle fertigen. Hier findet man hochwertige rahmengenähte Schuhe und edle Designermodelle mit Preisnachlässen. Adressen über das Touristenbüro in San Mauro Mare.

■ IAT, Via della Republicca 8, 47030 San Mauro Pascoli, Tel. 05 41/ 34 63 92, www.sanmauromare.net

31 Cesenatico

Lebendiges Seebad und ein Hauptort der Fischerei in der Adria

Information

■ IAT, 47042 Cesenatico, Viale Roma 112, Tel. 05 47/794 35, visitcesenatico.it

Ein feiner Sandstrand, ein hübscher Stadtkern und eine historische Fischereiflotte: Cesenatico (26 000 Einwohner) hat alles für einen stimmungsvol-

Boote der Adriafischer im schwimmenden Teil des Museo della Marineria

Maritime Exponate zum Anfassen: das Museo della Marineria in Cesenatico

len Strandurlaub. Nachdem Cesare Borgia den im 14. Jh. als Handelshafen der Stadt Cesena gegründeten Ort eingenommen hatte, beauftragte er 1502 Leonardo da Vinci mit der Vermessung und Entwässerung des Hafens. Cesenaticos erste Badeanstalt öffnete 1878. Alljährlich im Mai wird der Ort zum Treffpunkt für Radsportler, in Cesenatico startet und endet das Radrennen »Nove Colli« durch das hügelige Hinterland (www.novecolli.it).

Sehenswert

Porto Canale

| Hafenkanal |

Den 1302 für die Stadt Cesena errichteten Hafenkanal, historisches und touristisches Herz der Stadt, säumen zahlreiche Fischrestaurants. In die konisch zulaufenden Gruben auf der Piazza delle Conserve wenige Schritte vom Kanal wurde Schnee geschaufelt, und das sich bildende Eis half, den Fang monatelang zu konservieren.

Museo della Marineria

| Museum |

Wahrzeichen Cesenaticos sind die bunten Segel der restaurierten Fischerboote im historischen Teil des Hafenkanals, deren Farben und Symbole auf die Fischerfamilien hinweisen, denen die Boote gehörten (schwimmender Teil des Museums). Der Museumspavillon gibt Einblick in Bau und Lenkung der Boote – toll für Kinder – zum Anfassen und Ausprobieren.

■ Via Armellini 18, museomarineria.it, Mitte Juni–Anfang Sept. tgl. 10–12 und 17–23, Okt.–Mitte Juni Sa, So 10–12 und 15–19 Uhr, 5 €, erm. 3 €

Restaurants

€ | **Osteria Bartolini** Frittierter Frisch und Meeresfrüchte, die traditionelle Hausmannskost an der Adria. Dazu Familienrezepte mit saisonalen Zutaten mit dem tagesfrischen Fang. ■ Corso Garibaldi 41, Tel. 05 47/824 74, www.osteriabartolinicesenatico.com

€€€ | **La Buca** Gourmetküche im Zeichen des Meeres entweder mit Blick auf den Hafenkanal oder im maritim gestalteten Innenraum. ■ Corso Garibaldi 45, Tel. 05 41/186 07 64, Reservierung empfohlen, Mo geschl.

In der Umgebung

Cervia

| Salinen |

In Cervia wird seit der Antike Salz gewonnen. Die Salinen erstrecken sich über 827 ha, die Mehrheit davon bildet das Naturreservat Riserva Naturale della Salina di Cervia, Teil des Parco Delta Po und Heimat zahlreicher Wasservögel wie Flamingos. Kürzlich wurde die bis 1959 zur traditionellen Salzgewinnung genutzte Saline Camillone mit der Unterstützung von Slow Food reaktiviert.

■ Centro Visite Salina di Cervia, Via Bova 61, Tel. 05 44/97 30 40, mit Führung, Informationen unter www.amaparco.it/parchi/centro-visite-salina-di-cervia

Museo del Sale (MUSA)

| Museum |

Mit Werkzeugen, Booten, Fotos und Dokumenten dokumentiert das Salzmuseum im Lager des Salzturms die mühevolle Arbeit in den Salinen.

■ Via Nazario Sauro 24, www.musa.comunecervia.it, Juni–Mitte Sept. tgl. 20.30–24, Mitte Sept.–Mai Sa, So 14.30–19 Uhr, 2 €, erm. 1 €

32 Rimini

Römische Spuren, Geburtsort von Regisseur Federico Fellini

Information

■ IAT, Piazzale Fellini 3, 47900 Rimini, Tel. 05 41/533 99, www.riminiturismo.it, weitere Büros am Bahnhof: Piazzale Cesare Battisti 1, Tel. 05 41/513 31 und Corso d'Augusto 235, Tel. 05 41/298 33

Mit den Römern erscheint Ariminium auf der Landkarte: Von Rom aus gelangte man auf der 220 v. Chr. eröffneten Heerstraße Via Flaminia her. Hier begann die Via Aemilia (187 v. Chr.), die kerzengerade bis Piacenza führte. Ihre kommunale Freiheit behielten die Riminesen nur wenige Jahrzehnte, schon 1295 übernahmen die Malatesta, deren Familiengeschichte von Mord und Gewalttaten gezeichnet ist, die Herrschaft. So düster dieses Geschlecht der Soldkrieger auch war, sie wertschätzten die Kunst und luden um 1300 den Erneuerer der Malkunst Giotto nach Rimini. Der inspirierte die Rimineser Malschule des 14. Jh. mit

Im Blickpunkt

Fellini und Rimini

Der gefeierte Filmregisseur Federico Fellini wurde 1920 in Rimini geboren. Mit 19 Jahren ging er nach Rom, um dort als Journalist zu arbeiten. Später begann er Drehbücher zu schreiben und Regie zu führen. Doch Rimini nahm er mit sich: Die Plätze der Stadt, ihre Provinzialität, die Erinnerung an den alles verschlingenden Winternebel und das blendende Sonnenlicht im Sommer. Rimini war ihm lebenslang Inspiration. Sein Film »Amarcord« (1974) ist eine liebevoll-skurrile Reminiszenz an das Rimini seiner Kindheit. Regelmäßig kehrte er in die Stadt zurück, um Freunde und Familie zu besuchen. Blieb er länger, stieg er im Grand Hotel ab, in seiner Lieblingssuite 316. 1993 kehrte Federico Fellini für immer nach Rimini zurück, wo er auf dem Friedhof an der Piazzale Bertolani seine letzte Ruhestätte fand. Rimini ist in vielen von Fellinis Filmen präsent, als poetischer und suggestiver Ort, ein Ort der Kindheit und der Träume. Zu Fellinis 100. Geburtstag (2020) ließ die Stadt die zauberhaften Orte seiner Kindheit wieder aufleben.

Malern wie Pietro und Francesco da Rimini. Ihre künstlerische Blüte kam unter Sigismondo Pandolfo Malatesta (1417–1468), ein leidenschaftlicher Condottiere, der Künstler und Humanisten an seinen Hof lud. Seit 1843 erfand sich Rimini als Bade- und Kurort neu. Zuerst kamen Adlige und das reiche Bürgertum, seit den 1970er-Jahren dominiert der Massentourismus.

ADAC Mobil

Regionalzüge verbinden Rimini mit den benachbarten Adriabädern, Verbindungen alle 60–80 Min., nach Cattolica alle 20 Min. Über das **Fahrradverleihsystem** (Anmeldung über Website oder App) »Mi muovo in bici« können an neun Punkten Räder genutzt werden. **Kleinbahnen** auf Rädern verbinden Rimini mit den Strandbädern Viserba, Viserbella und Miramare (www.treninidirimini.it). Im Sommer pendeln **Nachtbusse** zwischen Rimini und Riccione (dunkelblaue Linie alle 20 Min.), Gabicce (gelbe Linie alle 20 Min.) und Bellaria (blaue Linie stündlich, www.startromagna.it). Fahrpläne findet man über die App Moovit, Fahrkarten über die Apps Roger, Dropticket oder MooneyGo.

Sehenswert

Arco d'Augusto

| Ehrenbogen |

Der aus Travertinblöcken zu Ehren von Kaiser Augustus 27 v. Chr. erbaute Augustusbogen markierte das Ende der Via Flaminia und den Anfang der Via Emilia. Der eintorige Ehrenbogen ist 10,40 m hoch und 4,10 m tief.

■ Corso d'Augusto

Tempio Malatestiano

| Kirche |

23 *Ein Tempel huldigt den humanistischen Ideen der Renaissance*

Als Monument und Grablege für sich und seine Familie ließ Sigismondo Malatesta die alte Franziskanerkirche umbauen. Innen fügte Matteo de'Pasti acht Kapellen ein, die Bildhauer wie Agostino di Duccio mit plastischem Dekor ausschmückten: Putten, der Wappen-Elefant, spielende Kinder, die Symbole der freien Künste. Die zweite offene Seitenkapelle rechts enthält das Grab der Isotta degli Atti, der dritten Frau Malatestas und ein Kruzifix von Giotto. Leon Battista Alberti, Architekturstar aus Florenz, wählte für die Fassade Elemente römischer Triumphbogenarchitektur. Die Seitenwände gliedern sieben Bogennischen, in denen die Sarkophage von Philosophen und Künstlern Platz fanden, denn Renaissancefürst Sigismondo wollte inmitten der besten Gelehrten seiner Zeit begraben sein. Militärische Rückschläge und der Tod des Condottiere stoppten die Arbeiten – der Tempio bleibt Fragment. Nur eine Münze von de' Pasti zeigt das ehrgeizige Projekt mit Rotonde und gewaltiger Kuppel.

■ Via IV Novembre 35, Mo–Fr 8.30–12 und 15.30–18.30, Sa 8.30–12.30 und 15.30–19, So 9–12.30 und 15.30–18.30 Uhr

Fellini Museum

| Museum |

In der einst mächtigen Burg, für Sigismondo Malatesta ab 1438 als Festung und Residenz errichtet, leben heute Szenen und die Atmosphäre aus den

Filmen Federico Fellinis auf. Weitere Fellini-Orte sind der Palazzo del Fulgor und die Piazza Malatesta.

■ Castel Sismondo, Piazza Malatesta, Di–So 10–13 und 16–19 Uhr, 10 €, erm. 8 €

Domus del Chirurgo

| Archäologische Stätte |

Das 2007 eröffnete Areal auf der Piazza Ferrari birgt Reste ganz verschiedener Epochen: einer römischen Villa, eines spätantiken Palastes sowie Siedlungsspuren aus dem Mittelalter. Vom namensgebenden, im 3. Jh. von einem Feuer zerstörten Gebäude sind Reste von Mosaiken, Fresken und Einrichtungsgegenständen erhalten. Das hier gefundene Set chirurgischer Instrumente ist die umfassendste aus der Antike erhaltene medizinische Ausstattung, die je gefunden wurde, ausgestellt im nahen Museo della Città.

■ Piazza Ferrari, www.museicomunalirimini.it, Di–So 10–13 und 16–19, Juli, Aug. Mi, Fr auch 21–23 Uhr, 7 €, erm. 5 € (Kombiticket mit Museo della Città)

Museo della Città

| Museum |

Spannende Zeugnisse aus der 2000-jährigen Geschichte Riminis zeigt das Stadtmuseum. Höhepunkte der Kunstsammlung sind Meisterwerke der Rimineser Schule, der von Giotto inspirierten Malschule des 14. Jh. und Werke aus der Blütezeit der Malatesta-Herrschaft von Agostino di Duccio, Pisanello oder Matteo de' Pasti. Einzigartig sind die 150 chirurgischen Instrumente aus der Villa eines römischen Arztes aus dem 3. Jh. v. Chr.

■ Via L. Tonini 1, Tel. 05 41/79 38 51, www.museicomunalirimini.it, Di–So 10–13 und 16–19, Juli, Aug. Mi, Fr auch 21–23 Uhr, 7 €, erm. 5 € (Kombiticket mit Domus del Chirurgo)

Ponte di Tiberio

| Brücke |

In fünf Rundbögen aus istrischem Stein schwingt sich die zwischen 14 und 21 n. Chr. erbaute römische Brücke über den alten Arm der Marecchia hinüber ins malerische Fischerdorf Borgo San Giuliano. Seit 2000 Jahren dient sie dem Verkehr, mittlerweile ist sie für Autos gesperrt.

■ Corso di Augusto

P Parken

Parkhäuser in Altstadtnähe sind Parcheggio della Rocca (Piazza Malatesta, 1,20 €/Std., 5 €/Tag), Parcheggio Italo Flori (Via Italo Flori, 1 €/Std.) oder Metropark in Bahnhofsnähe (Largo Martiri d'Ungheria, 1,10 €/Std.).

ADAC Spartipp

Rimini Street Food Ob »piadine«, »cassone romagnolo« (dünnes gefülltes Fladenbrot), Pizza oder Kebab – dank der überall in der Stadt verteilten Kioske kann man sich zu jeder Uhrzeit preiswert stärken, nicht nur für Nachtschwärmer. *www.riministreetfood.com*

Restaurants

€–€€ | Piadineria NudeCrud Im Fischerort Borgo San Giuliano, in einer Mischung aus Bistro und Café, gibt es die typischen romagnolischen Fladen »piadina« und mehr. ■ Via Tiberio 27/29, Tel. 05 41/290 09, www.nudecrud.it, tgl. 12–15.30 und 18–23.30 Uhr

€€ | Osteria de Borg Einfaches und gepflegtes Lokal mit herzhafter Fleischküche, deftigen Wurstspezialitäten und Käse von lokalen Produzenten, eine Slow-Food-Empfehlung. ■ Via Forzieri 12, Tel. 05 41/560 74, www.osteriadeborg.it, tgl. 12.30–15 und 19.30–23 Uhr

€€€ | Abocar Due Cucine Junge, kreative Küche auf hohem Niveau, ein Gourmettipp in der Altstadt. ■ Via Farini 13/15, Tel. 05 41/222 79, www.abocarduecucine.it, nur abends, Mo geschl.

ADAC Wussten Sie schon?

Für Riminis Badegäste sorgen 1200 Hotels, 230 »bagni«, 40 000 Sonnenschirme und 370 Restaurants. Neben Duschen und Bademeistern bieten die Strandbäder Whirlpools, Fitness, Strandsportarten und Wasserparks auf dem Meer.

Einkaufen

Amarcord la Romagna Typische Produkte aus der Romagna wie Öle, Weine, Soßen und Pasta.. Auch Keramik, bedruckte Tücher und Küchenartikel. ■ Via Vespucci 67, www.amarcordromagna.it

Mercato Coperto Wer sich gern von Gerüchen und dem Anblick frischer Zutaten verführen lässt, ist in Riminis Markthalle – wenige Schritte vom Tempio Malatestiano – gut aufgehoben. ■ Via Castelfidardo 15/21, www.mercatocopertorimini.it, Mo–Sa 7–19.45 Uhr

Stamperia Ruggine Mit Weinblättern, Ähren oder Früchten handbedruckte Tischwäsche aus der Romagna – ein schönes Mitbringsel. ■ Via Bertani 36, Tel. 05 41/508 11

Kneipen, Bars und Clubs

Beerstrò Cocktails, Tapas, Bier und Livemusik am Alten Fischmarkt »Vecchie Pescherie«. Italienische Küche, gute Atmosphäre. ■ Via Carlo Pisacane 10, Di–So 18–3 Uhr

Hasta Luego Drinks und Snacks wie Hamburger, Pizza und Salate bis weit nach Mitternacht. In der Nähe des Cinema Fulgor, der belebten Piazza Cavour und dem zum Aperitif beliebten historischen Fischmarkt. ■ Piazzetta San Martino 3, Tel. 05 41/78 79 52, www.hastaluegorimini.com

Kinos

Cinema Fulgor Im renovierten Palazzo Valloni öffnete 2018 das vom Bühnenbildner und Oscar-Preisträger Dante Ferretti neu gestaltete Cinema Fulgor als Programmkino seine Pforten. ■ Corso Augusto 162, Tel. 05 41/70 95 45, www.cinemafulgor.com, tgl. 16–23 Uhr

Kinder

Fiabilandia Märchenpark mit Erlebniswelten für kleine und große Kinder wie Tal der Zwerge, Wasserspiele (Badesachen!), Western-Show und 4D-Kino. ■ Via Cardano 15, Rivazzura di Rimini,

ADAC Spartipp

Vergnügungsparks bieten oft den **zweiten Besuchstag zum Nulltarif**. Fiabilandia erlaubt dies am Folgetag des Erstbesuchs, Italia in Miniatura an einem beliebigen Tag innerhalb des Kalenderjahrs (Stand: 2023). Regelungen sind individuell, daher Websites prüfen.

Eindrucksvoll illuminiert: Riminis Tiberio-Brücke zur Stunde des Aperitifs

www.fiabilandia.it, wechselnde Öffnungszeiten, 25 €, Kinder 18 €, erm. 22 €

Italia in Miniatura In Viserba bei Rimini gelingt der Besuch der berühmtesten Wahrzeichen Italiens an einem Tag – 270 davon sind detailgetreu nachgebaut. Dazu Vergnügungspark, Theater, Wissenschaftspark und Restaurants. ■ Via Popilia 239, Viserba di Rimini, Tel. 05 41/73 67 36, www.italiainminiatura.it, 24 €, erm. 18 €

33 Riccione und Cattolica

Mondäner Badeort und traditionsbewusstes Fischerstädtchen

Information

■ IAT, Piazzale Ceccarini 10, 47838 Riccione, Tel. 05 41/42 60 50, www.riccione.it

■ IAT, Palazzo del Turismo, Viale C. Mancini 24, 47841 Cattolica, Tel. 05 41/96 66 21, www.visitcattolica.com

Gemeinsam mit Rimini bildet Riccione das Epizentrum der »movida romagnola«, des Nachtlebens an der Adria. Der Ort hat antike Wurzeln als Station auf der Via Flaminia, im 12. Jh. als mittelalterliche Siedlung. Ab 1880 öffneten die ersten Villen für Sommerfrischler. Mit der Unabhängigkeit von Rimini entstand ab 1922 eine regelrechte Vergnügungsindustrie, das Grand Hotel wurde 1929 gebaut. Mit ihren trendigen Modeboutiquen ist die Viale Ceccarini eine bevorzugte Flaniermeile. An der Strandpromenade Riccione Alba (nördlich des Hafens) und Riccione Marina (südlich davon) reihen sich die Hotels, Beachbars und Diskotheken aneinander. Südlich der Via Ceccarini liegt die moderne Riccione Terme (www.riccioneterme.it) mit ihrem schwefelhaltigen Thermalwasser.

An der Grenze zur Region Marken liegt abgeschirmt von Hügeln das Fischereistädtchen Cattolica. Der einstige Streckenposten an der Via Flaminia entwickelte sich in den 1920er-Jahren zum Badeort, hält aber dabei seine Traditionen in der Fischerei und Muschelzucht aufrecht: An jedem ersten Wochenende im Juli wird mit einer Schiffsprozession und Verkostungen während der »Notte magica delle vongole« die Venusmuschel gefeiert. Wie der Nachbarort Misano Adriatico wurde Cattolica 2019 für hohe Umweltstandards mit der »bandiera blu« (Blaue Flagge) ausgezeichnet.

Sehenswert

Acquario di Cattolica

| Aquarium |

Modernes Aquarium am Strand von Cattolica mit Haifischbecken, Pinguinwelt und Alligatoren. Es gibt im größten Aquarium an der Adria mehr als 10 000 Meeresbewohner zu bestaunen. Die futuristischen, schiffsähnlichen Gebäude wurden in den 1930er-Jahren als Ferienheim errichtet.

■ Piazzale delle Nazioni 1a, Cattolica, www.acquariodicattolica.it, saisonal wechselnde Öffnungszeiten, April–Juni 9.30–16.30, Juli, Aug. 10–21.30, Okt.–Dez. Sa, So 9.30–16.30 Uhr, ab 19,50 € (online), 23 € an der Kasse, erm. 19 €

Restaurants

€€ | **Osteria dei Murè** Schnörkellose Fischküche mit sorgfältig ausgewählten Zutaten in herzlicher Atmosphäre am Hafenkanal von Cattolica. Gute Auswahl lokaler Weine wie Albana und Verdicchio. ■ Via Lungo Tavollo 2, Cattolica, Tel. 05 41/83 16 07, im Sommer tgl.

€€ | **Sol y Mar** Restaurant direkt am freien Strand am Ortsanfang von Riccione, dem Treffpunkt von Kitesurfern und Stand-up-Paddlern, exquisite Fischküche und vegetarische, vegane Gerichte mit Blick aufs Meer. Reservieren! ■ Lungomare D'Annunzio 190, Riccione, Tel. 05 41/64 85 28, www.ristorantesolymar.it, Mo, Di geschl.

Kinder

Acquafan Trubliges Spaß-Bad auf 150 000 m² mit tollen Wasserrutschen (erst ab 140 cm Körpergröße, Wartezeiten in der Hauptsaison), dazu Wellen- und Massagebäder sowie Schlauchboottouren auf künstlichen Flüssen. ■ Viale Ascoli Piceno 6, Riccione, www.aquafan.it, Juni–Mitte Sept. tgl. 10–18.30 Uhr, variable Preise ab 24 € (online günstiger), erm. ab 15 €

Oltremare Erlebnispark mit Themenwelten zu Natur und Evolution mit Delfinen, Seepferdchen, einer Greifvogelshow, Kängurus, Alligatoren und einem Marienkäferhaus. Die Insel des Odysseus begeistert mit Hängebrücken, Seilen und Klettergeräten. ■ Viale Ascoli Piceno, Riccione, www.oltremare.org, April–Mitte Sept. 10–18 Uhr, ab 23 € (online), 27 € (an der Kasse), erm. 21 €

Erlebnisse

Riserva Naturale di Onferno Die 135 ha große Grotte di Onferno im Hinterland der Provinz von Rimini ist ein Naturpark mit Karstbrunnen, Grotten und Dolinen. Hier kann man eine riesige Karsthöhle erkunden, in der sechs verschiedene Fledermausarten leben. (Temperatur in der Grotte 12–14 °C, an Pullover und festes Schuhwerk denken!) ■ Via Provinciale Onferno 50/52, Tel. 389/199 16 83, www.onferno.it, nur mit Führung (unbedingt reservieren!) 9 €, erm. 7 €

In der Umgebung

Rocca Malatestiana

| Burg |
Im Hinterland von Riccione und Cattolica beginnt die sanfte Hügellandschaft des Valconca, Tal des Conca, der in der Region Marken entspringt. Hier liegen einige der am besten erhaltenen mittelalterlichen Dörfer, eingebettet zwischen Olivenhainen und Rebhängen. Im Burgdorf der Malatesta Montefiore Conca etwa 16 km von Cattolica erhebt sich einem mittelalterlichen Wolkenkratzer gleich die mächtige Rocca Malatestiana mit einzigartigem Weitblick über Tal und Küste. Nicht nur die imposante Festung, auch das schmucke Dorf Montefiore ist ein beliebtes Ausflugsziel.

■ Montefiore Conca, Via Roma, Tel. 349/444 91 44, Juni–Sept. tgl., Okt.–Mai nur Sa 10–13 und 15–19, So 10–13 und 15–18 Uhr, 7 € (Führung inkl.), erm. 4 €, bis 10 J. frei

34 Santarcangelo di Romagna

Geheimnisvolle Tuffsteingrotten, eine Burg und viel Theater

Information

■ IAT, Via Battisti 5, 47822 Santarcangelo di Romagna, Tel. 05 41/62 42 70, www.santarcangelodiromagna.info

Das malerische Santarcangelo im Marecchia-Tal zeichnet sich durch seine stimmungsvolle Atmosphäre aus. Der modernere Teil des Städtchens (22 200 Einwohner) liegt an der Via Emilia, das gut erhaltene mittelalterliche Burgdorf der Malatesta bedeckt die Anhöhe des Monte Giove. Durch den Papst Clemens XIV. gewidmeten Triumphbogen aus dem 18. Jh. betritt man die gewundenen Gassen um die Burg, die immer wieder herrliche Ausblicke auf die Umgebung freigeben.

Die Piazza Ganganelli schmückt ein Papst Clemens XIV. gewidmeter Triumphbogen

Die mittelalterliche Festung San Leo thront hoch über dem Marecchia-Tal

Sehenswert

Castello Malatestiano

| Burg |

Ihre aktuelle viereckige Form mit den vieleckigen Türmen verdankt die Burg Sigismondo Malatesta, der die bestehende Burg im 15. Jh. zum Schutz vor Artilleriefeuer weiter befestigte. Die Burg ist in Privatbesitz und Wohnort der Familie Colonna, kann aber besichtigt werden.

■ Via della Rocca 4, Tel. 335/822 62 69, www.castellosantarcangelo.it, mit Führung und Reservierung, 5 €

Grotta monumentale

| Grotte |

Von den etwa 150 geheimnisvollen Grotten, die in das Tuffgestein des Monte Giove geschlagen wurden, kann die Grotta monumentale publica im Rahmen einer Führung erkundet werden. Kultort, Zufluchtsort, Lagerräume, Weinkeller – es wird noch gerätselt, wozu die Grotten dienten, vielleicht eine Mischung aus allem.

■ IAT, Tel. 05 41/62 42 70

Restaurants

€€ | Osteria La Sangiovesa Hier verbringt man gern einen Abend mit Freunden. Aufgetischt werden romagnolische Klassiker wie »strozzapreti« in Specksoße. ■ Piazza Balacchi 14, Tel. 05 41/62 07 10, www.sangiovesa.it, nur abends, Sa, So, Fei auch mittags

€€ | Lazaroun Die romagnolische Küche mit frischer hausgemachter Pasta, erlesenem Fleisch aus der Region wie »mora romagnola« (Schwein) und »romagnola« (Rind) wird mit einer Portion Kreativität in die Gegenwart übersetzt. Barrierefreier Zugang. ■ Via del Platano 21, Tel. 05 41/62 44 17, www.lazaroun.it, Do geschl.

Events

Jedes Jahr im Juli belebt das Theaterfestival **»Santarcangelo dei Teatri«** für zehn Tage die mittelalterlichen Plätze des Städtchens. Was 1970 als Festival politischen Theaters und sozialen Engagements auf der stimmungsvollen Piazza Ganganelli begann, entwickelte sich bald zu einem Treff der Theateravantgarde. ■ www.santarcangelofestival.com

In der Umgebung

Verucchio

| Burgdorf |

Die Rocca Malatestiana im hoch über dem Meer gelegenen Verucchio ist die

Stammburg der Malatesta. Wie Bologna ist Verucchio ein wichtiges Zentrum der eisenzeitlichen Villanova-Kultur. Das Museo Civico Archeologico im Kloster Sant'Agostino zeigt reiche Grabfunde aus der frühen Eisenzeit. Im Franziskanerkloster Convento Santa Croce aus dem 13. Jh. steht Europas älteste Zypresse: Franz von Assisi selbst soll sie gepflanzt haben. In der zweiten Julihälfte gastieren hochkarätige Musiker auf dem »Verucchio Festival«.

■ IAT, Piazza Malatesta 20, 47826 Verucchio, Tel. 05 41/67 02 22, www.prolocoverucchio.it

35 San Leo

24 *Malerisches Burgdorf, berühmte Festung, zwei uralte Kirchen*

Information

■ IAT, Piazza Dante Alighieri 14, 47865 San Leo, Tel. 05 41/92 69 67, www.san-leo.it

San Leo ist eines der beeindruckendsten und schönsten Burgdörfer der Romagna (2800 Einwohner). Hoch droben auf steiler Felswand thront das trutzige Kastell. Im 10. Jh. siegte Otto I. nach achtmonatiger Belagerung hier über Berengar von Ivrea und eroberte erstmals die Krone Oberitaliens. 1631 fiel San Leo an den Kirchenstaat, der die Festung in ein Gefängnis umwandelte. Unbedingt einen Besuch wert sind die schönen uralten Kirchen Pieve (Pfarrkirche) aus dem 9. Jh. und der romanische Dom San Leone aus dem 12. Jh., der auf einer Vorgängerkirche aus dem 7. Jh. erbaut ist. Seinen Namen verdankt der Ort Bischof Leo, der hier im 4. Jh. das Christentum predigte.

Sehenswert

Forte di San Leo

| Festung |

Die einsam auf dem Felsen thronende Festung mit ihren mächtigen zylindrischen Türmen galt seit dem Mittelalter bis zum 19. Jh. als uneinnehmbar, sodass der Kirchenstaat hier bevorzugt seine Feinde einsperrte. Berühmtester Gefangener war der Alchimist Alessandro Cagliostro. Neben den Kerkern und einem Waffenmuseum mit einer Sammlung von Folterinstrumenten besteht das Museo della Fortezza aus der Pinakothek und Wechselausstellungen zeitgenössischer Kunst.

■ Via Leopardi, Tel. 05 41/92 69 67, Mo–Fr 10.30–17.45, Sa, So, Fei 10.30–18.45 Uhr, 10,50 €, erm. 7 €

In der Umgebung

Luoghi dell'anima di Tonino Guerra

| Freiluftmuseum |

25 *Die Kraft der Seelenorte von Tonino Guerra erleben*

Auf zwei Hügeln liegen sich die Ortsteile Penna und Billi gegenüber, in denen der romagnolische Dichter Tonino Guerra, Co-Autor zahlreicher Drehbücher für Federico Fellini und Michelangelo Antonioni, seine »luoghi dell'anima«, Seelenorte, einrichtete. Dazu gehören der »Garten der vergessenen Früchte«, das »Heiligtum der Gedanken« und ein Meditationsort oberhalb des Ortes mit einer vom Dalai Lama geweihten tibetanischen Glocke.

■ Via dei Fossi 4, 47864 Pennabilli, Tel. 05 41/92 88 46, www.pennabilliturismo.it, tgl. 9–12 und 15–18, So bis 17 Uhr, Eintritt frei

36 San Marino

Zwergstaat, älteste Republik der Welt und beliebtes Ausflugsziel

Information

■ Ufficio Informazioni Turistiche, Contrada Omagnano 20, 47890 San Marino, Tel. 05 49/88 29 14, www.visitsanmarino.com

Auf den Hügeln des Montefeltro erstreckt sich auf 61 km² die Repubblica di San Marino (34 000 Einwohner). Die Hauptstadt San Marino ist ein beliebtes Ausflugsziel, im Sommer kann es in den verwinkelten Gassen eng werden. Zinnenbekrönte Mauern, Palazzi und Burg: Die Stadt hat ihren mittelalterlichen Charakter bewahrt und ist seit 2008 UNESCO-Weltkulturerbe. Der Legende nach floh der dalmatinische Steinmetz Marinius vor den Christenverfolgungen unter Diokletian auf den Felsen Monte Titano, wo er 301 eine christliche Gemeinschaft gründete. Seit 1406 bewahrt sich San Marino seine Unabhängigkeit in den bestehenden Grenzen. Seit den 1970er-Jahren erfreut sich die Republik einer blühenden Wirtschaft, die auf Tourismus und den Verkauf von Briefmarken, Münzen, Olivenöl und Wein setzt. Halbjährlich wählen die Abgeordneten des Parlaments »Consiglio Grande e Generale« die Staatsoberhäupter »Capitani Reggenti«. Beliebte Attraktion: der Wachwechsel der Soldaten in Paradeuniform.

Sehenswert

Museo di Stato

| Museum |

Im Palazzo Pergami werden auf vier Etagen archäologische Funde aus der Region, eine Kunstsammlung und Münzsammlung präsentiert.

■ Piazza Titano 1, Jan.–Anfang Juni, Mitte Juni–Anfang Sept. 9.30–18.30, Sept.–Dez. 9–17 Uhr, 8 € (für zwei Museen), erm. 6 €

Rocca

| Burg |

Die sich auf dem 738 m hohen Steilhang des Monte Titano erhebende Rocca oder Guaita (»Wächter«) wurde im 11. Jh. erbaut und ist schon von der Küste aus zu erkennen. Mit der Seilbahn erreicht man die Piazzale Belvedere und durchquert auf der Contrada Omagnano das älteste Viertel, bis man bei der Burg angelangt ist. Über den schmalen Hexenpass erreicht man die Burg Cesta (749 m) mit einem Waffenmuseum und zuletzt die Festung Torre Montale (730 m).

Verkehrsmittel

San Marino ist sehr gut mit dem Auto, Zug oder Shuttle von Rimini aus zu erreichen. Nach San Marino Stadt führt die Seilbahn vom Borgo Maggiore aus, oder man geht vom Parkplatz zu Fuß.

Parken

Unterhalb der Stadtmauer befinden sich zahlreiche Parkplätze (1,50 €/Std., 8 €/24 Std.).

Restaurants

€€ | **La Terrazza** Überzeugt mit Hausgemachtem wie der Pasta, dem Brot und den Desserts, dem Händchen für lokale Gerichte und dem grandiosen Weitblick. ■ Contrada del Collegio 31, Tel. 05 49/99 10 07, www.ristorantelaterrazza.sm

Übernachten

Die Auswahl an Hotels und Campingplätzen in den Badeorten ist groß. Meerblick und eine zentrale Lage in Rimini und Marina Centro haben ihren Preis. In Riccione bieten viele Hotels Spa- und Wellness-Bereiche. Außerhalb von Rimini und seinen zentralen Stränden ist auch der Meerblick günstiger zu haben. Im Hinterland ist die Auswahl der Unterkünfte vielfältiger, statt Strandhotels Agriturismi, ein Kastell oder ein Thermalbad.

Forlì 156

€€ | Michelangelo Komplett renoviertes Hotel gleich außerhalb des Altstadtrings. Kostenfreie öffentliche Parkplätze am Hotel verfügbar. ■ Via Buonarotti 4/6, 47122 Forlì, Tel. 05 43/40 02 33, www.hotelmichelangelo.fc.it

€€–€€€ | Castello del Capitano delle Artiglierie B & B in Renaissancepalast unter Kassettendecken, mit Baldachinbett, Badewanne und Blick auf die Hügel. ■ Via Felice Cavalotti 4, 47011 Castrocaro Terme, Tel. 338/196 22 98, www.castellocapitano.com

Cesena und Umgebung 158

€€ | Casali Das traditionsreiche Hotel setzt auf Wellness, doch die romagnolische Herzlichkeit bleibt die gleiche. Zum Frühstück gibt es vorwiegend lokale Produkte. ■ Via Benedetto Croce 81, 47521 Cesena, Tel. 05 47/227 45, www.hotelcasalicesena.com

€€ | Tosco Romagnolo Bike-Hotel mit angenehmen Zimmern. Spa- und Wellness-Bereich und Pool auf der Panoramaterrasse. ■ Piazza Dante 2, 47021 Bagno di Romagna, Tel. 05 43/91 12 60, www.hoteltoscoromagnolo.it

Cesenatico 159

€ | Sporting Direkt am Strand und dank der Entfernung vom Zentrum ideal für Ruhesuchende. Keine Animation, Privatstrand nur für Hotelgäste. Fahrräder mit Kindersitzen vorhanden. ■ Viale Giosuè Carducci 191, 47042 Cesenatico, Tel. 05 47/830 82, www.hotelsporting.it, Ende Mai–Mitte Sept.

€€–€€€ | Grand Hotel Da Vinci Elegante Zimmer mit Blick auf den historischen Hafenkanal oder das Meer. Für Entspannung in diesem Fünf-Sterne-Hotel sorgen ein moderner Spa-Bereich und ein schöner, großer Poolpark. Erlesene Gastronomie. ■ Via G. Carducci 7, 47042 Cesenatico, Tel. 05 47/833 88, www.grandhoteldavinci.com

ADAC Spartipp

Von Mitte Juli bis Ende August ist Hochsaison an Italiens Stränden, und die Preise schnellen nach oben. Wer **zeitlich flexibel** ist, zahlt für Hotel und Strandplatz davor oder danach mindestens ein Drittel weniger und verlebt bei gleich gutem Wetter einen deutlich ruhigeren Urlaub.

Stylish: Das Duomo Hotel in Rimini setzt mit Farben und Formen Akzente

Rimini 161

€ | B & B A Casa da Noi Drei gemütliche Zimmer erwarten Gäste inmitten des Borgo San Giuliano (Achtung: steile Treppen, daher ungeeignet für Kleinkinder). ■ Via Trai 6/8, 47921 Rimini, Tel. 05 41/542 55, www.acasadanoi.it (kindgerechte Ferienwohnung: www.soggiornidiffusi.it)

€€ | Duomo Hotel Schickes, von Ron Arad entworfenes Designhotel in der Altstadt. Individuell gestaltete Zimmer mit kreativen Möbelplastiken. Parkplatz und Besucherfahrräder, sehr gutes Frühstück und DJ-Set zum Aperitif. Zum Strand fährt ein Shuttle-Bus. ■ Via Bruno 28, 47921 Rimini, Tel. 05 41/242 15, www.duomohotel.com

Riccione 165

€€ | Belvedere Fahrradfreundliches Hotel mit einer großen Auswahl an Rädern und mit Spa-Bereich. Nur Halbpension. ■ Viale Gramsci 95, 47838 Riccione, Tel. 0541/60 15 06, www.belvederericcione.com

€€€ | Grand Hotel Des Bains Luxuriöses, nahe der edlen Einkaufsstraße Viale Ceccarini gelegenes Hotel mit zwei Pools und schönem Wellness-Bereich. ■ Viale Gramsci 56, 47838 Riccione, Tel. 05 41/60 16 50, www.grandhoteldesbains.com

Cattolica 165

€–€€ | Gambrinus Mare Sympathisches familiengeführtes und kinderfreundliches Hotel zwischen Zentrum und Aquarium mit modernen Zimmern. ■ Via Carducci 86, 47841 Cattolica, Tel. 0541/96 13 47, www.hotelgambrinusmare.com

€€ | Carducci 76 Eine wahre Ruheoase ist diese Villa am Meer mit Schwimmbad und Garten. Dunkle Hölzer und japanisch inspiriertes Dekor verströmen Harmonie. ■ Viale Carducci 76, 47841 Cattolica, Tel. 05 41/95 46 77, www.carducci76.it

Santarcangelo di Romagna 167

€€ | Il Villino Am Rande des historischen Ortskerns logiert in einer Villa aus dem 17. Jh. dieses sympathische, kleine Hotel mit fantasievoll gestalteten Zimmern. ■ Via Ruggeri 48, 47822 Santarcangelo di Romagna, Tel. 05 41/68 59 59, www.hotelilvillino.it

ADAC Service Emilia-Romagna

Beim **ADAC Info-Service**, in den **ADAC Geschäftsstellen** sowie auf dem **Internetportal des ADAC** (adac.de) erhalten Sie Informationen zu den Dienstleistungen des Automobilclubs und zu Ihrem Reiseziel. So können Sie sich von der **ADAC Trips App** (adac.de/services/apps/trips) via Smartphone oder Tablet-PC inspirieren lassen oder als **ADAC Mitglied** das kostenlose **ADAC Tourset® Emilia-Romagna** (adac.de/reise-freizeit/reiseplanung/tourset) mit vielen Reiseinfos und Karten anfordern. Bei Pannen und Notfällen steht Ihnen unser Team rund um die Uhr telefonisch und digital (adac.de/hilfe und ADAC Pannenhilfe App) zur Verfügung.

ADAC Info-Service

T 089 558 95 96 97
Infos zu allen ADAC Leistungen
(Mo–Sa 8–20 Uhr gebührenfrei)

ADAC Pannenhilfe Deutschland

T 089 20 20 40 00, Mobil 22 22 22
(Verbindungskosten je nach
Netzbetreiber/Provider)

ADAC Ambulanzdienst

T +49 89 76 76 76
(Erkrankung, Unfall, Verletzung,
Transportfragen, Todesfall)

ADAC Pannenhilfe Ausland

T +49 89 22 22 22
(Verbindungskosten je nach
Netzbetreiber/Provider)

Online-Angebote des ADAC für Ihre Reiseplanung

Service	Webadresse
Reiseinspirationen, -planung und -hinweise	adac.de/reise-freizeit/reiseplanung
Aktuelle Verkehrslage	adac.de/verkehr
Individuelle Routenplanung	adac.de/maps
Infos zu Tankstellen und Spritpreisen	adac.de/tanken
Infos zu mautpflichtigen Strecken	adac.de/mautportal
Infos zu Fährverbindungen	adac.de/faehren
Aktuelle Infos vor Reiseantritt	adac.de/tourmail
Informationen für Camper	adac.de/camping
Informationen für Motorrad- und Oldtimerfahrer	adac.de/reise-freizeit/reisen-motorrad-oldtimer
Informationen für Segler und Skipper	skipper.adac.de
ADAC Reiseangebote	adacreisen.de
ADAC Autovermietung	adac.de/autovermietung
ADAC Versicherungen für den Urlaub	adac.de/versicherungen
Weltweite Preisvorteile für ADAC Mitglieder	adac.de/vorteile-international
Telemedizinische Beratung	adac.de/meinmedical

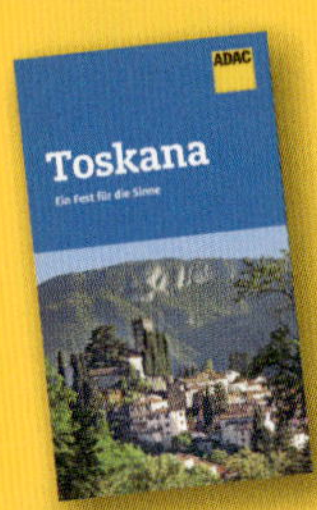

Diese **Produkte des ADAC** könnten Sie interessieren: **ADAC Reiseführer Gardasee, ADAC Reiseführer Toskana** und **ADAC Reiseführer Venetien und Friaul** – erhältlich im Buchhandel, bei den ADAC Geschäftsstellen und in unserem ADAC Online-Shop (adac.de/shop).

Anreise und Einreise

Auto

Die Emilia-Romagna erreicht man von Mailand kommend über die A1 oder vom Brenner über die A22. Die **Autobahn** A1 Autosole verläuft parallel zur Via Emilia und führt über Piacenza nach Bologna, wo sie nach Süden abbiegt, um in Richtung Florenz den Apennin zu überqueren. Vor Parma zweigt die A15 in südlicher Richtung ab und verläuft über den Cisapass bis nach La Spezia. Kurz vor Modena trifft die A22 aus Richtung Verona und Brenner kommend auf die A1. Von Padova kommend erreicht die A13 die Tangenziale (Umgehungsstraße) von Bologna. Der Via Emilia folgt ab Bologna die A14, die nach Rimini führt. Ein Abzweig bringt Reisende weiter nach Ravenna. Alle Autobahnen sind **mautpflichtig** (vom Brenner bis Bologna ca. 24 €, www.autostrade.it). Eine **mautfreie** Ausnahme ist die Autobahn von Ferrara nach Comacchio und die Lidi di Comacchio. Die Autobahnen in der Schweiz und in Österreich sind ebenfalls mautpflichtig: Die Jahresvignette für die Schweiz kostet 40 CHF, die Vignette für Österreich für 10 Tage 9,90 € oder für zwei Monate 29 €.

Bahn und Bus

Mit dem **Zug** fährt man entweder durch die Schweiz über Basel und Mailand (umsteigen) nach Bologna oder ab München durch Österreich über den Brenner nach Verona über Modena nach Bologna. Die Deutsche Bahn hat Sparpreisangebote (www.bahn.de/italien). Mehrmals wöchentlich steuern **Fernbusse** aus Deutschland Städte in der Emilia-Romagna an, z. B. Bologna oder Rimini (Berlin–Bologna, Umsteigen in München, Reisezeit 17 Std., ca. 100 € einfach; München–Rimini, direkt, ca. 10 Std., 50 €, www.flixbus.de). Fernbusse: www.fernbusse.de, www.checkmybus.de

Flugzeug

Mehrere Airlines bieten **Direktflüge** nach Bologna: Eurowings (von Düsseldorf und Köln), Lufthansa (von München und Frankfurt), Air Dolomiti (von München), Ryanair (von Berlin und Köln) sowie Laudamotion (von Stuttgart). Der **Flughafen** von Bologna liegt 6 km südlich des Stadtzentrums. Der **Tper Shuttle-Bus** »Navetta Aeroporto« bringt Reisende alle 20 Min. vom Flughafen ins Zentrum (20 Min., 4 € einfach, www.tper.it/navettaaeroporto.

Einreise und Dokumente

Italien ist Teil des Schengenraums. Deutsche, Österreicher und Schweizer reisen mit einem gültigen **Personalausweis** oder **Reisepass** ein. Alleinreisende unter 15 Jahren benötigen eine amtlich beglaubigte Einverständniserklärung der Eltern.

Auto und Straßenverkehr

Die Emilia-Romagna ist **gut erschlossen**, auch kleinere Orte sind gut erreichbar. Landschaftlich reizvoll sind die kurvigen Landstraßen im emilianischen Apennin, wenn auch zum Teil nicht in bestem Zustand. Die A1 wird besonders um Feiertage und im Sommer stark frequentiert. Das tunnelreiche Teilstück von Bologna über den Appenin sollte bei Regen mit besonderer Vorsicht befahren werden. Der italienische Straßenverkehr ist lebhaft und dicht. Es empfiehlt sich eine vorsichtige und defensive Fahrweise.

Führerschein und Papiere

Autofahrer benötigen den nationalen **Führerschein** und den Kfz-Schein. Der ADAC empfiehlt die Mitnahme der Internationalen Grünen Versicherungskarte, die als Versicherungsnachweis dient und die Abwicklung im Schadensfall erleichtert.

Verkehrsvorschriften

Die **Promillegrenze** in Italien liegt bei 0,5. Für Fahranfänger und Fahrer unter 21 Jahren gilt eine Grenze von 0,0. Theoretisch hat zwar derjenige, der in den Kreisel einfährt, **Vorfahrt**, aber häufig regelt das ein Schild anders. Auf Bergstraßen haben bergaufwärts Fahrende Vorfahrt, außer es steht eine nahe Ausweichmöglichkeit zur Verfügung. Auf Autobahnen und außerhalb geschlossener Ortschaften ist das Mitführen einer Warnweste und tagsüber das Einschalten des Abblendlichts Pflicht. Am Steuer besteht Handyverbot, außer mit Freisprechanlage und Kopfhörer.

Tempolimits in der Emilia-Romagna

Straße	Tempolimit
Autobahn	max. 130 km/h, bei Regen 110 km/h
Schnellstraße	max. 110 km/h
Landstraße	max. 90 km/h
Ortschaft	max. 50 km/h

Tanken

Kraftstoff ist in Italien teurer als in Deutschland, Österreich und der Schweiz. Tankstellen an Autobahnen sind rund um die Uhr geöffnet, die übrigen Mo–So von 7–12.30 und 14–19 Uhr. Die meisten Tankstellen haben automatische Zapfsäulen (Bezahlung mit Bargeld, EC-Karte, Kreditkarte) für das Tanken rund um die Uhr. Häufig kann man zwischen »self service« und »servito« (Tankwartservice) wählen.

Parken

Die meisten Innenstädte sind als »zona a traffico limitato« (ZTL) für den Privatverkehr **gesperrt**. Die ZTL sind häufig videoüberwacht, und es werden Bußen ab 80 € fällig, die auch im Ausland vollstreckt werden. Liegt das gebuchte Hotel in einer ZTL, ist eine Zufahrt ohne Strafe möglich. **Parkplätze an Straßen** sind farblich gekennzeichnet: weiß – Parken erlaubt, blau – gebührenpflichtiger Parkplatz, gelb – reserviert für Anwohner, Rollstuhlfahrer.

Unfall

Nach einem Unfall sollten Sie sofort anhalten, die **Unfallstelle** absichern und Erste Hilfe leisten. Bei Personenschaden ist unbedingt die Polizei (Notruf 112) zu verständigen. Die **ADAC Pannenhilfe Ausland** erreichen Sie bei Fahrzeugpannen und -unfällen unter Tel. +49 89 22 22 22.

Zentralruf der Autoversicherer Auskunftsstelle / GDV

■ Tel. +49/403 00 33 03 00, www.zentralruf.de (hier auch Download des Formulars »Europäischer Unfallbericht« als pdf)

Barrierefreies Reisen

Für aktuelle Informationen wendet man sich am besten an die lokalen Touristeninformationen IAT (Adressen im Reiseführerteil). In den Städten sind Parkplätze für Rollstuhlfahrer reserviert (gelb umrandet). Museen, Theater und Kinos sind größtenteils barrierefrei gestaltet (Eingänge, Fahrstühle und Toiletten).

Diplomatische Vertretungen

Verlust/Diebstahl von Personalausweis oder Reisepass muss bei der Polizei gemeldet werden. Die **Konsulate** stellen bei **Passverlust** einen Reiseausweis zur Rückreise ins Heimatland aus. Auf den Websites der Konsulate finden Sie aktuelle Notrufnummern.

Deutschland

■ Via Solferino 40, 20121 Milano, Tel. 02/623 11 01, www.mailand.diplo.de, Mo–Fr 8.30–11.30, Di auch 14–16 Uhr (nur mit Termin)

Österreich

■ Piazza del Liberty 8/4, 20121 Milano, Tel. 02/778 07 80, www.bmeia.gv.at/gk-mailand, Mo–Fr 9–12 Uhr

Schweiz

■ Via Risorgimento 11, 40033 Casalecchio di Reno, Tel. 051/57 64 16, Mobil 33 98 85 88 01, www.eda.admin.ch

Feiertage

1. Januar (Neujahr), 6. Januar (Heilige Drei Könige), April Ostern (»pasqua«), Ostermontag, 25. April (Tag der Befreiung vom Faschismus), 1. Mai (Tag der Arbeit), 2. Juni (Nationalfeiertag), 15. August (»feragosto« Mariä Himmelfahrt), 1. November (Allerheiligen), 8. Dezember (Mariä Empfängnis), 25./26. Dezember (»natale«/Weihnachten).

Geld und Währung

Landeswährung ist der **Euro**. 1 CHF = 1,06 €, 1 € = 0,95 CHF (Stand: Nov. 2023). An Bankautomaten kann man mit **Bank- und Kreditkarten** (Gebühren!) Bargeld abheben. Hotels, Geschäfte, Autovermieter, Restaurants akzeptieren die üblichen Kreditkarten. Die Grenze für **Barzahlungen** liegt bei 5000 €, darüber muss mit Kreditkarte oder Überweisung gezahlt werden.

Kosten im Urlaub
(durchschnittliches Preisniveau)

Espresso	1 €
Cappuccino	1,50 €
Eis (»gelato«)	ab 2,50 €
Glas Wein (0,2 l)	ab 3 €
Hauptgericht (»secondo«)	14 €
Strand (Tagesmiete Schirm, Liege)	ab 18 €
Fahrradmiete/Tag	ab 12 €
Busfahrt (Bologna)	1,50 €

Gesundheit

Bei Bedarf wendet man sich an die Notaufnahme der **Krankenhäuser** (DEA, »pronto soccorso«) und wird dort und bei Vertragsärzten mit der europäischen Krankenversicherungskarte (EHIC) kostenlos behandelt. Facharztgebühren müssen sofort bar bezahlt werden und werden zu Hause evtl. gegen Vorlage der Rechnung erstattet. Eine private Auslandskrankenversicherung sichert einen etwaigen Krankenrücktransport ab.

Apotheken

Apotheken, am grünen Kreuz erkennbar, sind in der Regel Mo–Sa von 8.30–12.30 und 15.30–19.30 Uhr geöffnet. Apotheken in der Nähe findet man auf www.federfarmaemiliaromagna.it, »cerca una farmacia«.

Haustiere

Für Reisen mit Haustieren nach Italien ist ein EU-Heimtierausweis erforder-

Festivals und Events

Februar/März

Carnevale di Cento Der Karneval findet seinen Höhepunkt im spektakulären Umzug mit riesigen Pappmascheefiguren (www.carnevalecento.it). Weitere Karnevalsfeste in Busseto und San Giovanni in Persiceto.

Crossroads Konzertreihe italienischer und internationaler Jazzmusiker in diversen Städten von Ende Februar bis Anfang Juni (www.crossroads-it.org).

April

Festa dei Ciliegi in Fiore, Vignola Fest der Kirschblüte Anfang April mit Märkten und Ausstellungen.

Mai

Mille Miglia Historisches Autorennen an vier Tagen Mitte Mai von Brescia nach Rom und zurück (1000miglia.it).

Palio di Ferrara Historische Umzüge an den Wochenenden sowie Rennen mit Eseln und Pferden (www.paliodiferrara.it).

Juni

Feste Mediavali, Brisighella Am 1. Wochenende verwandeln sich die Einwohner in Burgfräulein und Ritter (www.festemedioevali.org).

Ravenna Festival Weltbekannte Musiker, Theaterkompanien und Tänzer (www.ravennafestival.org).

Juli

Notte Rosa Partys und Feuerwerke färben in der 1. Samstagnacht im Juli die Adriabäder von Comacchio bis Cattolica rosa.

Festival Internazionale del Teatro, Santarcangelo di Romagna Für zehn Tage wird der Ort zur Bühne experimenteller Theatergruppen (www.santarcangelofestival.com).

Porretta Soul Festival, Poretta Terme Soul- und Jazzmusik gibt in der zweiten Julihälfte den Ton an (www.porrettasoulfestival.it).

August

Ferrara Buskers Festival Ende August übernehmen Straßenmusiker, Akrobaten und Pantomimen die Regie in Ferrara und an jeweils einem Tag in Comacchio und Cesenatico (www.ferrarabuskers.com).

September

Festa del Lambrusco, Sorbara An zwei Wochenenden präsentiert der Ort seinen preisgekrönten Rotwein mit Degustationen (www.festadellambruscosorbara.com).

Oktober

Festival Verdi, Parma und Busseto Mit Aufführungen und Führungen durch die Verdi-Orte wird alljährlich Verdis Geburtstag begangen.

November

Baccanale Imola Den ganzen Monat feiern Produzenten und Einwohner ihre Produkte mit Märkten, offenen Weinkellern und Höfen (www.baccanaleimola.it).

Sagra dell'Ulivo e dell'Oglio, Brisighella An einem Wochenende Ende November ehrt der Ort sein berühmtes Olivenöl.

lich, der als Nachweis für die Tollwutimpfung dient. Innerhalb der EU dürfen maximal fünf Hunde oder Katzen grenzüberschreitend transportiert werden. Ein Tier muss durch Tätowierung oder Mikrochip identifizierbar und die Kennzeichnungs-Nr. im Ausweis eingetragen sein. Fragen Sie bei der Reservierung im Restaurant nach, ob Hunde erlaubt sind. Für Hunde gibt es ausgewiesene Strände. Leine und Maulkorb sind immer mitzuführen.

Information

Die **Italienische Zentrale für Tourismus ENIT** versendet kein Prospektmaterial mehr, aktuelle Broschüren erhalten Sie bei den **Touristeninformationen** vor Ort (s. Information im Reiseführerteil) oder als Download auf www.italia.it, www.enit.de und www.enit.at. Das offizielle **Tourismusportal** der Region Emilia-Romagna ist www.emiliaromagnaturismo.it. Über das Portal www.emiliaromagnawelcome.com (deutsch) können Sie Ihre Reise buchen oder in Angeboten stöbern.

Klima und beste Reisezeit

Die Emilia-Romagna erstreckt sich von der Poebene bis zum Apennin. Das subkontinentale Klima mit kühlen Wintern und heißen Sommern ist an der Küste abgemildert. Im **Sommer** herrscht besonders in der Ebene eine schwüle Wärme vor, während es im Apennin angenehm temperiert ist. Im **Winter** kann es bis hinunter in die Ebenen schneien. Nebel ist ständiger Begleiter des Winters in der Ebene. Der **Frühling** ist die ideale Reisezeit für einen Besuch der Kulturstädte, Burgdörfer und für Wanderungen im Apennin. Im Juli punkten Städte und »borghi« mit hochkarätigen Festivals. Zur Hochsaison, um den 15. August (»ferragosto«), sind Preise und Besucherzahlen auf dem Höchststand. Der **Herbst** zeigt sich oft mild, in der Erntezeit finden viele »sagre« (lokale Schlemmerfeste) statt, es ist Aalzeit, Pilze und Trüffel bereichern die Speisekarten.

Klimatabelle Bologna

Monat	Luft (°C) (min./max.)	Sonne (h/Tag)	Regentage	Wasser (°C)
Jan.	0/7	2	5	14
Feb.	0/10	4	6	14
März	3/14	5	7	14
April	6/17	6	8	16
Mai	10/22	8	7	20
Juni	14/26	9	6	23
Juli	17/29	10	4	24
Aug.	17/29	8	5	25
Sept.	14/25	7	7	23
Okt.	10/19	5	7	21
Nov.	4/12	3	8	17
Dez.	1/8	3	7	13

ADAC Mittendrin

»Sagre« heißen die Schlemmerfeste, die einem typischen Erzeugnis eines Ortes oder einer Region gewidmet sind. In der Kultur der Wertschätzung für ihre kulinarischen Rohstoffe liegt der Erfolg der italienischen Küche begründet. Schlemmen und feiern Sie mit, fragen Sie nach Rezepten und statten Sie den Produzenten einen Besuch ab.

Nachtleben

Während der Zeit des Aperitifs (ab Spätnachmittag) füllen sich die Bars und Cafés, im Sommer auch die Straßen vor den Lokalen. In Bologna und in anderen Städten finden Freiluftkonzerte und Open-Air-Kino statt. In den Adriabädern werden die Beachclubs zu Discos unter freiem Himmel, wo bis zum Morgen gefeiert wird. Im Hinterland von Rimini, Riccione und Cattolica gibt es berühmte Diskotheken, die ein Shuttlebus anfährt.

Notfall

In Notfällen wählen Sie immer die gebührenfreie europäische **Notrufnummer 112** (Polizei, Feuerwehr, Rettungswagen oder Notarzt). ADAC Mitglieder können sich rund um die Uhr an die **ADAC Pannenhilfe Ausland** unter der Tel. +49 89 22 22 22 wenden.

Öffnungszeiten

Ruhetag für Museen ist Montag, für Restaurants Sonntagabend, Montag oder Dienstag. Restaurants öffnen zur Mittagszeit von 12.30–14.30 und am Abend ab 19 Uhr oder später. Cafés und Bars haben durchgängig geöffnet. Geschäfte, Banken und Museen schließen zur Mittagszeit 12.30/13–15/16 Uhr. In touristischen Zonen und großen Städten sind Geschäfte, Supermärkte und Einkaufszentren oft durchgängig (auch sonntags) geöffnet.

Post

Briefmarken sind in Postämtern und Tabakläden (»tabacchi«) erhältlich. Einen Brief und eine Postkarte ins Ausland frankieren Sie mit 1,15 €. Briefkästen zum Einwerfen sind rot und tragen die Aufschrift »Poste«. Postämter öffnen Mo–Fr von 8–13.30, Sa von 8–12.30 Uhr.

Rauchen und Alkohol

Seit 2005 ist das Rauchen in öffentlichen Gebäuden, Restaurants, Bars, Cafés und Zügen verboten. Bei Zuwiderhandlungen können Bußgelder von bis zu 350 € verhängt werden. Als erstes Adriabad hat Rimini 2019 Zigaretten von seinen Stränden verbannt. Alkoholgenuss ist in Italien in der Regel an Speisen geknüpft. Kontrollverlust unter Alkoholeinfluss ist verpönt.

Restaurants

Nehmen Sie beim Betreten zuerst Kontakt mit dem Personal auf, das Ihnen einen Tisch zuweisen wird. Die italienische Menüfolge besteht aus »antipasto«, »primo piatto« (Pasta, Risotto), »secondo« (Fleisch, Fisch), »dolci« (Dessert) und »caffè« (nach dem Dessert). Niemand erwartet, dass Sie ein komplettes Menü bestellen; die Menüfolge ist eher als ein modulares Angebot zu verstehen. Bezahlt wird an der Kasse (am Eingang oder Tresen). Verzichten Sie auf getrennte Rechnungen. Italiener lösen dies »alla romana«: Der Rechnungsbetrag wird einfach durch die Anzahl der Gäste geteilt.

Sicherheit

Die Emilia-Romagna ist generell eine **sichere Region**. Taschendiebstähle können vorkommen, vor allem in Touristenzentren und an Stränden. Bewahren Sie **Wertsachen** sicher auf.

Bevorzugen Sie bargeldlose Zahlweisen. Lassen Sie keine Wertgegenstände oder Dokumente im Auto zurück, schon gar nicht sichtbar. Teilen Sie online keine Daten wie Passwörter oder Zugänge von sich.

Italien liegt in einer seismisch aktiven Zone. Auch in der Emilia-Romagna kann es zu **Erdbeben** kommen, wie die Beben im Mai 2012 gezeigt haben. Aktuelle Informationen gibt es unter www.protezionecivile.gov.it.

Souvenirs

Sangiovese aus der Romagna, Olivenöl aus Brisighella, Parmeggiano Reggiano, Aceto Balsamico aus Modena oder Culatello aus Zibello – Mitbringsel aus der Emilia-Romagna sind oft kulinarischer Natur. Verlockend ist auch die Möglichkeit, direkt bei den Produzenten zu kaufen. Besonders edel: handbedruckte Tischwäsche oder Handtücher z. B. aus Gambettola. In Ravenna findet man einfallsreiche Mosaikkunst, in Faenza Kunstkeramik. Vorsicht: Der Kauf gefälschter Markenware z. B. bei Straßenhändlern ist in Italien illegal und kann mit hohen Geldstrafen geahndet werden.

Sport

Golf

In der Emilia-Romagna gibt es 24 ganzjährig geöffnete Meisterschafts-**Golfplätze**. Der 27-Loch-Golfclub des Adriatic Golf-Club Cervia ist nur 500 m vom Meer entfernt. Der 27-Loch-Platz des Modena Golf & Country Club wurde von Golflegende Bernhard Langer angelegt. Auch im Burgenland der Emilia warten fünf 18-Loch-Plätze auf Spieler (www.emiliaromagnagolf.com).

Klettern

An den Wänden von Rocca di Badolo bei Sasso Marconi südlich von Bologna finden auch Anfänger geeignete Plätze. Südlich von Reggio nell'Emilia liegt die charakteristische Pietra Bismantova mit ihren steil ansteigenden Wänden. In der Romagna sind Perticara, Rio die Cozzi und Bagnolo bei Kletterern beliebt (www.falesia.it).

Radfahren

Gemütliches Radeln über die Deichwege am **Po** oder mit dem Mountainbike im **Apennin**. Die Städte sind fahrradfreundlich. Der **Radwanderweg** »Ciclovia Destra Po« führt von Stellata nordwestlich von Ferrara bis nach Gorino im Podelta über 110 km am Poufer entlang. In den **Naturparks** kann man auf zehn Routen durchs Grüne radeln: »Ciclovie dei Parchi«, www.emiliaromagnaturismo.it.

Wandern

Die Emilia-Romagna ist von 14 historischen **Pilger- und Wanderwegen** durchzogen, die im Zuge des »turismo lento« (langsames Reisen) wiederentdeckt werden. Der bekannteste ist die alte Frankenstraße von Canterbury nach Rom, die »Via Francigena«, die gut ausgeschildert und über App und Karten erschlossen ist (www.viefrancigene.org). Weitere sind die »Via Romea«, »Via degli Abati« der Mönche von Bobbio und der »Cammino di Sant'Antonio«. Die »Via degli Dei« folgt einer römischen Militärstraße und führt von Bologna nach Florenz über den Apennin. Der Weitwanderweg »Alta Via dei Parchi« verbindet auf 500 km und in 27 Etappen acht Naturparks des nördlichen Apennins (altaviadeiparchi.it).

Wassersport

In den **Badeorten** an der Adria mit ihrer 130 km langen Küste findet man Schulen zum Surfen, Segeln und Tauchen, man kann Boote mieten, Kitesurfen und Stand-up-paddeln.

Wintersport

Die höchsten Gipfel im oberen Apennin sind der Monte Cimone (2165 m) und Monte Cusna (2120 m). Die 15 Skiorte der Region warten mit 300 Pistenkilometern auf. Das beliebteste **Skigebiet** ist Corno alle Scale mit dem Ort Sestola. Wer es etwas ruhiger angehen möchte, schnallt sich **Schneeschuhe** an die Füße und wandert los.

Strom und Steckdose

In Italien wird 230 V/50 Hz Wechselstrom benutzt. Teilweise sind noch dreipolige Steckdosen in Verwendung, dann ist ein **Adapter** erforderlich (in Supermärkten erhältlich).

Telefon und Internet

In Italien wird die **Ortsvorwahl** auch im Ort mitgewählt. Das gilt auch für die Null der Ortsvorwahl bei Anrufen aus dem Ausland. Italienische Mobilnummern beginnen mit einer 3.

Internationale Vorwahlen:

- Deutschland: 0049
- Österreich: 0043
- Schweiz: 0041
- Italien: 0039

Seit Juni 2017 fallen in der EU keine **Roaminggebühren** mehr an. **WLAN** ist in fast allen Hotels sowie vielen Restaurants und Cafés vorhanden. Viele Städte und Orte haben öffentliche Hotspots, die mit oder ohne Anmeldung genutzt werden können, z. B. in Bologna (Iperbole Wireless), Parma (Guglielmo) oder Ferrara (Emilia-Romagna Wi-Fi, WispER).

Trinkgeld

In Italien gibt es keine Trinkgeld-Kultur. Die Preise auf der Speisekarte enthalten bereits einen **Servicezuschlag** (»servizio compreso«). Trinkgeld wird nicht erwartet, obwohl niemand ein Extra für guten Service ablehnen wird. Geld auf dem Tisch zurückzulassen ist nicht verbreitet, da man im Restaurant nicht am Tisch, sondern an der Kasse zahlt (meist am Eingang oder Tresen). Im Taxi wird der Betrag in der Regel ohne zu zögern genau herausgegeben, aufrunden ist nicht üblich.

Umgangsformen

Unbekannte werden mit »Buongiorno«, am Nachmittag (ab 17 Uhr) mit »Buonasera« oder »Salve« **begrüßt**. Das allseits beliebte »Ciao« ist Bekannten und Freunden vorbehalten. Bei der **Besichtigung von Kirchen** sollten Schultern und Knie bedeckt sein. **FKK** ist in Italien verboten, das Sonnen »oben ohne« hingegen erlaubt.

Unterkunft und Hotels

Die Emilia-Romagna ist für ihre Gastfreundschaft bekannt, in den Adriabädern hat Tourismus eine lange Tradition. Neben **Hotels** gibt es attraktive **B & B**-Unterkünfte in den Städten und **Agriturismi**, Übernachten auf Bauernhöfen und Weingütern. Juli und August ist die **Hauptreisezeit**: Die Hotelpreise sind dann auf dem Höhepunkt.

Am Ende jedes Kapitels in diesem ADAC Reiseführer findet sich eine Auswahl empfehlenswerter Unterkünfte mit Preiskategorien.

Agriturismo

Ferien auf dem Bauernhof oder auf einem Weingut sind wegen des optimalen Preis-Leistungs-Verhältnisses die Unterkunft der Wahl in ländlichen Gebieten. Zudem genießt man in einem »agriturismo« eine authentische Lokalküche. Übernachtungen starten bei 50 €/Nacht für ein Doppelzimmer (www.agriturismo.emilia-romagna.it).

Ferienwohnungen

Ferienwohnungen laden vor allem in Städten, an der Adriaküste, den Skigebieten im Apennin und in der Ebene um Parma und Piacenza ein. Angebote und Buchung auf Portalen wie www.bestfewo.de und www.fewo-direkt.de.

Verkehrsmittel im Land

Bahn und Bus

Das Bus- und Bahnnetz in der Emilia-Romagna ist besser ausgebaut als in anderen italienischen Regionen. Züge verkehren häufig, das Reisen ist günstig. Hochgeschwindigkeitszüge (»Frecciarossa« oder »Italotreno«) halten in Bologna, Reggio nell'Emilia und Rimini. Intercity-Züge und Schnellzüge machen in allen Städten entlang der Via Emilia Station (Piacenza, Parma, Reggio Emilia, Modena, Bologna, Faenza und Rimini). Mit Regionalzügen erreicht man auch Städte abseits der Via Emilia wie Ferrara und Ravenna. Überlandbusse verbinden die Dörfer, die Fahrkarten sind preiswert und können im Bus gekauft werden.

Öffentlicher Personennahverkehr

In Bologna, Ferrara und Imola managt das städtische Unternehmen TPER den Nahverkehr. Eine Fahrkarte in Bologna kostet für 75 Min. 1,50 €, für 24 Std. 6 €, in Ferrara für 75 Min. 1,30 € und für 24 Std. 3,50 € (www.tper.it). In Städten wie Modena, Reggio Emilia und Piacenza ist Seta zuständig (www.setaweb.it). In Ravenna, Faenza, Forlì, Cesena, Rimini: Start (www.startromagna.it).

Fahrrad

Viele Städte haben Fahrradverleihstationen oder Bike-Sharing-Stationen wie Mi muovo in bici (www.mimuovoinbici.it) oder Mobike (Bologna).

Mietwagen

An Flughäfen und Bahnhöfen größerer Städte gibt es Autovermietungen. Ein Kleinwagen kostet zwischen 30 und 90 € pro Tag.

Taxi

Taxis werden telefonisch bestellt (im Hotel oder Restaurant). Wer keine Nummer zur Hand hat, wartet in größeren Städten am Taxistand. Mittels Apps wie appTaxi (www.apptaxi.it, auch englisch) können Abfahrt, Anzahl der Plätze und Bezahlweise gesteuert werden. Alternativ free-now.com/it

Zollbestimmungen

Innerhalb der EU können bestimmte **Richtmengen** von Tabak und Alkohol abgabenfrei von Privatpersonen für den **Eigenbedarf** eingeführt werden: 800 Zigaretten, 400 Zigarillos, 200 Zigarren und 1 kg Tabak, 10 l Spirituosen, 20 l Wein, 60 l Schaumwein, 110 l Bier, 10 kg Kaffee (www.zoll.de, www.bmf.gv.at/zoll, www.ezv.admin.ch).

Die Geschichte der Emilia-Romagna

9. Jh. v. Chr. Erste Nachweise von Siedlern der Villanovakultur (Eisenzeit).

800 v. Chr. Etrusker wandern in die Poebene ein. Gründung der Städte Felsina (Bologna) und Kainua (bei Marzabotto).

Um 400–387 v. Chr. Die keltischen Bojer siedeln in Oberitalien und bringen die Schweinezucht mit.

Ab 268 v. Chr. Bau der Via Emilia unter Konsul Marcus Aemilius Lepidus.

402 Zum Schutz vor den Goten verlegt der weströmische Kaiser Honorius seinen Hof von Mailand nach Ravenna, das eine kulturelle Blüte erlebt.

568 Die Langobarden erobern weite Teile Norditaliens.

756 Sieg der Franken über die Langobarden. König Pippin überträgt das Exarchat dem Papst, später die Grundlage des Kirchenstaats um Rom und Ravenna.

Ab 962 Römisch-deutsche Kaiser herrschen in Norditalien, doch regieren lokale Machthaber und Erzbischöfe wie die Markgrafen von Canossa.

1077 Heinrich IV. erbittet an der Burg von Canossa von Papst Gregor VII. die Loslösung vom Kirchenbann.

1088 Gründung Universität Bologna.

12. Jh. Blüte der Stadtrepubliken in Oberitalien.

Ab 1250 Verlust der kommunalen Unabhängigkeit und Bildung erblicher Signorien.

1797 Napoleonische Okkupation, Gründung der »Cispadanischen Republik«.

1815 Der Wiener Kongress beschließt die Wiederherstellung des Kirchenstaates.

1860 Ende des Kirchenstaats, Plebiszit für den Anschluss an das Reich von Vittorio Emanuele II.

1896–1911 Aufblühen der Genossenschaftsbewegung.

1943–1945 Erbitterter Widerstand der Partisanen gegen deutsche Besatzer.

1946/1947 Italien wird Republik. Die Region heißt jetzt Emilia-Romagna.

2. August 1980 Bombenanschlag auf den Bahnhof von Bologna mit 85 Toten und 200 Verletzten.

1999 Erstmals seit Kriegsende wird in Bologna ein Kandidat der rechten Mitte Bürgermeister.

2012 Im Mai treffen Erdbeben die Provinzen Modena, Ferrara und Bologna, viele historische Gebäude werden beschädigt.

2018 Mehrheit für die Fünf-Sterne-Bewegung bei den Parlamentswahlen, in der Emilia-Romagna siegt die Mitte-Links-Koalition.

2023 Im Mai führen heftige Niederschläge zu Überschwemmungen in der Emilia-Romagna. Tausende Menschen müssen ihre Häuser verlassen.

Bolognas Universität gilt als älteste Hochschule in Europa und ist nach Rom und Neapel die drittgrößte im Land

Italienisch für die Reise

Das Wichtigste in Kürze

Ja/Nein	*Sì/No*
Bitte/Danke	*Per favore/Grazie*
Hallo!/Auf Wiedersehen!	*Ciao!/Arrivederci!*
Guten Morgen!/Guten Tag!	*Buongiorno!*
Guten Abend!/Gute Nacht!	*Buonasera!/Buonanotte!*
Mein Name ist ...	*Mi chiamo ...*
Entschuldigen Sie!	*Scusi!*
Achtung!/Vorsicht!	*Attenzione!*
Ich verstehe Sie nicht.	*Non La capisco.*
Wie viel kostet ...?	*Quanto costa ...?*
Damen/Herren	*donne/uomini*
geöffnet/geschlossen	*aperto/chiuso*
gestern/heute/morgen	*ieri/oggi/domani*
Wie viel Uhr ist es?	*Che ore sono?/Che ora è?*
Wo ist ...?	*Dov'è ...?*
Wie weit ist ...?	*A che distanza si trova ...?*
Ist das der Weg nach ...?	*È questa la strada per ...?*
Nord/Süd/West/Ost	*nord/sud/ovest/est*
Ich möchte ...	*Vorrei ...*
Die Rechnung, bitte!	*Il conto, per favore!*
Restaurant	*ristorante*
Auto	*macchina*
Tankstelle	*stazione di servizio*
Benzin (bleifrei)/Super/Diesel	*benzina (senza piombo)/super/Diesel (gasolio)*
Panne	*guasto*
Hilfe!	*Aiuto!*
Fahrrad	*bicicletta*
Hauptbahnhof	*stazione centrale*
Busbahnhof	*stazione autolinee*
Flughafen	*aeroporto*
Ausweis	*documento*
Bank/Geldautomat	*banca/bancomat*
Arzt	*medico*
Apotheke	*farmacia*
Lebensmittelgeschäft	*negozio di alimentari*
Tourismusbüro	*ufficio per il turismo*

Wochentage

Montag/Dienstag	*lunedì/martedì*
Mittwoch	*mercoledì*
Donnerstag	*giovedì*
Freitag/Samstag	*venerdì/sabato*
Sonntag	*domenica*

Monate

Januar/Februar	*gennaio/febbraio*
März/April	*marzo/aprile*
Mai/Juni	*maggio/giugno*
Juli/August	*luglio/agosto*
September/Oktober	*settembre/ottobre*
November	*novembre*
Dezember	*dicembre*

Zahlen

1	*uno*	8	*otto*
2	*due*	9	*nove*
3	*tre*	10	*dieci*
4	*quattro*	11	*undici*
5	*cinque*	12	*dodici*
6	*sei*	100	*cento*
7	*sette*	1000	*mille*

Hinweise zur Aussprache

c,-cc	vor ›e‹ und ›i‹ wie ›tsch‹, Bsp.: ciao; sonst wie ›k‹, Bsp.: come
ch,-cch	wie ›k‹, Bsp.: che, chilo
g,-gg	vor ›e‹ und ›i‹ wie ›dsch‹, Bsp.: gente; sonst wie ›g‹, Bsp.: gola
gli	wie ›Lilie‹, Bsp.: figlio
gn	wie ›Cognac‹, Bsp.: bagno
sc	vor ›e‹ und ›i‹ wie ›sch‹, Bsp.: sciopero; sonst wie ›sk‹, Bsp.: scala
sch	wie ›sk‹, Bsp.: Ischia
sci	vor ›a, o, u‹ wie ›sch‹, Bsp.: lasciare
z	wie ›ds‹, Bsp.: zuppa

Register

Bildnachweis

Titel: Piazza Nettuno in Bologna, Emilia-Romagna
Foto: **Alamy Stock Photo** (Sergey Dzyuba)
Rücktitel: stock.adobe.com

Adobe Stock: 3.2; Mi.Ti. 47; Freesurf 4.1, 54; ArTo 6.2, 36; Corinne 12/13; wsf-f 14/15; stefanotermanini 18; mmphoto 19; Alfons Ven 29; Dominik Rueß 31; David Pellicola 32; Max Barattini 33; eugpng 34, 35; GoneWithTheWind 44; ermess 50; Roberto Lo Savio 52; ph_stephan 57; Freesurf 63.1; Renáta Sedmáková 113 – **Alamy:** mauritius images/Iain Sharp 87; Mi.Ti. 95 – **Alamy Stock Photo:** Sergey Dzyuba 8/9; imageBROKER/Martin Jung 16/17; Ian Dagnall 26; David Bagnall 42; EmmePi Images 43; REDA &CO srl 83; AGB Photo Library 102; Paolo Romiti 106 – **Albergo Cappello:** 153 – **AWL Images Ltd.:** Marco Bottigelli 58/59; Karol Kozlowski 65 – **Festa Artusiana:** 24 – **Fondazione Cetacea:** Alessandro Mazza 47 – **Getty Images:** Cultura/Bruno Gori 5.1, 28; Ullstein Bild Dtl. 40; Mondadori Portfolio 41; Archive Photos/Buyenlarge 46; ISC Archives/RacingOne 51; Alinari Archives 60.2; Photographer's Choice RF 109 – **Hotel Castello:** 129 – **Huber Images:** Luigi Vaccarella 4.2, 10, 63.3, 89; Paolo Giocoso 5, 9.1, 155.2, 165, 192.1; Franco Cogoli 114, 159, 168; Pete Goding 63.2; Guido Baviera 77; Stefano Cellai 125; Olimpio Fantuz 155.3; Massimo Borchi 160; Erik Concari 192.2 – **imago stock&people:** 172 – **laif:** Massimo Siragusa/VU 62.2; René Mattes/hemis.fr 66/67; Ludovic Maisant/hemis.fr 71 – **LOOK-foto:** ClickAlps 151 – **Mauritius images:** Eugenio Pingo/Alamy 61.2; Kyryl Gorlov/Alamy 61.3; MARKA/Alamy 62.1; age footstock 62.3; XYZ Pictures 78; Dr. W. Bahnmueller/imageBROKER 101, 167; Riccardo Sala/Alamy 111.3; Zoonar GmbH/Alamy 148 – **Schapowalow:** Massimo Ripani 61.1 – **Shutterstock:** 2/3; 3.1; claudio zaccherini 5.2, 45; leoks 6.1, 92; spatuletail 9.2, 131; GoneWithTheWind 111.1, 118/119; Hquality 11; francesco de marco 20; DrimaFilm 21; Kizel Cotiw-an 22; marco mayer 23; Micaela Fiorellini 25; LR-PHOTO 30; NG8 37; maudanros 38, 56; Sergey Kohl 48; lauravr 55; claudio zaccherini 60.1; Sun_Shine 73; Fabio Caironi 80; Olgysha 91; Sergey Dzyuba 96/97, 145; D-VISIONS 111.2, 117; Catarina Belova 132/133; The PictureArt Collection/Alamy 135; canadastock 140/141; Francesco Bonino 147; tokar 155.1; RossHelen 184 – **Stamperia Braghittoni:** Roberta Braghittoni 27 – **Stefanie Claus:** 39

Markenlizenz der ADAC Medien und Reise GmbH, München

ISBN 978-3-98645-106-6

1. Auflage 2024

Autorin: Stefanie Claus

Redaktion: Juliane Helf, Susanne Kronester-Ritter

Satz: Nadine Thiel (kreativsatz, München)

Lektorat: Rosemarie Elsner

Bildredaktion: Dr. Nafsika Mylona

Reihengestaltung: Eva Stadler, München; Independent Medien Design, Horst Moser, München

Kartografie: Huber Kartographie GmbH, www.kartographie.de, München

Herstellung: Felix Robitsch, Mendy Willerich

Druck + Bindung: Drukarnia Dimograf Sp z o. o. (Polen)

GRÄFE UND UNZER

Ein Unternehmen der
GANSKE VERLAGSGRUPPE

Wichtiger Hinweis
Die Daten und Fakten für dieses Werk wurden mit äußerster Sorgfalt recherchiert und geprüft. Wir weisen jedoch darauf hin, dass diese Angaben häufig Veränderungen unterworfen sind und inhaltliche Fehler oder Auslassungen nicht völlig auszuschließen sind. Für eventuelle Fehler oder Auslassungen können Gräfe und Unzer, die ADAC Medien und Reise GmbH sowie deren Mitarbeiter und die Autoren keinerlei Verpflichtung und Haftung übernehmen. Alle Inhalte im Buch wenden sich an und gelten für alle Geschlechter (w/m/d). Soweit grammatikalisch männliche, weibliche oder neutrale Personenbezeichnungen verwendet werden, dient dies allein der besseren Lesbarkeit.

Ansprechpartner für den Anzeigenverkauf:
KV Kommunalverlag GmbH & Co. KG, MediaCenter München, Tel. 089/928 09 60

Bei Interesse an maßgeschneiderten B2B-Produkten:
b2b-kontakt@graefe-und-unzer.de

Leserservice
GRÄFE UND UNZER Verlag
Grillparzerstraße 12
81675 München
www.graefe-und-unzer.de

Umwelthinweis
Nachhaltigkeit ist uns sehr wichtig. Der Rohstoff Papier ist in der Buchproduktion hierfür von entscheidender Bedeutung. Daher ist dieses Buch auf PEFC-zertifiziertem Papier gedruckt. PEFC garantiert, dass ökologische, soziale und ökonomische Aspekte in der Verarbeitungskette unabhängig überwacht werden und lückenlos nachvollziehbar sind.

Unterwegs in der Emilia-Romagna

Radfahrparadies

In Ferrara steigt man selbst bei Regen aufs Rad. Rimini baut sein Radwegenetz aus, die Promenaden der Adriabäder führen sicher am Meer entlang. Viele Hotels verleihen Räder. Auf der »Ciclovia Destra Po« radeln Sie auf Deichwegen bis zum Delta. Sportliche Rennradler steigen ins Montefeltro über Rimini auf. Mountainbiker touren im Apennin.

■ Details auf S. 122, 136, 154, 162

Parken

Die Altstädte sind als »Zona a traffico limitato« (ZTL) meist für Autos gesperrt und werden per Video überwacht, empfindliche Strafen drohen. Hotelgäste dürfen aber oft bis zum Hotel vorfahren, das Gästekennzeichen bei der Polizei anmeldet. Vorsicht in Bologna: Für einige Straßen um die Piazza Maggiore gilt absolutes Fahrverbot.

■ Details auf S. 75

ÖPNV

Die Stadtbusse sind verlässlich und günstig. Spätabends sind die Nachtlinien in Bologna optimal. Im Sommer gelangen Nachtschwärmer zwischen Rimini und Cattolica mit den Shuttle-Bussen der Blu-Line sicher und bequem in die angesagten Clubs und Diskotheken im Hinterland und zurück.

■ www.tper.it, www.startromagna.it

Wandern

Auf diesen Wanderrouten ist der Weg das Ziel. Sie folgen berühmten Vorgängern durch einzigartig schöne Landschaften: Dantes Flucht von Florenz nach Ravenna, die Reisen der Mathilde von Canossa zwischen ihren Burgen, auf Franz von Assisis Spuren in der Valmarecchia oder auf uralten Straßen im Apennin von Bologna in Richtung Florenz.

■ camminiemiliaromagna.it